Klaus Betz

NORWEGEN

VISTA POINT VERLAG

Noordzee
NOORWEGEN
ZWEDEN
FINLAND
RUSLAND
ESTLAND
LETLAND
LITOUWEN
DENEMARKEN
Oostzee
RUSLAND
GB
NL
DUITSLAND
POLEN
N
100 km
Poolcirkel
Gildeskål
Skaugvoll
Reipå
Örnes
Glomfjord
Foröy
Storflaten
Vågåholmen
Ågskaret
17de route
Svartisen
Hestmannen
Kilboghamn
Mo i Rana
Træna
Sleneset
Luröy
Stokkvågen
Trænfjorden
Lovund
Tomma
Nesna
16de route
Levang
Korgen
Bjørn
Dønna
Sandnessjöen
Mosjøen
Alstahaug
15de route
Helgeland
Forvik
Vega
Anndalsvåg
Horn
NORDLAND
Brönnöysund
Svenningdal
Torghatten
Berg
Tosbotn
Vik
13de/14de route
Vendesund
Holm
Bindal
Leka
Heilhornet
Terråk
Kjelleidet
Nordlandskorsen
Vikna
Rörvik
Hofles
12de route
Namsenfjorden
Skogmo
Grong
Namsos
Sjöasen
NORD-TRÖNDELAG
Steinkjer
Noordzee
11de route
NOORWEGEN
ZWEDEN
Levanger
Trondheimsfjorden
Are
Stjördal
Hitra
Trondheim
Flakk
Hommelvik
Smöla
Orkanger
Heimdal
SÖR-TRÖNDELAG
Kristiansund
Støren
10de route
Trollheimen
Ulsberg
Barentsz-zee
RUSLAND
Vardø
Båtsfjord
Berlevåg
Kirkenes
Rusefjelbma
Nord-kapp
Honningsvåg
Ifjord
Inari
Lakselv
Hammerfest
Karasjok
Alta
NOORWEGEN
FINMARK
Kautokeino
Sørstraumen
Finnmarksvidda
Kaaresuvanto
Skibotn
TROMS
Tromsö

Vest-kapp
Selje
Måløy
Koparnes
Åheim
Hornindals-vatn
Nordfj
Maur-stad
Sunnmöre
Hellesylt
Geiranger
Dalsnibba 1496 m
8ste route
Hornindal
Grotli
Nord-fjordeid
Pollfoss
Bismo
Lom
Röysheim
Dombås
Rondane
Otta
Fåbergstølen
Raubergstulen
Glittertind 2470 m
Juvasshytta
Galdhöpiggen 2469 m
Spiterstulen
Gudbrandsdalen
SOGN OG FJORDANE
Florø
Jostedal
Førde
7de route
Fjærland
Gaupne
Jotunheimen
OPPLAND
Lillehammer
Bale-strand
Sogndal
Kaupanger
Nordeide
Hella
Filiefjell
Fagernes
Lærdal
Borgund
Hamar
Gudvangen
Aurland
Valdres
Gjøvik
Stalheim
6de route
Flåm
Gol
Mjøsa
Fedje
Voss
Myrdal
Finse
Hallingdal
Dale
Kvanndal
Bruravik
Geilo
Vöring-fossen
Kongs-vinger
4de route
Brimnes
BUSKERUD
5de route
Bergen
Treng-ereid
Norheim-sund
Kinsarvik
Hønefoss
1ste route
Jondal
HORDALAND
Numedal
Odda
Hardangervidda
Oslo
Drammen
Folgefonn
Låtefossen
Hardangerfjorden
3de route
Hauke-liseter
TELEMARK
Kongsberg
Röldal
Haukeligrend
Horten
Frederik-stad
Åmot
Notodden
Tönsberg
2de route
Halden
Haugesund
ROGALAND
Skien
Larvik
Oslofjorden
Setesdalen
AUST-AGDER
ZWEDEN
Stavanger
VEST-AGDER
Uddevalla
Arendal
Egersund
Skagerrak
Kristiansand
Noordzee
Hanstholm
Hirtshals
Frederiks-havn
Kiel
Bardu
Setermoen
Riksgränsen
Andenes
Bjerkvik
ZWEDEN
Harstad
Bogen
Narvik
Ofoten
Vesterålen
Tjeldsund bru
21de route
Nordland
Langvass-bukt
Lødingen
Skarberget
Sortland
Bogner
Stokmarknes
Hadseløy
Ulvsvåg
Melbu
Fiskeböl
Svolvær
Austvågøy
Skutvik
Kabelvåg
Suliskongen
Vestvågøy
Henningsvær
Sultjelma
Stamsund
Fauske
Lofoten
Leknes
20de route
Vestfjorden
Kjerringöy
Flakstadöya
Napp
Löding
Ramberg
Bodö
Moskenesöya
Reine
Storjord
Sörvågen
Sandhornöya
Kjöpstad
Å
18de/19de route
Moskenestraumen
Sund
Skaugvoll
Saltfjellet
Gildeskål
Værøy
Glomfjord
Poolcirkel
Reipå
Ørnes
Storflaten
Røst
Forøy
Ågskaret
Mo i Rana
Vågåholmen
Hestmannen
17de route
Kilboghamn
Lurøy
Stokkvågen
Trænfjorden
Sleneset
Levang
Nesna
Mosjöen
Træna
Lovund
16de route
Bjørn
Donna
15de route
Sandnessjöen
Helgeland
Tjötta
Alstahaug
Noordzee
Forvik
Andalsvåg
Horn
Vega
Brönnöysund
14de route
N
100 km

Inhalt

I Das Phänomen Derrick oder die Kunst, in Norwegen »anzukommen«

»Eher wird der wohlhabende Bürger in einer versteckten Bucht eine 200 000-Kronen-Yacht vertäuen, als daß er riskieren würde, seine Nachbarn mit dem ostentativen Knall eines Champagnerkorkens zu belästigen.«

Hans Magnus Enzensberger,
»Norwegische Anachronismen«

Wenn ich in Oslo mit dem Auto von Bord der Fähre rolle, schalte ich zuerst das Licht *ein* und gleich darauf das Radio *aus*, meistens jedenfalls. Ersteres, weil es müßig ist – selbst um 12 Uhr mittags – über den Sinn und Zweck von Abblendlicht zu diskutieren, letzteres, weil ich – wie viele Norweger auch – weder vom Propheten Elias gegrüßt werden möchte noch, sagen wir, einen halbstündigen Wortbeitrag über die Herstellung von Sauerrahm ertragen kann.

Unmittelbar danach folgt der schwierigste Teil der Einreise: Die Umstellung meiner Einstellung zu diesem Land. Ich gehe einfach davon aus, daß im sommerlichen Norwegen zunächst einmal alles geschlossen ist, was geschlossen sein kann. Post, Banken, Fahrkartenschalter, Touristenbüros, Museen, Cafés und so weiter. Das hat den unschätzbaren Vorteil, daß ich mich, statt frustriert zu sein, freue. Darüber nämlich, daß mich das Leben auf wundersame Weise immer wieder Lügen straft. Schließlich kann man nur hier, ich wiederhole: nur in Norwegen, lernen, daß die Welt nicht untergeht, wenn New York bis morgen früh warten muß. Feierabend ist im Sommer spätestens um 15.30 Uhr, wer länger arbeitet, ist vermutlich ein *workaholic*.

Die zweite (innere) Maßnahme zielt darauf ab, mein Temperament auf *cool* zu stellen. So schwer mir das fällt, es vermeidet Mißverständnisse. Denn Vorgehensweisen, die im städtisch geprägten Deutschland nicht sonderlich auffallen, können im ländlich strukturierten Norwegen zu kaum spürbarer Ablehnung führen. Hier fordert man nicht, hier bekommt man; statt frontal auf jemanden zuzugehen, eröffnet man erst einmal ein Gespräch, und wer etwa in gewohnter Manier auf »rasche Durchsetzung« drängt, endet mit Sicherheit in dem Irrglauben, er habe neuerdings Mundgeruch. Herrschaftszeiten, hier fragt man ja noch nicht einmal, ob ein Sitzplatz »frei« ist, man fragt: »Ist der Platz besetzt?« (*Er plassen opptatt?*)

So gewappnet, regt es mich denn auch nicht mehr auf, wenn ich während einer Reise – auf der Post, den Banken, am Fahrkartenschalter etc. – immer wieder auf nette junge Menschen treffe, die an verantwortlicher Stelle »Sommerjobs« machen und dabei ungefähr soviel Kompetenz vorweisen wie ein vier Fremdsprachen beherrschender Kraftfahrzeugelektriker in der dritten Ausbildungswoche (derweil die eigentlichen Profis das tun, was wir tun: Sie sind im Urlaub).

Wenn mir also im neuen »Norway Information Center« in Oslo niemand sagen kann, ob es möglich ist, in Flåm Fahrräder auszuleihen (es ist), dann unterbreite ich halt den Vorschlag, beim dortigen Fremdenverkehrsbüro anzurufen – und siehe da, es klappt. Wenn ich samstagmorgens auf der Post in Sandnessjöen feststellen muß, daß die Dame am Schalter noch nie einen Euroscheck gehandhabt hat, dann falle ich nicht gleich in Ohnmacht, sondern erkläre ihr die Zusammenhänge, schlage ein Telefonat mit der nächsthöheren Instanz vor – und siehe da, es klappt. Jenen Fotohändler in Bodö, der nichts mit meinen Alt-Batterien anzufangen weiß, »belehre« ich weder über das »deutsche« Rücknahmesystem, noch verwickle ich die norwegischen Autofahrer – wegen der skandinavienweit verbreiteten Unsitte, an Tankstellen, vor Supermärkten, auf Parkplätzen die Motoren laufen zu lassen – in eine Schadstoff-Diskussion. Ich nehme ganz einfach meine Batterien mit nach Hause und stelle meinen Motor ab.

Fischer auf Lovund

Das hat nichts damit zu tun, daß man Norweger mit Samthandschuhen anfassen muß oder gar (das ist die häufigste Fehleinschätzung) wegen der deutschen Besetzung im Zweiten Weltkrieg nicht den Mund aufmachen darf. Vielmehr geht es zu allererst darum, Ebenbürtigkeit herzustellen. Ebenbürtigkeit in der Art, sich zu begegnen.

In Norwegen, so ungewohnt diese Rolle für den deutschen Urlauber sein mag, hat niemand nichts nötig. Schon gar nicht, seine Existenz auf zwei oder drei (touristisch gleichwohl wichtige) Monate zu begründen. Kein Hotel kann auf diese Weise existieren, keine Fährverbindung profitieren. Alles, was es in Norwegen gibt, gibt es wegen der einheimischen Bevölkerung *und* wegen der ausländischen Gäste. Insofern bin ich ein zu jeder Jahreszeit wirklich herzlich gerne gesehener Gast – mehr aber nicht.

Norweger können sehr scharf beobachten und sind wahre Meister darin – auch untereinander –, zu schweigen, sich wegzudrehen, so zu tun, als hätte man gar nicht mit ihnen gesprochen. (Wir erinnern uns: ... endet in dem Irrglauben, man habe neuerdings Mundgeruch.) Wenn ich also partout darauf bestehen will, solche Erfahrungen zu machen, muß ich mich nur im Supermarkt vordrängeln, statt wie jeder andere eine Nummer zu ziehen, mit der die Reihenfolge geregelt wird. Ferner ist es geboten, jede Stabkirche im Jogginganzug zu besichtigen, mich bei der Hotelleitung darüber zu beschweren, daß sich am Frühstücksbuffet auch Mongoloide bedienen dürfen, derweil ich an anderer Stelle den Abwässern meines Wohnmobils »freien Lauf« lasse.

Anders ausgedrückt: Wer etwa darauf wartet, daß einem ein Norweger direkt ins Gesicht sagt, was er denkt, was ihn ärgert, was er schon immer mal loswerden wollte, der muß sich gedulden können. Solches passiert nämlich erst ab jenem Zeitpunkt, ab dem klar geworden ist, daß man einen neuen Freund gewonnen hat. Dann allerdings läßt sich herrlich ratschen, lästern und meckern. Plötzlich kann man über Vorurteile gemeinsam lachen (das zackige Auftreten, die deutsche Gründlichkeit), plötzlich läßt sich jeder Norweger ans Portepee fassen (ihr, mit eurer ewigen Eigenbrötelei, eueren aberwitzigen EG-Ängsten). Nicht selten endet solches Geplänkel schnurstracks mit einer Einladung: ins Heim, aufs Boot, auf die *hytte*, zum Angeln oder was auch immer.

Das Gegenbeispiel sieht folgendermaßen aus: Drei deutsche Motorradfahrer (es könnten auch Autofahrer gewesen sein) jagen mit Tempo 154 über südnorwegische Landstraßen, überholen im Tunnel, bedrängen eine ganze Reihe von brav und vorschriftsmäßig mit 80 Stundenkilometern dahinzuckelnden Norwegern. Was unsere drei Raser nicht wissen: Autotelefone sind in Norwegen kein Attribut nur für Topmanager, sondern, na ja, recht weit verbreitet. Der Ärger über diese *motorsyklister* macht sich in einer Vielzahl von Anrufen bei der Polizei

Ein alltägliches Bild: Dorsch, der zum Lufttrocknen aufgehängt wurde

bemerkbar, die sich zum Handeln gezwungen sieht. Und zwar in der Form, daß sie mit den telefonierenden Autofahrern Kontakt hält und so ununterbrochen weiß, wo und wohin die Motorradfahrer unterwegs sind. Der Rest ist eine polizeiliche Organisationsfrage. Mit dem Ergebnis, daß die gerade erst vor anderthalb Tagen eingereisten Norwegen-Fans eine Nacht in Arrest verbringen dürfen, jeder einzelne eine Bankbürgschaft über 5 000 DM hinterlegen muß, mit dem nächsten Fährschiff ab Kristiansand des Landes verwiesen wird und die ganze Geschichte in der »Aftenposten« – norwegenweit – nachzulesen ist. Mit anderen Worten: Das Trio ist nie in Norwegen angekommen.

Ganz im Gegensatz dazu wiederum steht die Geschichte mit dem Phänomen »Derrick«. Mir war es immer ein Rätsel, wieso ausgerechnet diese, in deutsch (mit norwegischen Untertiteln) ausgestrahlte Krimiserie dort oben so wahnsinnig populär ist; wieso, wenn freitagabends »Detektimen« angesagt ist, fast von einem Straßenfeger-Effekt gesprochen werden kann. Anfänglich habe ich das ausschließlich auf die haarsträubende Programmqualität des norwegischen Fernsehens geschoben. (Einem Bericht der Zeitung »Bergens Tidende« zufolge, geben die Norweger jedes Jahr etwa eine Milliarde Kronen an Leihgebühren für Videos aus, das sind 250 Millionen DM, bei einer Bevölkerung von etwas mehr als 4,5 Millionen.) Heute weiß ich, daß dies fast ausschließlich mit der Figur zusammenhängt, die Horst Tappert verkörpert, oder besser gesagt, wie er sie schauspielert: »Er ist ruhig, ... sachlich, ... irgendwie souverän, ... tritt nicht laut auf, ... kommt ohne spektakuläres Gehabe daher – und erreicht letztlich doch sein Ziel.« So ungefähr lauten zusammengefaßt die immer wieder gleichen Antworten, die auf typisch norwegische Art erklären, was »ankommt«.

Also habe ich mich auf die Suche gemacht – nach einer ultimativen, von Norwegern formulierten Einschätzung, wie denn nun das Land am besten zu bereisen sei. Gefunden habe ich diese, in Form eines Begrüßungs- und Informationsschilds der Gemeinde Lurøy, kurz unterhalb des Polarkreises. Dort ist in vier Sprachen zu lesen:

»Auch wenn Sie in den Anblick der Felsen versunken sind – seien Sie nicht blind für die Weite der Landschaft.
Lassen Sie nicht den Gesang der Eiderente durch den Schrei des Kormoran übertönen.
Wird der Geruch der aufgewühlten See zu Ihnen getragen – dann suchen Sie wieder nach dem stillen Glucksen des Wassers.
Treffen Sie auf eine Silbermöwe, dann halten Sie Ausschau nach den Farben des Austernfischers.
Wenn Sie ein Surfbrett mitgenommen haben, dann bitten Sie (statt dessen ist gemeint, d. Verf.) um eine Fahrt mit dem Fischkutter.
Das gesamte Festland sowie alle unsere Inseln hoffen, daß Sie sich die Zeit nehmen, uns bei Sonnenschein wie bei Regen zu begegnen.«

Willkommen in Lurøy!

Papageientaucher nisten längs der nordnorwegischen Küste

II Das gewisse »Nördlichste«
Die Norwegenreise in der Praxis

Selbstbewußte Beispiele wie das Willkommens-Schild der Gemeinde Lurøy findet man nicht eben häufig. Vielmehr gilt es in Norwegen als ausgemacht, das Land entweder über technische Superlative, landschaftliche Besonderheiten oder eben über »nördlichste« Einmaligkeiten anzupreisen. Gerade so, als müsse man dauernd beweisen, daß man auch im hintersten Winkel noch auf der Höhe der Zeit lebt.

Eröffnet wird ein Gespräch über das eh unverwechselbare Land mit der für gewöhnlich in englisch gestellten Frage: »How do you like Norway?« – worauf es prompt weitere Fragen hagelt: Ob man den höchsten Berg, den tiefsten Fjord, den berühmtesten Wasserfall, den größten Gletscher, den längsten Tunnel, die steilste Straße, die kurvigste Eisenbahntrasse, die am weitesten gespannte Antenne, die nördlichste Hängebrücke und und ... gesehen habe oder zu sehen beabsichtige? All das, so wird dem Norwegen-Neuling ununterbrochen suggeriert, müsse man unbedingt anschauen, sonst laufe man Gefahr, Wesentliches zu versäumen. Schließlich richten sich viele Norweger selbst nach diesem stereotypen Grundmuster, und also hat kaum jemand den Mut, davon abzuweichen. Doch wer ans Nordkap fährt, reist an Norwegen vorbei – überflüssige 3 000 Kilometer lang. Und wer dabei auf der E 6 unterwegs ist, konsumiert lediglich Kulisse. Von morgens bis abends.

Mitternachtssonne auf den Lofoten

Daß die Mitternachtssonne auch schon tausend Kilometer südlich des Nordkaps scheint, weiß zwar jeder, aber wer kann schon was mit dem Satz anfangen: »Ich hab' sie bei Örnes gesehen.« Und daß man sie dort im Original sieht und nicht im Secondhand-Video-Verfahren wie am oft nebelverhangenen Nordkap, daß man sie stundenlang allein und in aller Stille bewundern kann, statt im Zwanzig-Minuten-Kino-Takt als Nummer 723 der 16. Busladung – auch das weiß jeder Norweger. Da er aber seit Jahren von nahezu allen in- und ausländischen Medien in diesem »Highlight-Denken« bestätigt wird, äußert er sich entsprechend. Er weiß einfach zu wenig vom bundesdeutschen Alltag, als daß er sich auf Anhieb vorstellen könnte, was wir suchen; und wir wiederum wissen zu wenig von Norwegen, als daß wir ahnen könnten, was es zu finden gibt.

Diese gegenseitige Unkenntnis läßt sich an zwei einfachen Beispielen festmachen. Für einen Norweger ist es noch heute selbstverständlich, aus fast jedem Wald- und Gebirgsbach Wasser zu trinken, ohne dabei an Kolibakterien oder Nitrat denken zu müssen. Umgekehrt allerdings empfindet er eine stille Faszination (zum Teil auch nur, weil es bei uns kein Tempolimit gibt), wenn man ihm schildert, was für ein ausgemachtes Vergnügen es sein kann, mit 35 Millionen anderen Pkws auf unseren Straßen unterwegs zu sein.

Bei derart unterschiedlich gelagerten Sichtweisen geht es also darum, sich zwar wohl dem Rhythmus des Landes anzupassen, nicht aber all jene (landesweit gleichgeschalteten) Verkrustungen zu übernehmen, die einen immer wieder nur, Sehenswürdigkeit um Sehenswürdigkeit, vom Land und seinen Menschen ablenken. Dieses Buch will eine Anstiftung zum Entdecken sein, und das bedeutet: Nicht die Fahrt *durch* Norwegen zählt, sondern vielmehr die Reise *in* Norwegen. So liegt dann der weltbekannte Geirangerfjord nur noch am Wegesrand und ist nicht länger das Ziel.

Doch nun der Reihe nach: Den größten Freiraum bietet ohne Frage das Wohnmobil. Allerdings sollte man darauf achten, lieber mit der etwas bescheideneren oder mittleren Größe zu reisen. Vom Image ganz abgesehen, hat das rein praktische Gründe: Die Spritkosten, die

andernfalls höheren Fährgebühren, die besseren Möglichkeiten, auf manchmal wirklich schmalen Straßen zu fahren. Da die norwegischen Campingplätze nicht immer an den jeweils schönsten Stellen liegen (wer eine atemberaubende Landschaft jeden Tag um sich hat, sieht sie nicht), ist die Neigung sehr groß, »wild« zu campieren. Dies hat in den letzten Jahren dazu geführt, daß immer mehr Wohnmobile mit dem Kennzeichen »D« in der Landschaft herumstehen, derweil die Campingplatzbesitzer mitunter Däumchen drehen. Wenn dann noch hinzukommt, daß sämtliche Lebensmittel von zu Hause mitgebracht werden, ist der Tag nicht mehr fern, an dem die Norweger ihre Jedermannsrechte (siehe Seite 260) einschränken werden oder klare Verbote aussprechen. Also möglichst oft auf Campingplätzen übernachten und in örtlichen Geschäften einkaufen, damit den Wohnmobilfahrern nicht länger nachgesagt werden kann, sie würden Norwegen jeden Sommer in einen Dauerparkplatz verwandeln. Leider kann man das Mieten von Wohnmobilen in Norwegen selbst – vorläufig noch – aus finanziellen und organisatorischen Gründe nicht empfehlen. Bis heute ist noch niemand auf die Idee gekommen, zum Beispiel eine Reise mit dem Postschiff von Bergen nach Bodø anzubieten, damit man von dort aus im Wohnmobil nach Süden fahren kann. Der jeweils nächste Urlauber könnte dann nämlich die Reise genau umgekehrt angehen, und schon wären sowohl das Übergabeproblem gelöst als auch ein perfektes Rundumpaket gefunden.

Wer statt dessen mit dem Pkw reist, sollte sich rechtzeitig Gedanken machen, ob er a) nur in Hütten übernachten will (die gibt's praktisch ständig und überall), b) vielleicht eine Kombination aus Hütten- und Hotelurlaub vorzieht oder c) ausschließlich in Hotels übernachten möchte. Wer nicht gerade in der absoluten Hochsaison unterwegs ist – etwa zwischen 15.6. und 5.8., muß sich kaum Gedanken machen, ob er eine *ledige hytte* findet. Andernfalls folge man dem Schild »*Rom*«. Das ist kein Richtungshinweis für die italienische Hauptstadt, es bedeutet »Zimmer« und wird »*Rum*« ausgesprochen. In der Vorsaison kann es vorkommen, daß der oder die Quartiergeber gerade ein *Skoleleier* zu Gast haben. *Skoleleier* ist die norwegische Variante des Schullandheims. Das heißt Schulklassen verlegen ihren Unterricht für ein oder zwei Wochen aufs Praktische, betreiben »Feldforschung« vor Ort. In der Praxis bedeutet das, daß es auf dem einen oder anderen Campingplatz oder Hüttenareal abends recht laut zugehen kann. Wer das vorher weiß, kann ja gegebenenfalls nach einem anderen Quartier Ausschau halten. Für die Hotels ist der Hochsommer eher so etwas wie die Nebensaison (sie leben das Jahr über von Geschäftsreisenden, von Seminarveranstaltungen), und glücklicherweise sind, seit es norwegenweit den »Fjordpaß« gibt, die Übernachtungspreise nun auch so gerade eben tragbar geworden (zu den Preisen siehe Serviceteil Seiten 257/258).

Die ideale Form ist unserer Meinung nach eine Kombination aus Hütten- und Hotelurlaub, weil man dann flexibel reagieren kann. Wir haben jedenfalls an den Tagen, an denen uns die Übernachtung in Hütten besser erschien als ein örtliches Hotel, deutlich darauf hingewiesen. Wie wir uns auch umgekehrt nicht scheuen, bei den wenigen besonders guten Hotels, zum »Geldverprassen« zu raten; in einem anderen Fall dann aber wieder – wegen eines exorbitanten Frühstücks – die Nächtigung in einer Jugendherberge empfehlen.

Wenn die Reiseart geklärt ist – und jeder möge selbst durchkalkulieren, ob eine Wohnmobilreise (Mietpreise im Sommer!) wirklich billiger ist –, können wir uns mit den Verkrustungen beschäftigen, denen man hauptsächlich dann begegnet, wenn man kein fahrbares Dach über dem Kopf hat.

Hütten- und Hotelreisenden empfehlen wir, grundsätzlich einen kleinen Picknickkoffer, eine oder zwei Thermosflaschen und ein Wachstuch mitzunehmen. Vom Hotel kann man sich

Kreuzfahrtschiffe im Geirangerfjord ▷

nämlich nach dem Frühstück, gegen einen Zusatzobolus von meist zehn Mark pro Person, noch ein Lunchpaket zusammenstellen lassen, nebst Kaffee oder Tee in der Thermosflasche. So ist es möglich, tagsüber an jedem beliebigen, schönen Platz zu rasten, meistens gibt es gerade dann auch Tisch und Bänke. Die Alternative wäre, abzuwarten, bis eine Cafeteria am Wegesrand liegt, oder eben erst im nächsten Dorf den Hunger zu stillen. Mit dem Nachteil, daß einem darüber immer wieder der Landschaftsgenuß verlorengeht. Die Cafeterias in Norwegen, egal wo, sind alle mehr oder weniger gleich organisiert – als Self-Service –, mit dem ewig gleichen Angebot: hauptsächlich Käse-Sandwichs, Schinken-Sandwichs, Käse-Schinken-Sandwichs, *Karbonade* mit und ohne Spiegelei (das ist die oft unrühmliche norwegische Version der Frikadelle). Soll heißen, im Laufe der Zeit wird das alles recht langweilig und ist keinesfalls billiger als das *Lunsjpakke* (*sj* wird wie *sch* gesprochen).

Ein weiteres Hemmnis sind die oft starren Abendessens- oder Frühstückszeiten. *Frokost* gibt es meistens nur zwischen acht und zehn Uhr vormittags. *Middag* – damit ist in Norwegen immer (!) das Abendessen gemeint – wird in der Regel zwischen 18 und 20 Uhr oder 20.30 Uhr angeboten, danach bleibt die Küche kalt. Diese starren Essenszeiten sind derart obligatorisch (z.T. auch nur systembedingt, weil jeder Gastwirt wegen der hohen Löhne mit einem Minimum an Personal arbeiten muß), daß sich der ausgeprägte Individualist einmal mehr »genormt« vorkommen kann. Wer nämlich die halbe Nacht wach war, weil ihn/sie die unbeschreiblichen Licht- und Farbstimmungen so fasziniert haben, der möchte doch einerseits ausschlafen und andererseits trotzdem ein Frühstück haben. Und wer die Abendstimmung über einem Fjord genießen möchte, das Alleinsein am Seeufer oder in den Wäldern, wer also irgendwo sitzt, um ganz einfach Landschaft auf sich wirken zu lassen, der will nicht immer wieder abbrechen müssen, bloß weil er »pünktlich« zu sein hat.

Um gerade hier zu einem größtmöglichen Maß an Freiheit zu kommen, gibt es ein paar ganz einfach zu handhabende »Rezepte«. Erstens, die Gelegenheit da beim Schopfe packen, wo sie sich bietet. Also unterwegs zu Abend essen, den Hotelier aber telefonisch wissen lassen, daß man noch kommt. Zweitens, bis gegen fünf oder sechs Uhr nachmittags jene Unterkunft ansteuern, in der man zu übernachten beabsichtigt, und dann, nach einem frühen Abendessen, erneut losziehen. In Südnorwegen ist es zur Mittsommerzeit bis 23 Uhr hell, im Norden wird es bekanntlich ja überhaupt nicht mehr dunkel. Wer dort oben vorhat, die Nacht zum Tage zu machen, sollte sich drittens mit den Gastgebern in der Form abstimmen, daß einem vom Frühstücksbuffet etwas abgezweigt und für später bereitgestellt wird. Gleiches gilt umgekehrt, wenn man einmal in aller Frühe einen Berggipfel besteigen möchte, um ganz allein (aber mindestens zu zweit!) unterwegs zu sein. Wer's rechtzeitig am Tag zuvor sagt, muß nicht unbedingt bis acht Uhr morgens warten, um dann zwangsläufig mit einer ganzen Kohorte von Ausflüglern unterwegs zu sein. Mit dem »Allheilmittel« Thermosflasche und Lunchpaket, das man sich abends aufs Zimmer stellt, lassen sich solche Probleme lösen.

Gewiß, die Norweger tun sich manchmal etwas schwer mit Besuchern, die den schön geregelten Ablauf durcheinanderbringen. Aber wenn man ihnen erklärt warum, lächeln sie meist augenzwinkernd zurück. Wissen sie doch andererseits, daß sie es in ihrem Land viel einfacher haben – wann immer es ihnen beliebt –, aus der übersichtlichen Ordnung auszusteigen. *Ola Nordmann* packt in solchen Momenten nämlich nur seinen Rucksack, schnappt sich die Angel und verschwindet auf die Hütte im Fjell.

Insofern trägt dieses Buch nur einer Absicht Rechnung: Wir wollen eine Spur legen, mit der alle Möglichkeiten, davon abzuweichen, offenbleiben. Die Uhrzeit- und Kilometerangaben, die

Abendstimmung in Telemark

wir gemacht haben, dienen also lediglich der Orientierung und sind keinesfalls eine Aufforderung, genau nach diesem Plan zu reisen. Andernfalls hätten wir in unsere in 21 Reisetagen ablaufende Route auch keine »Sollbruchstelle« eingebaut. Wissen wir doch aus eigener Erfahrung nur zu gut, wie hinderlich ein festgeschriebener Zeitplan sein kann. Sei es, daß man mitten in den Schafsabtrieb aus der Hardangervidda hineingerät, daß man von einem Fischer eingeladen wird oder ganz einfach von einer der zahllosen Inseln vor Norwegens Küste derart fasziniert ist, daß man kaum mehr davon loskommt. Diese Sollbruchstelle liegt zwischen Åndalsnes und Trondheim, wo sie zugleich auch, mit Beginn des 10. Tages, den Übergang von Süd- nach Nordnorwegen markiert. Wer sich von vornherein zwei bis drei Wochen Zeit läßt – nur für den Süden –, und wer dann im Jahr darauf nach Norden will, hat beide Möglichkeiten. Dann nämlich kann man von Åndalsnes innerhalb eines einzigen Tages nach Oslo zurückfahren und umgekehrt, ein Jahr später, von Oslo innerhalb eines Tages nach Trondheim kutschieren. Um dort an das anzuknüpfen, was wir auf den nun folgenden Seiten versuchen wollen zu schaffen: einen Leitfaden für den Einstieg nach Norwegen.

III Chronik der norwegischen Geschichte

Das Oseberg-Boot der Wikinger

15000–10000 v. Chr.	Ende der Eiszeit; der dicke Eispanzer über Norwegen schmilzt ab.
4000–2000 v. Chr.	Inseln wie Lovund und Træna (am Polarkreis) sind bereits besiedelt. Erste Felszeichnungen *(Helleristninger)* belegen eine Fischer-, Jäger- und Sammlerkultur.
500–600 n. Chr.	Es kommt zur Völkerwanderung. Gruppenverbände und Kleinkönigtümer entstehen.
800–1000	Die expansive Wikingerzeit beginnt. Wirtschaftliche Notlagen und kriegerische Auseinandersetzungen zwischen den Kleinkönigtümern veranlassen die davon betroffenen Wikinger zu weiten, gefährlichen Reisen – zum Schrecken halb Europas –, in deren Verlauf nach und nach Teile von Schottland, Irland, den Färöern und Island entdeckt und besiedelt werden.
875	König Harald Hårfagre (Harald Schönhaar), aus dem Geschlecht der Ynglinge, gelingt die Einigung/Unterwerfung/Herrschaft über andere Kleinkönigreiche Norwegens.
935–961	Håkon I., genannt der Gute, bringt von England, wo er zeitweise aufwuchs, das Christentum nach Norwegen.
985	Erich der Rote entdeckt Grönland und errichtet an der Fjordküste zwischen dem heutigen Julianehåb und Godthåb Siedlungen.
995–1030	Olav Tryggvason (der Bekehrerkönig) kommt an die Macht und betreibt eine konsequente Christianisierung des Landes, die unter seinem Nachfolger Olav Haraldson, dem Heiligen, fortgesetzt wird.

Die Boten Wilhelms des Eroberers bitten Harald Harderaade, den König von Norwegen, um Unterstützung im Kampf um die englische Krone (Motiv des Teppichs von Bayeux)

1000–1002 Leiv Eriksson, Sohn Erichs des Roten, entdeckt das sagenhafte »Vinland« – gemeint ist die Ostküste Amerikas, das heutige Labrador und Neufundland.

1000–1100 In diesen Zeitraum fällt der Beginn der Lofotfischerei.

1048–1070 Oslo (später: Christiania und ab 1924 wieder Oslo) wird gegründet, Bergen jedoch ist das Zentrum des Reiches, Trondheim die Königs- und Krönungsstadt.

1130–1240 Bürgerkriege und Thronfolgeauseinandersetzungen lassen das Land nicht zur Ruhe kommen.

1163/64 Mit der Krönung von Magnus V. Erlingsson sichert sich die Kirche ihren Einfluß durch einen ihr ergebenen König.

1194 Gegner dieser Kirchenpolitik ist die Bürgerkriegspartei der »Birkebeiner«, die die Anhängerschaft Magnus Erlingssons besiegt. Deren Anführer nun, Sverre Sigurdsson, besteigt den Königsthron und erklärt sich zum Oberherrn der norwegischen Kirche.

1200 Anfänglich macht sich nun auch der Einfluß der Hanse bemerkbar.

1217–63 Håkon IV. Håkonsson übernimmt den Königsthron; während seiner Herrschaft hören die Bürgerkriegswirren auf. Der Königshof in Bergen wird Mittelpunkt einer nach dem europäischen Festland hin orientierten Oberschicht.

1261–64 Grönland wird norwegisch, ebenso Island, die Färöer, die Orkneyinseln, die Hebriden, die Insel Man und die heute schwedischen Provinzen Jämtland und Bohuslän.

1277 Håkons Sohn, Magnus VI. Lagabøte (der Gesetzesverbesserer) beendet den Streit mit der Kirche und faßt die Regionalrechte zu einem landesweit gültigen Reichsrecht zusammen.

1300 Wirtschaftlich gerät Norwegen nun immer mehr in Abhängigkeit zur Hanse, die den Handel mit Fisch (Ausfuhr) und Getreide (Einfuhr) im Monopol betreibt; die zumeist aus Lübeck stammenden Kaufleute unterhalten ab ca. 1350 ihr »Kontor« auf der »Deutschen Brücke« in Bergen. Zu der Zeit regiert Håkon V. Magnusson (1299–1319).

1319–80 Nach dessen Tod stirbt das bisherige Königshaus aus und geht in der Person des Schwedenherzogs Magnus VII. Eriksson (1319–55) an das Geschlecht der Folkunger über. Er wie auch sein Nachfolger Håkon VI. Magnusson (1355–80) sind gleichzeitig Könige von Norwegen und Schweden.

1380–1814 Olaf IV. Håkonsson ist der Sohn des o.g. Håkon VI. Magnusson und der dänischen Königin Margarete. Damit wird eine über vierhundert Jahre dauernde Personalunion mit dem dänischen Königshaus eingeleitet, die

1397 zur Kalmarer Union zwischen Norwegen, Dänemark und Schweden führt. (Schweden löst sich Mitte des 15. Jahrhunderts gewaltsam aus der Union.)

1536/37 Der norwegische Reichsrat wird abgeschafft, die Reformation eingeführt, Dänisch wird Amts-, Kirchen- und Schulsprache.

1550 Die Hanse hat ihre dominierende Rolle verloren, trotzdem sind die Kaufmannsherren in Bergen noch lange Zeit bestimmend.

1563–70 Im nordischen Siebenjährigen Krieg wird Norwegen in die Auseinandersetzungen zwischen Dänemark und dem aufstrebenden Schweden verwickelt.

1600–1800 Norwegen taucht in der Bedeutungslosigkeit einer dänischen Provinz ab. Kopenhagen ist der Nabel der Welt. Der Dichterpfarrer Petter Dass schreibt ab etwa 1690 an der ersten neuzeitlichen Chronik Nordnorwegens (»Des Nordlands Trompete«).

1807–14 Norwegen gerät an der Seite Dänemarks in den Napoleonischen Krieg gegen England und Schweden. Dänemark gibt sich im »Kieler Frieden« von 1814 geschlagen und muß Norwegen an Schweden abtreten. So kommt es

1814–1905 zur Personalunion mit Schweden unter König Carl Johan (1818 bis 1844).

1814 Die Nationalversammlung beschließt in Eidsvoll, am 17. Mai, die Verfassung Norwegens und die Bildung eines Parlaments mit dem Namen »Storting«. Dieser Tag gilt seitdem als Nationalfeiertag.

1821 Der Storting schafft den Adel ab.

1837 Die Gemeinde-Selbstverwaltung wird eingeführt.

1870–84 In den siebziger Jahren entsteht unter Führung des Stortingpräsidenten Sverdrup eine linke Opposition, die 1882 einen Wahlsieg erringt. 1884 wird Sverdrup mit der

Carl Johan, 1818–44 König von Norwegen

Gutshof in Eidsvoll, in dem die erste Reichsversammlung stattfand

Bildung eines Kabinetts beauftragt; damit hat sich die parlamentarische Regierungsform durchgesetzt. Formell ist zwar der König der Leiter der Exekutive und ernennt die Regierung, den »Staatsrat«, tatsächlich muß sich der Regent dabei aber an die parlamentarischen Mehrheiten halten.

1905 Auflösung der Personalunion mit Schweden; in einer Volksabstimmung entscheiden sich die Norweger für die Beibehaltung der Monarchie. Prinz Karl von Dänemark wird als Håkon VII. König des nun wieder souveränen Norwegens.

1913 Die Frauen erhalten das Stimmrecht.

1914–18 Norwegen bleibt im Ersten Weltkrieg neutral. Die Handelsflotte jedoch fährt für die Alliierten, und Norwegens Reeder machen glänzende Geschäfte.

1920 Der Völkerbund spricht die Inselgruppe Spitzbergen Norwegen zu. »Svalbard« (so der norwegische Eigenname) bildet zusammen mit der Bäreninsel und Jan Mayen das sogenannte norwegische Nebenland.

1931–33 Streit um Grönland; 1933 wird Grönland Dänemark zugesprochen.

1940 Das neutrale Norwegen wird am 9. 4. von Deutschland angegriffen und besetzt. Quisling wird »Regierungschef« von Hitlers Gnaden, jedoch schon am 25. 9. von Reichskommissar Terboven abgelöst. Der König und die Regierung gehen nach England ins Exil, aus dem sie nach der Kapitulation durch das deutsche Oberkommando (7. 5. 1945) zurückkehren. Zahlreiche Ortschaften in Nordnorwegen werden vorher noch, auf dem deutschen Rückzug, zerstört.

1946 Norwegen ist Gründungsmitglied der UNO.

1949 Beitritt zur NATO.

1952 Gründung des Nordischen Rats, in dem Norwegen, Dänemark, Schweden und Island (ab 1955 auch Finnland) auf zwischenstaatlicher Ebene in wirtschaftlichen, kulturellen und sozialpolitischen Fragen zusammenarbeiten.

Walfänger vor Røst, 1936

1957	König Håkon VII. stirbt am 21. 9., sein Sohn Olav V. wird Nachfolger.
1959	Anschluß an die Europäische Freihandelsassoziation (EFTA).
1962/1967	Norwegen bewirbt sich um Aufnahme in die EG.
1966	Erste Ölversuchsbohrungen in der Nordsee.
1970	Aufnahme der Beitrittsverhandlungen zur EG (Juni).
1971	Beginn der Ölbohrungen in der Nordsee. Als ergiebigstes Ölfeld gilt »Statsfjord«. Norwegen wird in den Folgejahren Erdöl- und Erdgas-Exporteur Nummer eins in Europa.
1971	Trygve M. Bratteli, Führer der Arbeiterpartei, bildet ein Minderheitskabinett.
1972	Der von der Regierung angestrebte EG-Beitritt wird bei der Volksabstimmung am 25. 9. von 52 Prozent der Bevölkerung abgelehnt. Regierungschef Bratteli tritt zurück.
1977	Norwegen erweitert seine Fischereizone auf 200 Meilen.
1980	Abgrenzung der Fischfangrechte mit Island.
1986	Sozialdemokratische Minderheitsregierung unter der Ministerpräsidentin Gro Harlem Brundtland (Mai).
1986	Abwertung der Krone um 12 Prozent (Mai).
1987	Bildung eines internationalen Schiffsregisters.
1990	Internationale Klimakonferenz in Bergen (Mai). Gro Harlem Brundtland bildet erneut eine Minderheitsregierung der Arbeiterpartei, die nach wie vor einen EG-Beitritt anstrebt.
1991	Der äußerst populäre König Olav V. stirbt; sein Sohn Harald V. wird Nachfolger.

IV DREI WOCHEN IN NORWEGEN

Ankunftstag – Programm: Oslo

Wenn man in Kiel die Fähre nimmt, die 14 Uhr ablegt, kommt man anderntags 9.30 Uhr morgens in Oslo an. So hat man dann noch den ganzen Tag Zeit und kann sich in aller Ruhe unser Programm für anderthalb Tage Oslo zurechtlegen. Schließlich benötigt man den verbleibenden Vormittag für Organisatorisches.

Nach der Ankunft empfiehlt es sich, zunächst das vorgesehene Quartier anzusteuern, um das Auto loszuwerden. Nichts ist in Oslo hinderlicher. Entweder gibt es da, wo man ihn braucht, keinen Parkplatz, oder man läuft Gefahr, immer wieder über jene Mautstellen hinauszufahren, an denen man dann für die Rückfahrt in die Stadt jeweils 12 Kronen Straßenbenutzungsgebühr bezahlen muß.

Oslo verfügt über ein hervorragendes Netz öffentlicher Verkehrsmittel, alles, was wir beschreiben, ist damit zu erreichen. Deshalb sollte man sich zuerst eine wahlweise für 24, 48 oder 72 Stunden geltende »Oslo Card« (120, 190 bzw. 240 Kronen, Kinder zwischen 4 und 15 Jahren 55,80 bzw. 110 Kronen) besorgen, mit der man:

- freien Eintritt zu den meisten Museen und Sehenswürdigkeiten hat,
- alle öffentlichen Verkehrsmittel umsonst benutzen kann, inklusive der Linienboote;
- den halben Preis für Boots- und Stadtrundfahrten bezahlt,
- eine ganze Reihe weiterer Vergünstigungen erhält, die im dreisprachigen Handbuch über die Oslo Card aufgeführt sind.

Die Oslo-Karte ist das ganze Jahr über in den meisten Hotels, im Norway Information Center, im »Trafikanten« vor dem Hauptbahnhof, auf Osloer Campingplätzen, an »Narvesen«-Kiosken und (angeblich) in 700 Postämtern und Reisebüros in ganz Norwegen erhältlich.

Darüber hinaus gibt es seit 1995 das sogenannte »Oslo Paket«. Es kann beim Fremdenverkehrsbüro in Oslo oder bei den Reisebüros gekauft werden. Preis: ab 370 Kronen. Darin enthalten sind eine Übernachtung pro Person im Hotel inkl. Frühstück *und* die oben erwähnte »Oslo Card«. Das Angebot gilt für insgesamt 38 Hotels. Die von uns ausgewählten sind auf den blauen Seiten mit * markiert. Für Kinder unter 16 Jahren gibt es das »Oslo Paket« kostenlos, wenn sie im Zimmer der Eltern schlafen. Gültig vom 11.6. bis 23.8. täglich, außerdem in den Weihnachts-, Winter- und Osterferien, während der übrigen Zeit des Jahres nur an Wochenenden.

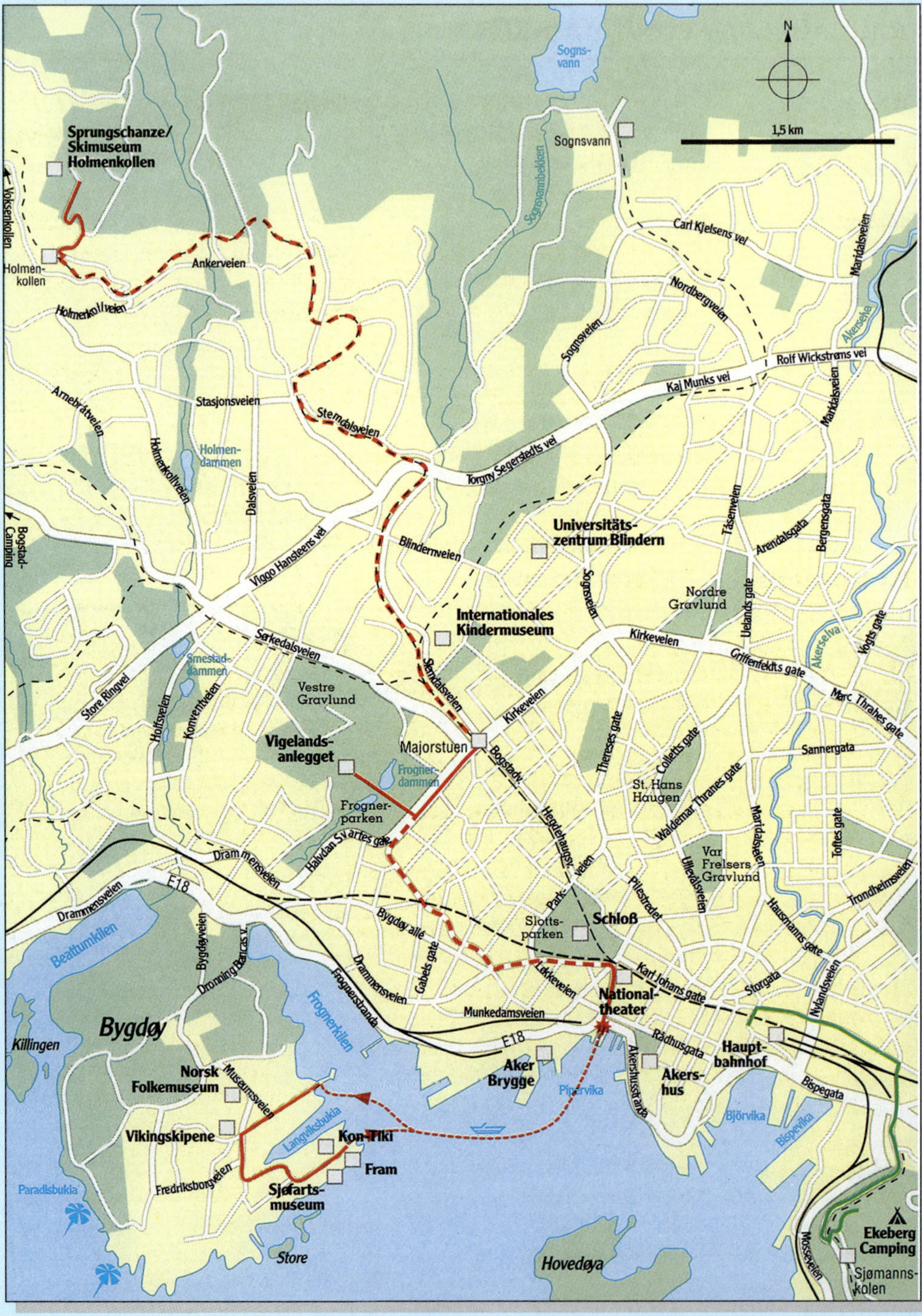
Sprungschanze/
Skimuseum
Holmenkollen
Voksenkollen
Holmen-
kollen
Ankerveien
Holmenkollveien
Sognsvann
Sognsvann
1,5 km
N
Sognsvannsbekken
Carl Kjelsens vei
Maridalsveien
Nordbergveien
Akerselva
Sognsveien
Rolf Wickstrøms vei
Kaj Munks vei
Arnebråtveien
Stasjonsveien
Stemdalsveien
Holmendammen
Holmenkollveien
Torgny Segerstedts vei
Maridalsveien
Dalsveien
Bogstad-
Camping
Blindernveien
Universitäts-
zentrum Blindern
Tåsenveien
Arendalsgata
Bergensgata
Viggo Hansteens vei
Nordre
Gravlund
Internationales
Kindermuseum
Sognsveien
Ulelands gate
Sørkedalsveien
Kirkeveien
Griffenfeldts gate
Akerselva
Vogts gate
Smestad-
dammen
Vestre
Gravlund
Stemdalsveien
Kirkeveien
Marc Thrahes gate
Store Ringvei
Hoffsveien
Konventveien
Majorstuen
Sannergata
Vigelands-
anlegget
Frogner-
dammen
Bogstadv.
Thereses gate
Colletts gate
St. Hans
Haugen
Frogner-
parken
Hegdehaugsv.
Waldemar Thranes gate
Maridalsveien
Toftes gate
Halvdan Svartes gate
Dram mensveien
Vår
Frelsers
Gravlund
Ullevålsveien
Trondheimsveien
E18
Drammensveien
Park-
veien
Pilestredet
Hausmanns gate
Beattumkilen
Bygdøyveien
Bygdøy allé
Slotts-
parken
Schloß
Dronning Blancas v.
Gabels gate
Drammensveien
Frognerstranda
Løkkeveien
Karl Johans gate
Storgata
Nylandsveien
National-
theater
Munkedamsveien
Bygdøy
Killingen
Frognerkilen
Rådhusgata
Haupt-
bahnhof
E18
Aker
Brygge
Akers-
hus
Norsk
Folkemuseum
Museumsveien
Pipervika
Akershusstranda
Bispegata
Bjørvika
Bispevika
Vikingskipene
Langviksbukta
Kon-Tiki
Fram
Paradisbukta
Fredriksborgveien
Sjøfarts-
museum
Store
Hovedøya
Ekeberg
Camping
Mosseveien
Sjømanns-
kolen

Ankunftstag – Programm: Oslo

Mittag

Bootsfahrt zur **Museumsinsel Bygdøy** (Die Fähre verkehrt dreimal pro Stunde alle 20 Min.). Besuch des **Wikinger-Schiffsmuseums** (Vikingskipene) und des **FRAM-Museums**.

Nachmittag

Rückfahrt zur Stadt. Spaziergang von **Rådhusbrygge** bis zum **Nationaltheater.** Mit der Straßenbahn *(Sporvogn)* Nr. 2 bis Haltestelle Vigelandsparken (nicht schon am Frognerplass aussteigen). Besuch der **Vigeland-Anlage** im Herzen des **Frognerparks**.

Abend

Spaziergang vom Frognerpark bis zur U-Bahn-Station Majorstuen (ca. 800 m). Dort mit der **Holmenkollenbahn** (Linie 15, Fahrtrichtung Frognerseteren) bis zur Haltestelle Holmenkollen fahren. Besuch der **Sprungschanze** und des **Skimuseums**, Abendessen dort oben, mit Blick über die Stadt und den Fjord.

Ankunftstag – Informationen: Oslo

Norway Information Center
Im Gebäude des ehemaligen Westbahnhofs, schräg gegenüber vom Rathaus
Vestbaneplassen 1
N-0250 Oslo
✆ 22 83 00 50, Fax 22 83 81 50
Juni tägl. 9–18, Juli und Aug. tägl. 9–20, Mai und Sept. Mo–Fr 9–17 Uhr, So geschl.; übrige Zeit Mo–Fr 9–16 Uhr, Sa/So geschl.

Anker Hotel *
Storgata 55
✆ 22 99 75 00, Fax 22 99 75 20
Kann im Rahmen des »Oslo Paket« gebucht werden (S. 21). Kein Fjordpaß, Preise wie D. (Erläuterungen zu den * finden Sie Seite 22, zu den Hotel-Kategorien Seiten 257 f. und Seite 271.)

Hotel Munch *
Munchsgate 5
✆ 22 42 42 75
Fax 22 20 64 69
Preisgünstiges Hotel im Zentrum. Fjordpaß B.

Hotel Europa *
St. Olavs gate 312
✆ 22 20 99 90, Fax 22 11 27 27
In der Stadtmitte gelegenes Hotel. Nichtraucherzimmer. Kein Fjordpaß, Preise wie D.

Norum Hotel *
Bygdøy Allé 53
✆ 22 44 79 90
Fax 22 44 92 39
Etwas außerhalb vom Zentrum, preisgünstig. Kein Fjordpass, Preise wie B.

Hotel Continental *
Stortingsgata 24/26
✆ 22 82 40 00, Fax 22 42 96 89
Erstklassiges und traditionelles Haus gegenüber dem Nationaltheater. Bekannt für sein *Theatercaféen* und sein Feinschmeckerrestaurant »Annen Etage« (wörtlich übersetzt: zweiter Stock). D.

Reso Hotel Oslo Plaza *
Sonja Henies plass 3
✆ 22 17 10 00, Fax 22 17 73 00

Ankunftstag – Informationen: Oslo

Modernes Haus der oberen Klasse, in Bahnhofsnähe, neben dem Einkaufszentrum Oslo-City gelegen. Panoramablick aus der Sky-Bar. Swimmingpool. Kein Fjordpaß, Preise wie D.

Eine Reihe von Pensionen oder Bed & Breakfast-Angeboten gibt es zwar in den Außenbezirken der Stadt, sie liegen aber auch in den Fjordpaß-Kategorien A oder B und sind nur dann wirklich preisgünstiger, wenn man längere Zeit in Oslo bleibt (Auskunft über das Norway Information Center).

Oslo Vandrerhjem, Haraldsheim
Haraldsheimveien 4
0409 Oslo
✆ 22 15 50 43, Fax 22 22 10 25
Jugendherberge.

Oslo Vandrerhjem Holtekilen
Micheletsvei 55
1320 Stabekk
✆ 67 51 80 40, Fax 67 59 12 30
Ganzjährig
Mitglieder 155 Kronen inkl. Frühstück, Nichtmitglieder 180 Kronen.

Bogstad Camp og Turistsenter
Ankerveien 117
0757 Oslo
✆ 22 51 08 00, Fax 22 51 08 50
Ganzjährig (inkl. Hüttenvermietung)

Ekeberg Camping
Ekebergveien 65
1181 Oslo
✆ 22 19 85 68
Geöffnet vom 1. 6.–31. 8., schön gelegen.

Bygdøy-Museumsinsel:

Wikinger-Schiffsmuseum (Vikingskipene)
Huk aveny 35
✆ 22 43 83 79
2.5.–31.8. tägl. 9–18, Sept. 11–17, April und Okt. 11–16, übrige Zeit 11–15 Uhr
Gezeigt werden das restaurierte Oseberg-Schiff, das Gokstad- und das Tuneschiff (9. und 10. Jh.), außerdem Artefakte, Ornamente, Kleidung und Haushaltsgeräte aus der Wikingerzeit.

FRAM-Museum
Bygdøynes
✆ 22 43 83 70
1.5.–16.5. von 10–16.45, 17.5.–15.6. von 9–17.45, 16.6.–31.8. von 9–18.45 Uhr; Sept. 10–16.45, Okt. 10–15.45, Nov.–Febr. 11–14.45, März und April 11–15.45 Uhr
Das von Colin Archer konstruierte Schiff wurde für drei Polarexpeditionen von Fridtjof Nansen, Otto Sverdrup und Roald Amundsen benutzt.

Kon-Tiki Museum
Bygdøynesveien 36
✆ 22 43 80 50
1. 6.–31. 8. von 9.30–17.45 Uhr, April/Mai und Sept. 10.30–17, übrige Zeit 10.30–16 Uhr
Gezeigt wird die weltberühmte Kon-Tiki (1947), das Papyrusschiff RA II (1970), Statuen von der Osterinsel, archäologische Sammlungen und Gegenstände von Thor Heyerdahls Expeditionen.

Norwegisches Volksmuseum
(Norsk Folkemuseum)
Museumsveien 10
✆ 22 12 37 00
15.5.–14. 6. und 1.9.–14.9. von 10–17 Uhr, 15.6.–31.8. 10–18, übrige Zeit 11–15 Uhr
Freilichtmuseum mit über 170 Häusern aus ganz Norwegen. Bauernhöfe und Gebäude aus dem Mittelalter und dem vorigen Jahrhundert, Stabkirche aus dem Jahr 1200. Insgesamt ein Ensemble aus norwegischer Stadt- und Bauernkultur.

Norwegisches Seefahrtsmuseum (Norsk Sjøfartsmuseum)

Ankunftstag – Informationen: Oslo

Bygdøynesveien 37
✆ 22 43 82 40
18. 5.–30. 9. 10–19, sonst 10.30–16, Di und Do bis 19 Uhr
Geschichte der norwegischen, insbesondere der Küstenseefahrt, angefangen von alten Nutzbooten und Prunkmodellen über Wrackfunde, Schiffsbilder und maritime Gegenstände.

Etwas versteckt im Museum befindet sich das **Najaden-Restaurant** (✆ 22 43 81 80, Öffnungszeiten wie Museum, N–NN) mit Buffet und Fischgerichten; außerhalb auf der Terrasse wird ein wenig einladendes Selbstbedienungscafé/Kiosk betrieben.

Skimuseum
Holmenkollen
Kongeveien 5
✆ 22 92 32 00
Tägl. im Juni 9–20, Juli/Aug. 9–22 Uhr; Mai und Sept. 10–17, übrige Zeit 10–16 Uhr;
Die älteste Sammlung von Skiausrüstungen. Ein Teil von Nansens und Amundsens Polarausrüstung. Dokumentation der Entwicklung des Skis/Skisports im In- und Ausland.

Vigeland-Skulpturen
Frognerpark
Durchgehend geöffnet
Die Arbeiten Gustav Vigelands in einer großflächigen Freiluftanlage im Herzen des Frognerparks.

Besitzer einer Oslo Card haben zu all den genannten Museen freien Eintritt.

Badestrände liegen bei Huk und Paradisbukta, beide auf der Museumsinsel Bygdøy.

Fahrradverleih
Vestbanen AS
Vestbaneplassen 2
✆ 23 11 51 02, Fax 23 11 50 70

Hafenrundfahrten/Fjordausflüge
Wer mit der Fähre aus Kiel ankommt, erlebt den Oslofjord in der Morgenstimmung, wer zur Museumsinsel unterwegs ist, unternimmt fast schon eine Hafenrundfahrt. Sinnvoll wäre also höchstens noch – insbesondere zur Mittsommerzeit – eines der Abendangebote. Da hier aber nur saisonal wechselnde Möglichkeiten bestehen bzw. manche Termine nur zum Wochenende hin offeriert werden, bitte beim Norway Information Center erkundigen/beraten lassen. Sämtliche Rundfahrten beginnen am Kai 3 vor dem Rathaus.

Frognerparkens Café
Frognerpark
Nur bei schönem Wetter im Sommer. N

Paviljongen
✆ 22 84 40 00
Gartenrestaurant auf dem Studenterlunden. N–NN

Holmenkollen Restaurant
Holmenkollveien 119
✆ 22 14 62 26
10.30–22, Sa/So 10.30–18.30 Uhr;
Mai–Sept. bis 22 Uhr
Schöne Aussicht. In der einen Hälfte ist die preisgünstigere Cafeteria untergebracht, in der anderen das gehobenere Restaurant. NN–NNN

De Fem Stuer
Im Holmenkollen Park Hotel Rica
Kongeveien 26
✆ 22 14 60 90
Tägl. 12–24 Uhr
Gourmet-Restaurant über der Stadt – für ausgedehnte Abende im gleichen Haus: Atrium-Bar, Nachtclub »Night Jump«.
NNN

Weitere Informationen zu Oslo siehe Seiten 29 f.

Ankunftstag in Oslo
Hinweise zu Museen, Parks und Ausflugszielen

Museumsinsel

Wenn man an der Rådhusbrygge eines der beiden im halbstündigen Rhythmus verkehrenden Bygdøy-Boote nimmt, fährt man sinnvollerweise zuerst bis Dronningen (das ist die erste Anlaufstelle, die zweite ist Bygdøynes; von da aus fährt man wieder in die Stadt zurück). Bei der Ankunft dort folgt man den Beschilderungen nach links zum **Wikinger-Schiffsmuseum** (unbedingt deutschsprachiges Infoheft kaufen). Hauptattraktion ist natürlich das Oseberg-Schiff aus dem 8./9. Jahrhundert, von dem man vermutet, daß es als Grablege/Grabbeigabe der Königin Åsa gedient hat – oder einem hochgestellten Mitglied des Ynglinge-Geschlechts, das im Westen von Oslo regierte.

Das Schiff ist 22 Meter lang und fünf Meter breit mit je 15 Riemenöffnungen. Unter voller Riemenbesetzung mit 30 Ruderern muß die Mannschaft aus mindestens 32 Mann bestanden haben, inklusive Ausguckposten und Steuermann. Die Vorstellung, damit über den

Das Oseberg-Schiff im Wikinger-Schiffsmuseum

Nordatlantik zu kreuzen, ist schlicht atemberaubend. Mächtig beeindruckend sind auch die zahllosen anderen Grabbeigaben, die anläßlich der Ausgrabung im Jahre 1904 entdeckt wurden. »Tausend Jahre im Einmachglas«, das voller Überraschungen war: Wagen, Schlitten, Schuhe, Küchengeräte, Kisten, Betten, Webgeräte – und vieles davon mit aufwendigen Schnitzereien verziert. Übrigens: Das Steuer ist an der rechten Bordwand des Schiffes fixiert und wird als *styri* bezeichnet – *styrbord* = Steuerbord.

Nach der Besichtigung dieses Museums machen wir einen etwa 15minütigen Spaziergang zum **FRAM-Museum**. Die »FRAM« wurde gebaut, um Fridtjof Nansens Theorien über die Strömungsverhältnisse im Polarmeer nachzuprüfen und zu beweisen. Sie war am 3. Juni 1893 seeklar und darauf ausgelegt, dem enormen Druck des Packeises standzuhalten bzw. sollte sie sich vom Eis hochheben und nicht zerdrücken lassen. Die erste Expedition startete am 21. Juli 1893 von Vardö aus (Nordnorwegen) und trieb in einer drei Jahre währenden Drift durchs Eismeer (siehe dazu auch Nansens berühmtes Buch

Thor Heyerdahls RA II im Kon-Tiki Museum

Vigeland-Anlage im Frognerpark – man trifft sich beim berühmten Monolith

Immer noch in der »Holzklasse« unterwegs – die Holmenkollen-Bahn

»In Nacht und Eis«). Das Schiff selbst ist in allen Einzelheiten über und unter Deck zu besichtigen, das Museum wurde sozusagen um die »FRAM« herumgebaut (auch hierzu gibt es einen in deutsch gefaßten Führer).

Anschließend gelangt man von der Anlegestelle Bygdøynes aus mit einer der beiden halbstündig verkehrenden Fähren (ab hier zur halben und zur vollen Stunde) zurück ins Stadtzentrum. Von der **Rådhusbrygge** machen wir einen kleinen Spaziergang – etwa 600 Meter – bis zum **Nationaltheater** und nehmen dort die Straßenbahn Linie 2 zum

Frognerparken/Vigeland-Anlage

Gustav Vigeland (1869–1943) ist nicht unumstritten. Auf der einen Seite fasziniert sein Werk wegen der unbändigen Schaffenskraft, auf der anderen Seite (vielleicht reagiert man als junger Deutscher überempfindlich) fühlt man sich unweigerlich auch an das »Blut-und-Boden«-Kapitel unserer jüngeren Geschichte erinnert: Der Mensch als überdimensionales Wesen, unbeugsam und voller Entschlußkraft. Die Gestaltung des Vigeland-Skulpturenparks – mitten im Herzen des Frognerparks – verstärkt diesen Eindruck noch. Allerdings steht die Wirklichkeit, so wie die Osloer Bevölkerung mit ihrem »Vigeland« umgeht, in einem herrlich unverkrampften Gegensatz dazu: Am berühmten Monolith treffen sich die Liebespaare, die Stufen zwischen den einzelnen Terrassen, die vielen Wege links und rechts sind der *playground* der Jogger und Mountainbike-Fahrer, Väter und Söhne lassen Drachen steigen, ältere Damen füttern Tauben, die Spatzen fliegen über die Tische der Cafés und die pakistanischen Gastarbeiter spielen Cricket.

Am Kiosk gleich am Eingang zum Frognerpark gibt's in fast allen Sprachen ein Infoheft über die 192 Skulpturen mit mehr als 600 Figuren.

Holmenkollen

Wer ab Nationaltheater oder Majorstuen mit der »15« fährt, erlebt eine nette Überraschung: Die *Trikk* – so sagen die Einheimischen in einer Verballhornung für »Elektrik« – ist nämlich immer noch in der »Holzklasse« unterwegs, à la Berlin 1926. Die wunderschöne Bergfahrt bis etwa 200 Meter unterhalb der berühmten Schanze zeigt, wie man in Oslo auch leben kann: auf dem Lande, aber doch mitten in der Stadt.

Der Fußweg bis zur **Sprungschanze** ist offensichtlich, die Eindrücke, die man am Fuße der Schanze hat, sind irgendwie beängstigend. Nie und nimmer würde man da hinunterspringen – nie! Erst recht nicht, wenn man dann oben steht (Eingang durchs Skimuseum).

Das **Skimuseum** selbst, kein Wunder in einem Land, in dem das Skifahren erfunden wurde, bietet eine nahezu lückenlose Dokumentation über die Geschichte des Skis. Aber eben nur eine *nahezu* lückenlose, denn wenn gewisse Auffassungen über Nazi-Deutschland (wie soll man das jetzt bloß beschreiben, um nicht mißverstanden zu werden?) nicht die entscheidende Rolle gespielt hätten, wäre die einstmals mächtige norwegische Ski-Industrie heute noch tonangebend. Davon am 2. Tag, aus gegebenem Anlaß mehr. ■

1. Tag – Programm: Oslo

Vormittag

Stadtbummel vom Hauptbahnhof über die **Karl Johans gate** bis **Storting** bzw. **Nationaltheater** – Zeit zum Zuschauen, Einkaufen, Cafés ausprobieren, herumschlendern.

Nachmittag

Wer jetzt das **Skimuseum** am Holmenkollen besichtigen will, steigt am Nationaltheater in die Linie 15 und fährt zum Holmenkollen hoch (siehe Karte Seite 22, Dauer ca. 30 Min.), ansonsten sollte man sich, je nach Witterung, ein schattiges oder sonniges Plätzchen zum Lunch oder zum Picknicken suchen, zum Beispiel im **Schloßpark** hinter dem Schloß. Anschließend Fortsetzung des Spaziergangs: am Schloß vorbei, **Inkognitogata**, zurück zur City bis hinunter zum **Hafen**. Hier kann man fangfrische Fische kaufen, Krabben auspuhlen oder Boote angucken; Bummel durch **Aker Brygge** mit Kneipen, Galerien, Geschäften, Jazz-Musik.

Abend

Wem es auf der Aker Brygge zu turbulent zugeht, dem sei, wiederum ab Nationaltheater, ein schöner Ausflug empfohlen: mit der Straßenbahn Linie 9 (Fahrtrichtung Ljabru) bis zur Haltestelle Sjømannskolen. Die **Seemannsschule** liegt herrlich über dem Fjord im Osten der Stadt, und von dort aus geht man nach links über die Straßenbahngleise hinweg noch 200 m den Berg hoch zum derzeit geschlossenen **Ekeberg-Restaurant** mit Aussichtsterrasse.

1. Tag – Informationen: Oslo

Trafikanten Oslo Sporveier
Jernbanetorget
✆ 22 17 70 30
1. 5.–30. 9. von 8–23 Uhr

Rathaus
Rådhusplassen, Zugang auf der Rückseite
✆ 22 86 16 00
Führungen tägl. außer Sa/So 10, 12 und 14 Uhr
Reich ausgeschmückt von den bedeutendsten norwegischen Künstlern der ersten Hälfte des 20. Jh.

Tryvannstårnet (Aussichtsturm)
Voksenkollen
✆ 22 14 67 11
Tägl. Juli 9–22, Aug. 9–20, Mai, Juni und Sept. 10–17, übrige Zeit 10–16 Uhr
Mit U-Bahn-Linie 15 über Holmenkollen hinaus bis Station Voksenkollen. Der optische Horizont beträgt etwa 30 000 km². Die Publikumsgalerie befindet sich 588 m über dem Meer (Aufzug).

Munch-Museum
Tøyengate 53
✆ 22 67 37 74
1.6.–15.9. tägl. 10–18, übrige Zeit 10–16 Uhr
Das Vermächtnis des Malers Edvard Munch an die Stadt Oslo: 1 100 Gemälde, etwa 4 500 Zeichnungen und Aquarelle und 18 000 graphische Arbeiten (818 Motive).

Vegeta Vertshus
Munkedamsveien 3
✆ 22 83 42 32, 22 83 40 20
Tägl. 10–23 Uhr
Vegetarisch. NN

Annen Etage
Hotel Continental
Stortingsgata 24/26
✆ 22 82 40 00
Mo–Fr 12–24, So 15–19 Uhr, Sa geschl.
Gourmet-Restaurant. NNN

Grand Café
Grand Hotel
Karl Johans gate 31
✆ 22 42 93 90
Mo–Sa 11–23.30, So (Jazz-Brunch) 12–23.30 Uhr
Das »Grand« kokettiert damit, von jeher der Treffpunkt der Boheme gewesen zu sein. Henrik Ibsen hatte hier seinen persönlichen Tisch, Hamsun und Munch waren häufige Gäste. NN–NNN

Aker Brygge
Geschäftsviertel am ehemaligen »Anleger« mit zahlreichen Straßencafés, die im Sommer ab 10 Uhr geöffnet sind.

Daneben mehrere Restaurantschiffe im Hafen (Fisch) sowie unzählige Cafeterias in und um die Einkaufszentren.

Kaufhäuser/Einkaufszentren:
Steen & Strøm AS
Kongens gate 23

A/S Christiania Glasmagasin
Stortorvet 9

Oslo-City, Stenersgata 1

Paleet, Karl Johans gate 37

Aker Brygge

Oslo gegen Ende Mai
Spaziergang durch eine Fehleinschätzung

Oslo ist eine Stadt, in der der Punk mit dem Fahrrad fährt und Strickweste trägt; rechtschaffen halt und mit Norwegermuster obendrein. Das bißchen Revolution, das ihm in Form von Haaren zu Berge steht, ist ganz typisch für diese Stadt: Sie gibt sich immer nur verdeckt zu erkennen, und damit sie im Konzert der europäischen Metropolen nicht wegen ungebührlicher Lebensfreude auffällt, versteckt sie sich hinter einem gewaltigen Gähnen. Sie *gibt sich* und sie *versteckt sich*, hab' ich gesagt – und nicht *sie ist*.

Sonst würden sich nicht rechts im Gebüsch die Fixer ihre Spritzen aufziehen, während hundert Meter links davon die Kindergartengruppen zu den ersten blühenden Tulpen geführt werden. Oslo gegen Ende Mai, der Blick fürs Wesentliche wird immer zuerst vom Rathaus verstellt, jenem unglaublichen – manche sagen unerträglichen – Backsteinklotz am Hafen, der die Hauptschuld trägt am Image der Stadt; an diesem gebetsmühlenhaft wiederholten Vorwurf, sie sei langweilig.

Doch Oslo gegen Ende Mai, das ist vielmehr der anschaulichste Unterricht, wie man denn einen Sommer mit Gewalt herbeisitzen kann. Im Kollektiv und unter größter Mißachtung eventuell nicht ganz ..., aber doch noch zu kühler Außentemperaturen. Gradmesser dafür sind die in Windeseile eröffneten Straßencafés, in denen die in Shorts & Shirts gekleidete Sonnenanbeter-Kundschaft immer dann geschlossen zur Konkurrenz überläuft, wenn der augenblickliche Sitzplatz in den Schatten zu geraten droht. Wer in solchen Cafés Kaffee bestellt, fällt aus der Reihe. Hier wird unisono *Øl* (Bier) getrunken, koste es, was es wolle (ungefähr zehn Mark die »Halbe«). In den Hafenkneipen auf Aker Brygge jazzt man bis zum Umfallen, und im Frognerpark werden die Vigeland-Skulpturen vom Taubendreck befreit.

Hat man also erstmal den Schock mit dem Rathaus überwunden, muß man sich nur noch daran gewöhnen – muß man das? –, daß der Stadtplan, den man im Norway Information Center bekommt, unübersehbar von McDonald's gesponsert ist. Doch keine Bange, »this is a Burger-King-Town«, too.

Beginnen wir unseren Spaziergang lieber da, wo ein Stadtplan bar jeglicher Fast-Food-Animation erhältlich ist (zumal dieser dann auch gleich Auskunft über die jeweiligen U-Bahn-, Bus- und Straßenbahnverbindungen gibt), beginnen wir im **Trafikanten**. Das ist jenes Servicecenter mitten auf dem Bahnhofsplatz (*midt på Jernbanetorget*), wo die Osloer Verkehrsbetriebe ihre öffentliche Anlaufstelle haben, wo sich alle Straßenbahnlinien kreuzen. Von hier aus läßt sich die Stadt am besten erwandern, hier können dann auch diejenigen starten, die nicht mit der Fähre aus Kiel, sondern mit dem Zug via Schweden angereist sind. Und gleich offenbart sich einer der wichtigsten Unterschiede zu Deutschland: Bahnhofsrestaurants sind in ganz Norwegen grundsätzlich der Ort – bei entweder »Narvesen« oder »Caroline-Cafe« –, wo es propper zugeht, wo alleinreisende Frauen entspannt Platz nehmen können.

Wenn man aus dem Bahnhof herauskommt, liegt rechter Hand der Eingang zum Trafikanten und links ein kleiner Obst- und Gemüsemarkt. Italienische Erdbeeren gibt's, argentinischen Paprika und Kiwis natürlich. Völlig normal hier und doch auch wieder nicht, denn wir befinden uns auf der Höhe von Alaska. Hinter dem Bahnhof liegt das neue, das Hochhaus- und Glaspaläste-Oslo mit dem schnieken Oslo-City-Einkaufszentrum in der Mitte. Wo sich andernorts aber »Rolex« an der Fassade verewigen läßt oder »Cartier« oder »Alvin Klein«, müssen wir hier schon mit »Foto Knudsen« vorliebnehmen, dem staatlichen Schnapsladen »Vinmonopolet« oder »Alex Frisör«. Und wer denn unbedingt einen Abstecher in diesen Konsumtempel machen möchte, der sollte nicht verblüfft sein, wenn es im »Tysk-City-Grill« so typisch deutsche Gerichte gibt wie Eisbein, Gyros und Spaghetti Bolognese.

Gegenüber beginnt die **Karl-Johan**. Oslos »Wenn-etwas-abgeht-dann-hier«-Straße, Oslos Meile für alles Schöne, Gute und Teure, Oslos Versuch, ganz und gar Hauptstadt zu sein. Kein Wunder also, daß uns hier derselbe Typus von Schaufensterpuppe anlacht wie in Düsseldorf auf der »Kö« und daß die etwas ins Alter gekommenen »Hare Krishnas« noch immer unterwegs sind. Wundern wir uns auch nicht über den jungen Mann mit der auf Zipfelmützenformat gebrachten Penisspitze auf dem Kopf, er wirbt schließlich nur für eine *»Kondomeriet«* in der Øvre Slottsgate 18. In Höhe der zweiten Querstraße, der Dronningsgate (der Königinstraße), beginnen rechts die **Basarhallene**, an denen wir bis zur **Domkirke** entlangschlendern. Die Basarhallen sind ein städtebauliches Kleinod. Eine schön gemauerte, mit Arkadengängen überdachte Ansammlung von Kleinstläden, eine Mischung aus Spargelhändler und Schuhmacher, Silber- und Antiquitätenladen, Töpferei und Zeitungskiosk. Allein das Café Bacchus ist es wegen seines ältlichen Interieurs wert, dort zu verweilen – ganz Boheme. Dann aber würde man etwas versäumen. Denn kurz vor der Karl-Johan liegt auf der Rückseite der Basarhallen ein Innenhof, der sich als Oase der Ruhe entpuppt, als winziger Park, bestanden von alten Kastanien und Platanen. Und eben auf dieser Seite haben sich dann auch die Kunstgewerbeläden niedergelassen mit Keramik, Glas, Gold, Strickereien und samischer Gebrauchskunst. Das Café Cappuccino rundet das Ensemble ab und provoziert den Wunsch nach einem ebensolchen. Draußen zieht derweil eine Demo vorbei und fordert »Hilfe für Somalia!«, die Heilsarmee singt, ein als Clown verkleideter Mann verteilt Prospekte für – zum Dritten! – einen »Wendy-Burger«, und dreißig Meter weiter zählt eine Gruppe von Studenten, warum auch immer, die Anzahl der Passanten. Rechts davon sitzen die Yuppies im Straßencafé und malträtieren ihr jeweiliges Mobiltelefon. Das Café, in dem sie sitzen, heißt bezeichnenderweise Manhattan. Dessenungeachtet gibt der »Straßenchor von Oslo« sein »Oh my Lord, you are my salvation« zum besten, eine junge Frau malt Männern »temporary Tattoos« auf die Brust, und am Zeitungskiosk hängt »Klassenkampen« einträchtig neben »Lloyds List«. Oslo gegen Ende Mai, was man einen ganzen Winter vergraben hat, muß raus.

Über dem Eingang beim Juwelier David Andersen (Karl-Johan/Ecke Akersgata) bekommen wir endlich die überfälligen Informationen. Auf einem blauen Schild steht:
»Carl Johan 1763–1844
Norges og Sveriges Konge 1818–1844«

Dank der »Gesellschaft für das Wohl der Stadt Oslo« (*Selskapet for Oslo byes vel*) wissen wir jetzt, daß Carl Johan König von Norwegen und Schweden war, was angesichts des königlichen Schlosses am unteren Ende der Karl Johans gate nicht ganz unwichtig ist. Also bleiben wir hier vielleicht eine Weile stehen und lassen die Ansicht auf uns wirken. Links voraus liegt das **Storting**, das

Eidsvolls plass: eine Bannmeile um das Parlament (Storting) ist unbekannt

Parlament, rechts das Grand Hotel, eine »Bannmeile« gibt es nicht. Auf dem Eidsvolls plass – undenkbar, unmittelbar vor dem Haupteingang zum Deutschen Bundestag – liegen die Sonnenhungrigen im Gras und futtern *Pölser*. Nebenbei bemerkt – quasi als Warnung: Man muß schon Überzeugungstäter sein, um diese »Würstchen« zu mögen, zumal man die erforderliche Menge Senf und Ketchup, ohne die es nicht geht, am Würstchenstand immer aus einem kuheuterähnlichen Gefäß »abmelken« muß. Während einer Pause, vielleicht im Café Paviljongen, kann man sich an Norwegens Geschichte erinnern.

Eidsvoll war im Jahre 1814 jener Gutshof nördlich von Oslo (damals hieß die Stadt noch Christiania), auf dem sich die 112 Mitglieder umfassende Reichsversammlung traf, um über das (fast schon heutige) Norwegische Grundgesetz zu beraten und es am 17. Mai 1814 zu verabschieden. Besitzer des Gutshofs war der Kaufmann Carsten Anker, einer der wichtigsten norwegischen Berater des Dänen-Königs Christian Frederik, der sich im »Frieden von Kiel« (im Januar 1814) verpflichtet hatte, Norwegen an das Königreich Schweden abzutreten. Und zwar als Folge seines Engagements für den seit der Völkerschlacht bei Leipzig 1813 als »Verlierer« geltenden Napoleon.

Pikanterweise regierte in Schweden seit 1810 jener König Carl Johan, der einst als Sohn eines französischen Rechtsanwalts mit dem bürgerlichen Namen Jean Baptiste Bernadotte aufgewachsen und unter seinem Gönner Napoleon bis zum Marschall von Frankreich aufgestiegen war. Das hinderte den Schweden-König freilich nicht, Jahre später gegen Napoleon in den Krieg zu ziehen. Eben vor Leipzig, und als »Beute« wurde ihm Norwegen zugesprochen.

Der Dänen-König betätigte sich daraufhin – leichtsinnig gesagt – als eine Art *agent provocateur*, um in Norwegen einen Aufruhr gegen Schweden anzustacheln. Nicht ohne die Absicht, unter dem Deckmantel der verfassunggebenden Versammlung in Eidsvoll, sich später wieder als absoluter Monarch einsetzen zu lassen. Dazu wäre es auch beinahe gekommen, wenn nicht die Großmacht Schweden in Form eines Kurzkrieges ihre Interessen gewahrt hätte. Gleichwohl verstanden es die Norweger in der Folge außerordentlich geschickt, mehrere diplomatische Volltreffer zu landen. Sie setzten sowohl ihre nur geringfügig revidierte Ausgabe des Grundgesetzes vom 17. Mai 1814 durch (das zum Beispiel die Bildung einer Nationalversammlung mit dem Namen »Storting« vorsah) wie auch die endgültige Abdankung des Dänen-Königs, und sie schafften es, bei voller innerer Selbstverwaltung, mit Schweden »nur« in Form einer Union verbandelt zu sein. Die Union wurde 1905 aufgelöst, fortan ist Norwegen souverän. Der 17. Mai wird seitdem als Nationalfeiertag begangen, und wenn man sich an diesem Tag in Oslo aufhält, erlebt man die Stadt in jubelnder Volksfeststimmung als Fahnen- und Farbenmeer. Das zeigt auch, wie man, ohne sich bedeutungsschwanger ans Herz zu fassen, mit »Nationaler Identität« umgehen kann.

Wenn wir uns jetzt also wieder der Stadt zuwenden, wissen wir wenigstens, weshalb – Oslo gegen Ende Mai – noch so viele Autos mit rot-blau-weißen Rosetten am Kühlergrill herumfahren. Sie sind ein Überbleibsel der großen Party vom 17. Mai.

In der direkten Verlängerung des Eidsvoll-Platzes wandert man unter blühenden Kastanien über den **Studenterlunden** aufs **Nationaltheater** zu und trifft dort auf die drei Säulenheiligen der norwegischen Kultur: Henrik

Im Studenterlunden

Karl Johans gate, am Ende das Schloß ▷

HOTEL

Ibsen, Ludvig Holberg und Björnstierne Björnson. Von Hamsun weit und breit keine Spur (siehe 18. Tag); und Ingvar Ambjørnsen weilt erstens noch unter den Lebenden und ist zweitens außerdem viel zu jung. Ehrungen hat er gleichwohl erfahren. Ambjørnsen hat wahrscheinlich den schonungslosesten Norwegen-Roman des letzten Jahrzehnts geschrieben. Das mit dem Cappelen-Preis ausgezeichnete Buch trägt im Deutschen den Titel »Weiße Nigger« und war in Norwegen, bei einer Bevölkerung von 4,5 Millionen mit 60 000 aufgelegten Exemplaren der absolute Bestseller. Es läßt nichts aus, was den Protagonisten und seine Freunde in der norwegischen Gegenkultur zu »weißen Niggern im Südafrika des Nordens« gemacht hat. »Man fuhr sich im Suff zu Tode, fiel im Pillentran um und erfror in einer Hintergasse.«

An der U-Bahnstation hinter dem Nationaltheater führt der rechte Eingang zu den Zügen Richtung Majorstuen beziehungsweise Holmenkollen mit Endstation Frognerseteren (Linie 15) und der linke zu allen Linien Richtung Stortinget beziehungsweise Jernbanetorget. Jedenfalls halten wir uns jetzt nach rechts, um vom Ende der Karl-Johan aus zum **Schloß** hochzuwandern. Es gibt nichts zu besichtigen, und wenn man davon absieht, daß täglich 13.30 Uhr die Wachablösung stattfindet, ist es eigentlich nur ein Weg ins Abseits. Die Ruhe, die über dem Schloßpark liegt, ist verblüffend.

Wenn man hinter dem Schloß weitergeht, den Parkveien überquert, der Riddervolds gate längs, glaubt man kaum, immer noch mitten im Herzen der Stadt zu sein. Hier beginnt das Villenviertel, hier haben Zahnärzte und Chirurgen ihre Praxen, stehen Mercedes-Cabrios auf der Straße. Und, wie passend, die nächste Querstraße, bei der wir nach links abbiegen, heißt Inkognitogata. Ein paar hun-

Das klotzige Rathaus am Hafen ist innen reich ausgeschmückt

Auf Aker Brygge: Sobald der Sitzplatz in den Schatten zu geraten droht, läuft die Kundschaft geschlossen zur Konkurrenz über

dert Meter weiter schließlich kommt man zum Drammensveien. Für den Rückweg zur City brauchen wir keines der vielen Taxis, die hier verkehren und über ihre Reklameschilder behaupten, daß Geld Zeit sei (*Tiden er penger*). Auf Höhe des **Nobel-Instituts** wechselt man die Straßenseite zur US-Botschaft gegenüber, und einige Häuser weiter liegt dann auch schon **Det Kongelige Utenriksdepartementet** (das Königliche Außenministerium). Dort geht's über die Victoria-Terrassen zur Haakon VII's gate hinunter, am Rathaus vorbei und zum Hafen, wo man schlagartig vom vollen Leben oder dem, was man dafür halten soll, eingeholt wird.

Schon auf **Rådhusbrygge**, dem Entree zum Hafen, scheint alles förmlich aus der Haut fahren zu wollen. Radio Oslo läßt in seinem Sommer-Außenstudio einen Rap-Titel nach dem anderen über die Kais schallen. Rechts und links davon liegen die ersten zwei Pavillon-Kneipen. Wie es sich für einen Hafen gehört, heißt die linke im grünen Markisenstoff *Babord*, die rechte in Rot hingegen *Styrbord*. Von hier aus hat man dann auch jenes Hot-Spot-Viertel im Auge, das rechter Hand liegt: **Aker Brygge**. Das ist, den Londoner Docklands nachempfunden, eine Mischung aus sündhaft teuren Penthouse-Wohnungen auf ehemaligen Lagerschuppen, das sind moderne Glitzerfassaden mit aktuellen Fashion-Shops und vielen Galerien, mit Pubs und Pizzerias und nicht zu vergessen dem allgegenwärtigen *Bank-o-mat* für die solvente Kundschaft.

Der richtige Durst stellt sich mit Sicherheit ein, wenn man zuerst bei einem der Fischer am Kai eine Tüte frischer *Reker* kauft. Reker sind Garnelen oder, wie wir in Deutschland fälschlicherweise sagen, Krabben. Wer dann also auf der Hafenmauer sitzt und eine ordentliche Portion ausgepuhlt hat, den zieht's

Im Hafen: Frische Reker (Garnelen) kauft man direkt beim Fischer

ganz von alleine zu »**Alfen**«, in die wohl populärste Ponton-Dixieland-Jazz-Bierkneipe des Hafens, sie ist insbesondere an Wochenenden gerammelt voll. Unablässig tuckern dort Schiffe vorbei: Fjord-Ausflugsdampfer, die Fähren rüber zur Museumsinsel Bygdøy, alte Schooner, die von Firmen gechartert werden – mit Sekt und Kaviar und allem Brimborium. So gegen fünf Uhr nachmittags gerät diese Seite von Aker Brygge allmählich in den Schatten, also ist es an der Zeit, die Front zu wechseln und sich zu den dann von der Abendsonne beschienenen Kneipen rund um den **Bryggetorget** aufzumachen. Zum Beispiel 150 Meter weiter ins »Ristorante la Piazza«, das ganz stilgerecht mit Vivaldis »Vier Jahreszeiten« eröffnet. Im benachbarten »Sunset« oder »Beach-Club« trifft sich die Fan-Gemeinde von »Miami Vice«. Und worauf warten sie? – Auf ein nie genau vorherzusagendes Exhibitionistentreffen. Das reicht von der Frau, die ihren Abschied vom Junggesellinnenleben feiert (*some like it hot*), über die demonstrative Vorfahrt aller Harley-Davidsons von Oslo (*Easy-rider*), bis zu jenen drei Männern, die unter dem Stichwort »Aktionskunst« ihre höchst eigene Version ausleben. Sie haben sich in einen Flickenteppich drei Löcher geschnitten und tragen das Ganze als gemeinsamen Poncho. – Ob sie damit als siamesische Drillinge auftreten wollen? Oder sind sie als die Dalton-Brothers auf der Suche nach ihrem kleinen Bruder Joe?

Blick von der Festung Akershus auf den Hafen und das Rathaus von Oslo

Der einzige, der sich das alles Tag für Tag ohne mit der Wimper zu zucken ansieht, ist Franklin D. Roosevelt. Er sitzt in Stein gehauen unterhalb der Festung Akershus, überblickt den Hafen und sagt dazu kein einziges Wort. ■

2. Tag – Route: Oslo – Heddal – Morgedal – Åmot/Edland/Vagslid/ Haukeliseter (224–308 km)

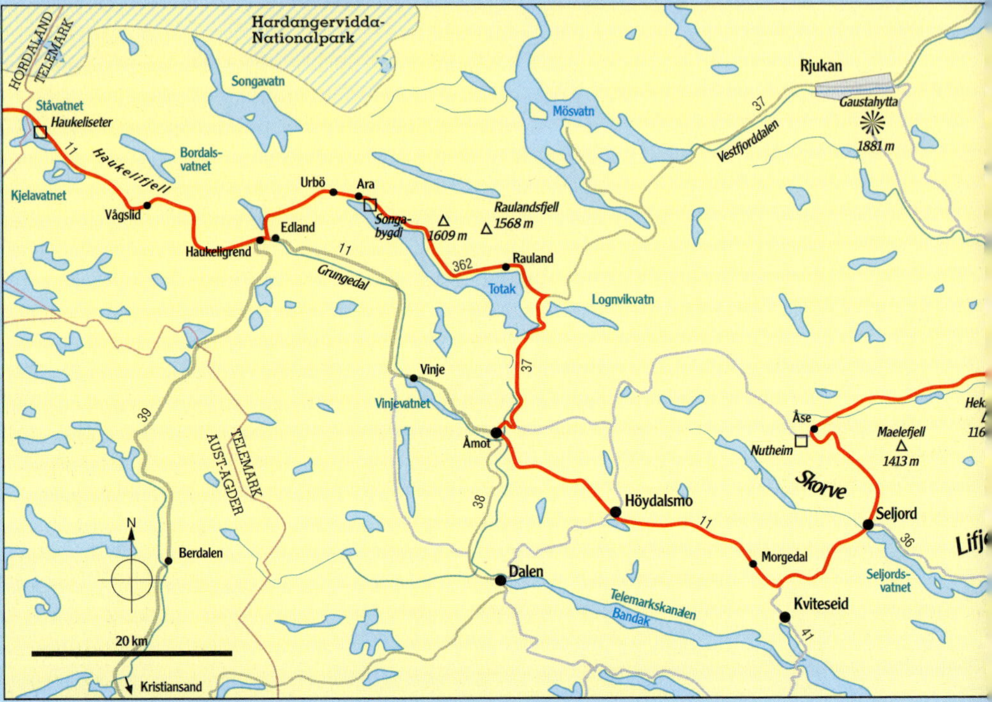

km	Zeit	Route
0	9.30 Uhr	Abfahrt Oslo auf E 18, zunächst Richtung Flughafen, nach
40	10.00 Uhr	Drammen, Abzweig auf RV 11 Richtung Haugesund
64	10.30 Uhr	**Hokksund** (Abstecher zum **Lachsfluß Drammenselva**, 3 km, möglich; im Zeitplan 1 Std. plus); will man Kongsberg umfahren, bei Krekling links auf RV 286 Richtung Skollenborg abbiegen und dort auf den RV 40 Richtung Notodden, der kurz vor Saggrenda auf den RV 11 trifft.
118	11.30 Uhr	**Stabkirche von Heddal**; Mittagspause entweder hier (Lunchpaket) oder ca. 10 km später am **Åmnesfossen-Wasserfall** im Fossenkro-Wirtshaus.
196	15.00 Uhr	**Morgedal**
224	16.00 Uhr	**Åmot**, Abzweig auf RV 37 Richtung Rauland/Rjukan (erste Übernachtungsmöchlichkeit)
242	16.30 Uhr	**Rauland**, Abzweig auf RV 362
281	17.30 Uhr	**Edland**, (zurück auf RV 11) bzw. **Haukeligrend**, bis zur Kreuzung RV 11/ 39 (letzte Tank- und zweite Übernachtungsmöglichkeit)
296	18.00 Uhr	**Vågslid**, Haukelifjell (Übernachtungsmöglichkeit)
308	18.30 Uhr	**Edland**, Haukelifjell

2. Tag – Route: Oslo – Heddal – Morgedal – Åmot/Edland/Vagslid/ Haukeliseter (224–308 km)

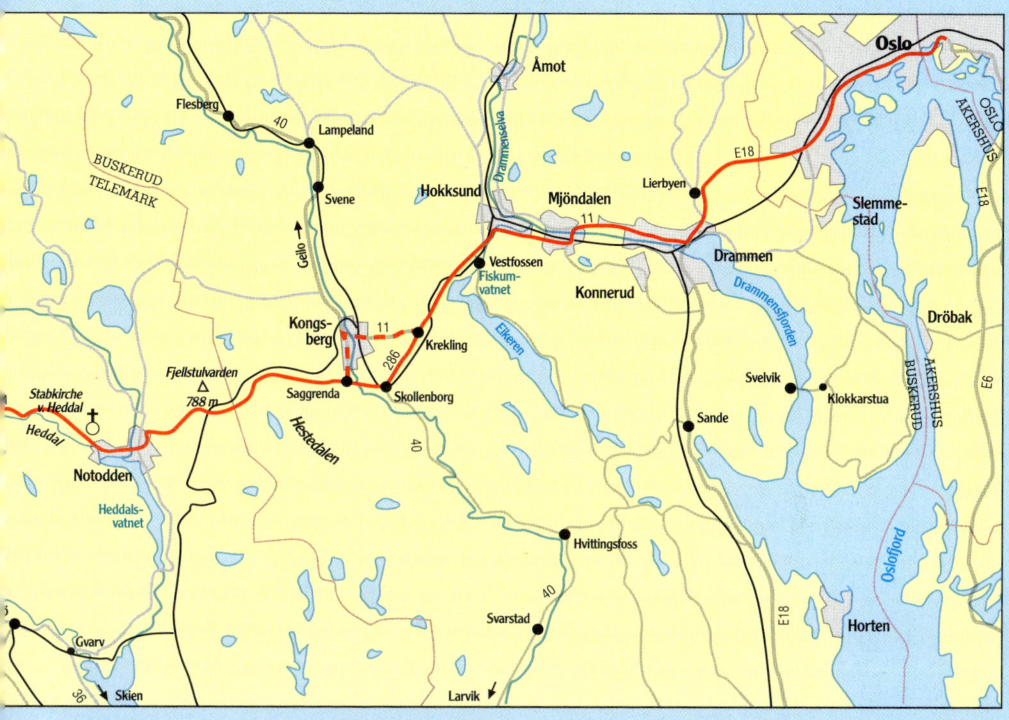

Extratouren: Der Abstecher nach Hokksund hinein lohnt sich nur für interessierte Angler. Im Vordergrund steht hier nicht so sehr ein landschaftlich spektakulärer Fluß. Der Drammenselva hingegen ist einer der preisgünstigsten Lachsflüsse in Südnorwegen überhaupt. Vor Ort kann man dann entscheiden – siehe Informationen Seite 42 sowie Reisebeschreibung – ob man dort für einen Tag bleiben und eine Lizenz erwerben möchte.

Extratouren II: Wer die Silbergruben von Kongsberg besichtigen möchte – abweichend von unserer Routenplanung –, sollte einen halben Tag zusätzlich einplanen. Zur Auswahl stehen eine dreistündige und 5 km lange unterirdische Wanderung (Gummistiefel, warme Kleidung, Taschenlampe) und/oder eine 2,3 km lange Fahrt mit dem Grubenzug, der zwischen Mitte Mai und Mitte August tägl. 11, 12.30 und 14 Uhr verkehrt. Auskunft: Grubensafari, Stollveien, 3600 Kongsberg, ✆ 32 72 32 00.

2. Tag – Informationen

Telemark Reiser
Nedre Hjellegate 18
Postboks 28 13
N-3703 Skien
✆ 35 53 03 00, Fax 35 52 70 07
Für die Provinz Telemark generell (liegt aber außerhalb der Route).

Båt & Camping
3300 Hokksund
✆ 32 75 42 42, Fax 32 70 08 30
Neuer Campingplatz direkt am Lachsfluß Drammenselva (Hüttenvermietung, Bootsverleih). Die Fangsaison reicht von Mitte Mai bis Mitte Sept. Angellizenzen werden jeweils entweder für 1 *døgn* (24 Std.) zu ca. 40 DM oder für 1 *uke* (eine Woche) zu ca. 230 DM angeboten.

Hier erhält man auch eine Detailkarte und einen dreisprachigen (norw./engl./deutsch) Prospekt. Vorausbestellung wird dringend empfohlen, da die Anzahl der Angler pro Tag genau limitiert ist.

Angelausrüstung kann man ausleihen, Köder und Blinker muß man kaufen – bei der *Laksehytta* (Tel. und Fax wie Båt & Camping) neben dem Campingplatz.

Stabkirche von Heddal (Heddal Stavkyrkje)
15. 5.–20. 6. von 10–17, 21. 6.–20. 8. von 9–19, 21. 8.–15. 9. von 10–17, So ab 13 Uhr Führungen in englisch, Infoheft auch auf deutsch.

Vinje Turisthotell
3890 Ytre Vinje (= Åmot)
✆ 35 07 13 00
Fax 35 07 15 85
Informationen für die 3 100 km² große Gemeinde Vinje, dazu gehören unter anderem Åmot, Haukeligrend, Rauland, an der Rezeption des Hotels.

Vinje Turisthotell
Adresse siehe oben
Modernes Hotel. *Der* Ausgangspunkt für Aufenthalte in der West-Telemark. Kein Fjordpaß. Preise wie D.

In der Hardangervidda – nahe Litlos

Haukeli Motell
3895 Edland/Haukeligrend
✆ 35 07 02 14
Motel mit Familienzimmern bzw. 4-Personen-Appartements. Fjordpaß wird nicht akzeptiert, Preise liegen jedoch in der Kategorie um B, teilweise darunter (Appartements).

Haukeli Høgfjellshotell
Vågslid
3895 Edland
✆ 35 07 05 85

2. Tag – Informationen

Schön gelegenes Ferienhotel am südlichen Rand der Hardangervidda (seenreiche Hochfläche).

Ab einem Mindestaufenthalt von 3 Tagen spezielle Vollpensions-/Halbpensionspreise, Ruderboot-Verleih, Gebirgsforellen-Angeln. Sonst C

Haukeliseter Fjellstove
3895 Edland
✆ 35 07 05 15, Fax 35 07 05 19
Schön gelegen. Mischung aus Gebirgshütte und Hotel. Klassischer Treff- und Ausgangspunkt für Wanderungen in und durch die Hardangervidda. Eigner ist der Wanderverein »Stavanger Turistforening« (siehe im Infoteil unter Wandern). Für Mitglieder B, Nichtmitglieder C. Es gibt ein einfaches Selbstverpflegerabteil in Hütten (Schlafsack).

Tallaksbru Camping
3895 Haukeligrend/Edland
✆ 35 07 01 72
Geöffnet Mitte Mai–Ende Sept.
Einfacher, aber sauberer Campingplatz (auch für Wohmobile) auf schönem Wiesengelände an der Straßenkreuzung E 76/RV 12 in Haukeligrend. Außerdem: kleinere und größere Hütten (2–4 Pers.).

Weitere Hinweise auf einzelne Hüttenvermietungen findet man entlang der gesamten Route.

Alle empfohlenen Hotels/Motels haben jeweils ein hauseigenes Restaurant oder eine Cafeteria.

In Vågslid und Haukeliseter sollte man unbedingt nach frischen Gebirgsforellen *(Fjellörret)* oder nach Saiblingen *(Fyellrøye)* fragen. Wohnmobilfahrer oder Durchreisende können sich den Extraklasse-Fisch zum Mitnehmen kaufen und später selbst zubereiten. Forellen zu ca. 20 DM, Saiblinge zu ca. 13 DM pro Kilo.

Die Tagesmenüs liegen durchweg in der Preiskategorie NN; das Haukeli-Hotel in Vågslid bietet darüber hinaus »Norwegisches Buffet« oder drei Gänge à la carte zu einem Festpreis (NNN) an.

Es ist bis Mitte Juni durchaus noch möglich, ab Vågslid oder Haukeliseter zu einer **Skilanglauftour** in der näheren Umgebung des Haukelifjell aufzubrechen (so die lokale Bezeichnung für den südlichen Teil der Hardangervidda).

Allerdings solle man sich vorher genau erkundigen, denn das Wetter ist launisch: Das Eis auf den Seen bricht um diese Zeit, und manche Bäche führen reißendes Wasser. Wanderungen in die Hardangervidda sind erst ab Mitte/Ende Juli möglich.

Der Telemarkskanal liegt abseits der beschriebenen Route, nur für eine Teilstrecke muß man ein bis zwei Tage zusätzlich rechnen. Wer in Åmot auf der RV 38 links abbiegt, erreicht nach 22 km Dalen, den End- bzw. Anfangspunkt des Telemarkskanals, der vom Gebirge aus über ein Seensystem mit dem 105 km entfernten Meer in Verbindung steht (bei Kragerø).

Zwei Passagierdampfer verkehren im Sommer (Mitte Juni–Mitte Aug.) zwischen Dalen und Skien. Auskunft bei:

Vegkontoret (Kanalkontoret)
Fylkeshuset
3709 Skien
✆ 35 58 16 00
oder an der Rezeption des Vinje Turisthotell in Åmot. In Verbindung mit einer Übernachtung dort, wird dieser Abstecher als Pakettour angeboten (Hotelbusse übernehmen den Transfer).

Die Ganzjahresverbindung ins »Vestlandet«

Von Oslo nach Haukeliseter

Mittlerweile dürfte klar sein wo's langgeht: Am Rådhusplassen links ab, und schon ist man auf der stadtautobahnähnlichen Ausfallstraße E 18 unterwegs nach Drammen. Die Fahrt dorthin führt von Vorort zu Vorort, von Gewerbegebiet zu Gewerbegebiet, von Einkaufszentrum zu Einkaufszentrum – die ersten 30 Kilometer zumindest. Die großen und merkwürdig verloren wirkenden Zahlen an den Fassaden der Konsumtempel bezeichnen die Öffnungszeiten. »10–20 (17)« bedeutet, daß der Laden werktags von 10–20 Uhr geöffnet hat, samstags allerdings um 17 Uhr schließt. Samstag heißt *Lördag* oder auf *Nynorsk Laurdag*. Aber das lassen wir jetzt lieber, denn vorläufig ist etwas anderes viel wichtiger: der Kreisverkehr. Von heute an werden wir nämlich immer wieder, insbesondere vor und nach Ortschaften, auf dieses für deutsche Autofahrer inzwischen ungewohnte Verteilersystem stoßen. Also, wer im Kreis ist, hat Vorfahrt, wer hineinfahren will, muß sie beachten.

Die heutige Route ist zunächst noch eher eine Fahrstrecke; das Eintauchen in die Landschaft, die man von Norwegen im Kopf hat, geschieht allmählich. Bei **Drammen** verlassen wir die Europastraße und folgen dem Riksvei 11, der im noch fernen Haugesund an der Westküste endet. Damit sind wir nun bereits im Tal des **Drammenselva** unterwegs (*elv* oder *elva* heißt Fluß). Nach Meinung des »Aftenposten-Magasin« ist der Drammenfluß heute wieder einer der interessantesten Lachsflüsse – für den normal begüterten Bürger. »Dank der engagierten Zusammenarbeit vieler interessierter Gruppen«, so ist dort in einem umfassenden Report über das *Laksefiske* in Norwegen zu lesen, »ist der Edelfisch wieder in dieses Gewässer zurückgekehrt.« Oberhalb und unterhalb der Brücke in Hokksund holen Sportfischer Prachtexemplare von bis zu 20 Kilogramm heraus; 1991 wurden innerhalb der auf dreieinhalb Kilometer Länge begrenzten Strecke zwischen 16. Mai und 15. September 9 000 Kilogramm Lachse gefangen. Dabei sind die Zahl der Angler und die Uhrzeiten, zu denen geangelt werden darf, streng reglementiert. (Siehe 2. Tag-Informationen.)

Wir weisen schon hier auf das Thema hin, weil der Drammenselva unter der Vielzahl norwegischer Lachsflüsse wahrscheinlich den preisgünstigsten Weg bietet, um einmal »reinzuschnuppern«. Lachsfischerei kann leicht zur Leidenschaft ausarten und eine Menge Geld kosten, denn Fischen in den namhaften Lachsrevieren – Alta-, Namsen-, Lærdals-, Tana-, Orkla- und Gala-Elven – ist manchmal kaum zu bezahlen. Oft haben auch große Firmen, Banken, Versicherungen und Reedereien ganze Flußabschnitte gemietet. Freilich gibt es Ausnahmeregelungen für Einheimische. Aftenposten nennt ein Preisniveau um bis 50 DM per *døgn* billig, zwischen 50 und 120 DM *rimelig* (angemessen, vernünftig), teuer beginnt bei 250 bis 1 000 DM

Bauerngehöft im Numedal

pro Tag – meist ist dabei dann auch alles inklusive (Übernachtung, Verpflegung etc.).

Auf den RV 11 zurückgekehrt, folgen wir der Beschilderung nach Kongsberg. Sollte man ein paar Kilometer später das Gefühl haben, auf dem falschen Weg zu sein – keine Bange, dieses sich gemütlich und kurvig dahinschlängelnde Landsträßchen ist unsere Ganzjahresverbindung nach Westen. Jetzt tritt nur ein, was vorab schon gesagt wurde: die Landschaft wird allmählich norwegisch. Kleine Dörfer, einzelne Gehöfte, eine Bahnlinie, Wiesen und Wälder. **Kongsberg**, die ehemalige Silbergrubenstadt, ist heute ein Industriestandort, den man umfahren sollte.

Die von jetzt an langsam schon bergab und bergan verlaufende Straße führt überwiegend durch Wald. Bevor sie nach Notodden an den Heddal-See hinab abfällt, kann man in der Ferne die ersten schneebedeckten Gipfel sehen. Unterdessen haben wir die *Fylkesgrensen*, die Provinzgrenze, überquert und sind jetzt in Telemark. Fünf Kilometer hinter **Notodden**, wo immer noch Holz angeflößt wird,

Norwegens größte: die Stabkirche von Heddal

liegt rechter Hand Norwegens größte Stabkirche: die **Heddal Stavkyrkje**.

Keine Frage, wenn es etwas typisch Norwegisches gibt, dann sind das – neben den Wikingerbooten – die Stabkirchen. Entsprechend häufig werden sie besucht, manchmal regelrecht überrannt, egal ob in Heddal, Borgund, Fantoft, Urnes oder Lom. Die eine ist die älteste, die andere die schönste, die dritte die größte, die vierte die bekannteste usw. (Siehe »Das gewisse Nördlichste«.) Wohl dem, der in der Vor- oder Nachsaison in Norwegen unterwegs ist. Denn über den religiösen bzw. historischen Hintergrund hinaus beeindruckt vor allem die in der Welt einmalige Kunst der hiesigen Altvorderen, mit Holz umzugehen. Und um das im Detail zu betrachten, bedarf es Ruhe oder auch etwas mehr Zeit. Dann kann man die Leere zwischen zwei Busladungen abwarten.

Von den einstmals 750 Stabkirchen in Norwegen sind ganze 32 übriggeblieben. Das der Jungfrau Maria geweihte Gotteshaus von Heddal wird erstmals im Jahre 1315 schriftlich erwähnt. Der heutige Chor war vermutlich zur Zeit der Einweihung der Kirche um 1242 noch das Schiff; sie war also wesentlich kleiner. Allerdings soll sie schon 100 Jahre später die heutige Größe gehabt haben. Seit Jahrhunderten tragen die mächtigen, insgesamt zwölf hölzernen Säulen (Stäbe) im Inneren die gesamte Konstruktion; auf geniale wie komplizierte Weise ist alles miteinander verzapft und verstrebt, gestützt und verlascht. Prunkstück im Chor ist der überaus aufwendig geschnitzte Holzsessel aus dem Mittelalter, daneben das Taufbecken aus Holz. An der überdachten Außengalerie bzw. an den Seitenportalen sind bis heute geschnitzte Pflanzen- und Tierornamente erhaltengeblieben, nahe dem Südportal die Runen M R und N. Gedeutet werden diese als Maria (Mater), 1242.

Zurück zu den profanen Dingen des Lebens. Wer ein Lunchpaket mitgebracht oder unterwegs eingekauft hat, kann hier auf dem Park- und Rastplatz direkt bei der Kirche eine Pause einlegen. Zehn Kilometer weiter, beim **Åmnesfossen**, umgeben von Wald und Wasser, kann man im Fossenkro-Wirtshaus einkehren (*foss* = Wasserfall, *kro* = Krug).

Die Telemarkstrecke Richtung Seljord steigt kaum merklich an und wird so bald zu einer Art Hochstraße, die auf den Bergrücken verläuft oder daran entlang. Immer wieder gibt es wunderschöne Ausblicke auf die scheinbar unendliche Waldlandschaft; mit kleinen Seen zwischendurch und versteckt liegenden Ferienhäuschen nebendran. Wie hoch oben man war, fällt erst auf, wenn man bei Åse bzw. bei Nutheim erstmals eine steilere Bergstrecke abwärts fährt – mit schöner Aussicht auf das Flatdal.

Hinter Seljord sieht man immer häufiger mit Schnitzereien verzierte »Holzhäuschen«

neben den Bauernhäusern. Sie stehen meist auf Stelzen und sind fot mit Grassoden gedeckt. In den für Telemark typischen *Stabbur*, Vorratshäusern, wurden oder werden noch im unteren Bereich Vorräte gelagert, und im ersten Stock durften früher Besucher übernachten.

Die verbleibende Strecke bis nach Åmot führt weiter durch Wald, Wiesen und kleinere Dörfer, man müßte nicht anhalten, wäre da nicht **Morgedal**. Dem Dörfchen, das auf den ersten Blick nicht wichtiger ist als andere davor oder danach, kommt eine Rolle von nationaler Bedeutung zu. Hier wurde das Olympische Feuer für die Winterolympiade 1994 in Lillehammer entzündet, hier sind wir an der »Wiege des Skisports«.

Als dessen »Vater« gilt der in Morgedal gebürtige, zeitlebens aber bettelarm gebliebene Webblattschnitzer Sondre Norheim. Am Seeufer des Dorfes hat man ihm ein Denkmal gesetzt (die Ausfahrt zum Dorf ist ent-

Holzflöße am Kviteseidvatnet, Telemark

sprechend beschildert). Norheim gelang es nämlich Mitte des vorigen Jahrhunderts, die bis dato benutzte Lederriemenbindung der Skier derart zu verbessern, daß er damit »in großen Slalomkehren die Hänge hinunter fegte (Telemarkschwung), worauf es seinen Zuschauern schwindlig im Kopf wurde«. Norheims Skisprünge überdies sollen damals schon über 22 Meter weit gewesen sein (Telemarklandung), weshalb ihm die faszinierte Dorfjugend in allem nacheiferte. Der Sieg bei einem der ersten Skirennen in Oslo, 1868, brachte ihm zwar eine Standuhr als Prämie, aber keinen Wohlstand. Er wanderte 1884, wie damals Tausende seiner Landsleute, nach Nord-Dakota aus.

In ähnlich tragischer Weise verlief die in der norwegischen Ski-Geschichtsschreibung bis heute quasi versteckte Lebensgeschichte des 1979 verstorbenen Ski-Pioniers Peter Østbye. Aus den Anfängen einer kleinen *Skismøringsfabrikk* in Oslo entwickelte der Skiwachsproduzent Østbye in den dreißiger Jahren den ersten geleimten Lamellenski der Welt und löste damit eine Revolution in der Skifabrikation aus. Der Name des Skis, der bald Weltgeltung errang, war *Splitkein*, benannt nach dem bei englischen Angelrouten vorher schon angewandten Splitcane-Prinzip, wobei miteinander verleimte Holzschichten ihre Flexibilität behalten. 1939 hatte Østbyes Skifabrik in Oslo 300 Beschäftigte, die Jahresproduktion lag bei 90 000 Skiern. Der österreichische Skifabrikant Kneissl und viele andere lernten bei Østbye und bauten in Lizenz nach. Norwegen war die führende Nation in der Skiherstellung und Østbye auf dem Weg zum Millionär. Da er aber Mitglied der »Nasjonal Samling« war, Norwegens brauner Splitterpartei, mußte er nach dem Krieg für seine deutschfreundliche Gesinnung büßen. »Weil er die falsche Seite wählte« – so wird das in Norwegen oft beschrieben –, wurden er und seine gesamte Familie verhaftet, wurde das Vermögen inklusive aller Patente beschlagnahmt und er letztlich in der Form enteignet, daß er eine Strafe von 210 000 Kronen – damals eine Riesensumme – nur durch den Verkauf der Skifabrik bezahlen konnte. Die bis 1945 in den USA aufgelaufenen Lizenzgebühren in Höhe von einer halben Million Kronen konfiszierten die Amerikaner; eine für 1948/49 geplante Ausreise bzw. Auswanderung nach Kanada wurde nicht erlaubt, und da man im Gefolge der wirren Nachkriegsjahre vergessen hatte, die Patente zu erneuern, so der heute 70jährige Østbye-Neffe Odd Haug, »kann man sich nun auch erklären, warum es heute keine namhaften norwegischen Skier mehr gibt«. Im Skimuseum am Holmenkollen stehen zwei Paar Splitkein-Ski, ohne nähere Erläuterungen. Die einzige norwegische Publikumszeitung, die bislang ausführlich darüber berichtet hat, heißt ausgerechnet »*Fremtiden*« – auf deutsch: die Zukunft.

Von Sondre Norheims Denkmal aus geht es am Seeufer entlang weiter. So kommt man am anderen Ende des Dorfes wieder auf den RV 11 zurück und schon nach knapp 30 Kilometern in **Åmot** an. Hier bietet sich die erste Übernachtungsmöglichkeit – falls man spät dran ist oder, wie im Infoteil erwähnt, Interesse an einer Fahrt auf dem Telemarkskanal hat.

Andernsfalls geht die Tour auf einer schönen, wenig befahrenen Nebenstrecke weiter. Die kurvenreiche Straße führt nach etwa zehn Kilometern an den Totak-See, dessen Wasser zur Energiegewinnung aufgestaut wird, und bis nach **Rauland** hinein. Nach dem Abzweig auf den RV 362 folgt eine Traumstrecke, jedenfalls an einem schönen Spätnachmittag, wenn sich Sonne und Berge im Wasser spiegeln, wenn die klare Luft alle Farben leuchten läßt. Hier fängt Norwegen an. Die Bauernhöfe, die es anfänglich noch gibt, werden seltener, und irgendwann stellt man fest, daß man zum ersten Mal allein ist.

Gegen Ende des Totak-Sees, bei Arabygdi/Urbö, durchfährt man ein riesiges Feld von

Zwischen Litlos und Torehytten, auf einer Wanderung durch die Hardangervidda

Fels- und Gesteinsbrocken. Norweger nennen einen derart gigantischen Felsabsturz natürlich nicht einfach Felsabsturz, sondern – eingedenk der altnordischen Sagen: *Torsvegen*, den Weg, den Thor genommen hat.

Nachdem der Bergrücken überquert ist, der den Talkessel abschließt, geht's nach **Edland** hinüber zum RV 11 zurück und dort weiter bis **Haukeligrend** mit der letzten Tankstelle (die nächste befindet sich in Röldal, 3. Tag) vor der **Hardangervidda**, die man nicht mit zu knapper Tankfüllung überqueren sollte. Auch wenn hier alles noch so lieblich anmutet wie in einem Tal der Allgäuer Alpen – schon wenige Kilometer hinter Haukeligrend ist die Baumgrenze erreicht. Die Straße steigt nun immer mehr an, bis sie schließlich bei **Vågslid** die Hochfläche erreicht. Wer Anfang Juni hierher unterwegs ist, auf knapp 1 000 Meter Höhe, hat tagsüber zum zweiten Mal den Frühling erlebt und kommt abends im Winter an. Zu dieser Zeit sind manche Seen noch zugefroren, die Hänge des **Haukelifjell** weiß, und wer sich für **Haukeliseter** als Übernachtungspunkt entscheidet, den darf etwas Schneefall zum Tagesausklang nicht überraschen. ■

3. Tag – Route: Haukeliseter – Rödal – Kinsarvik (98 km)

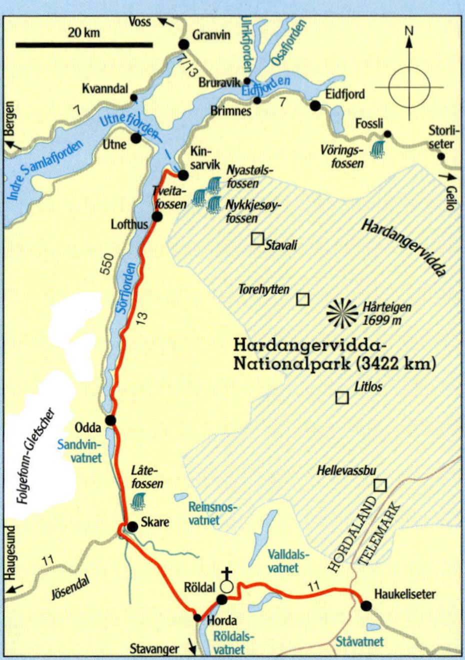

km	Zeit	Route
0	9.00 Uhr	Abfahrt von **Haukeliseter** auf RV 11, Haukeli-Tunnel
27		**Röldal, Stabkirche.**
31		Abzweig Horda,
49		Kreuzung Jösendal/ Skare, Abzweig auf RV 13 Richtung Odda/ Brimnes
53	11.30 Uhr	**Låtefossen,** etwa 1½ Std. Pause.
67		Odda
87		Lofthus
98	13.30 Uhr	**Kinsarvik.** Wanderung durch das Husdalen zum **Nykkjesøyfossen** – oder Autofahrt zum **Vöringfossen**.

Hinweis: Den Schafabtrieb auf bzw. aus der Hardangervidda hinunter in die Talschaften kann man meist um Mitte September herum miterleben – bei Röldal oder Kinsarvik beispielsweise. Am Ort nach den jeweiligen Tagen/Sammelpunkten fragen.

Extratouren: Dieser kurze Reisetag hat seinen Grund. Es ist die unbedingt zu empfehlende, rund vierstündige Wanderung (hin und zurück) zu den **drei schönsten Wasserfällen der Hardangervidda**. Sie sind bis heute nur zu Fuß zu erreichen. Der Aufstieg erfolgt über Waldwege (siehe Seiten 58 f.) und hat nur abschnittsweise schweißtreibenden Charakter.

Wer partout nicht zu Fuß gehen möchte, kann statt dessen mit dem Auto bis zum berühmten **Vöringfossen** weiterfahren (in der Hochsaison überlaufen); die Fahrt nach dort ist zu Beginn des 4. Tages, Seite 60, beschrieben.

3. Tag – Informationen

Röldal Kirke/Stabkirche
Tagsüber geöffnet
Äußerlich bescheiden, im Innern prächtige Wandmalereien auf Holz. Es gibt ein Infoheft auf deutsch.

Ullensvang Reiselivslag
Box 73, N-5780 Kinsarvik
✆ 53 66 31 12, Fax 53 66 32 03
Die unter dem Namen der Kommune operierende Touristeninformation für Kinsarvik und Umgebung befindet sich direkt neben dem Kinsarvik Fjord-Hotel. Für die Wanderung zu den Wasserfällen sollte man sich hier das Faltblatt »Spazierengehen in Kinsarvik« besorgen. Dort ist der Verlauf des Wanderwegs zum Tveitafossen, Nyastølsfossen und Nykkjesøyfossen eingezeichnet. Noch besser eignet sich die topographische Tourkarte Ullensvang 1: 50 000, Nr. 1315 I.

Hotel Ullensvang
5774 Lofthus i Hardanger
✆ 53 66 11 00, Fax 53 66 15 20
Teuerstes und größtes (Tagungs-)Hotel der Gegend und direkt am Sörfjord/Hardangerfjord gelegen. Alles im Angebot, vom Swimmingpool über das hauseigene Tanzorchester bis zum Wasserflugzeug bzw. Hubschrauber für Flüge über den Folgefonn-Gletscher oder in die Hardangervidda. E

Kinsarvik Fjord-Hotel
5780 Kinsarvik
✆ 53 66 31 00, Fax 53 66 33 74
Gediegenes Hotel mit Ausblick auf den Fjord. Unterschiedliche Preise für (einfachere) Zimmer im alten oder (modernere) im neuen Gebäude. D

Utne Hotel
5797 Utne
✆ 53 66 69 83, Fax 53 66 69 50
Ein Romantikhotel par excellence. 1722 erbaut und seit 200 Jahren in Familienbesitz, eine kleine Perle unter den Hotels der Gegend. Prächtiges historisches Interieur, sehr behutsam auf heutigen Komfort gebracht. Allerdings muß man ab Kinsarvik mit der Fähre auf die andere Fjordseite übersetzen (30 Min.). Kein Fjordpaß, Preise wie E.

Ullensvang Gjesteheim
5774 Lofthus i Hardanger
✆ 53 66 12 36
Preiswertes Pensionat mit 15 Zimmern (auch Familienzimmer), schön gelegen. Kein Fjordpaß, Preise entsprechen A.

Harding Camping
Motell og Hyttetun
5780 Kinsarvik
✆ 53 66 31 82
Eine Art Motel-in-Hütten-Campinglatz, der hauptsächlich für Gruppen interessant ist. In den modern ausgestatteten Hütten gibt es 5–8 Betten. Dieses Areal ist für Zeltende oder Wohnmobilfahrer leider nicht länger interessant; zu teuer, alle Modernisierungsmaßnahmen wurden nur bei den Hütten vorgenommen. Ganzjährig.

Kinsarvik Camping
5780 Kinsarvik
✆ 53 66 32 90
Auf einer bewaldeten Anhöhe direkt bei bzw. über der Ortschaft gelegener Campingplatz mit (ganzjähriger) Hüttenvermietung.

Bråvoll Camping
5780 Kinsarvik
✆ 53 66 35 10
Geöffnet 1.5–15.9.
Kleiner, sehr einfacher, unmittelbar neben dem o. g. Harding Camping liegender Campingplatz (Hüttenvermietung). Schöne Stellplätze direkt am Wasser, Ruderbootverleih.

Lofthus Camping
5774 Lofthus i Hardanger

3. Tag – Informationen

✆ 53 66 13 64
Geöffnet 1.5–15.9.
Abseits der Straße, oberhalb von Lofthus wunderschön gelegener Campingplatz mit Fjordblick. (Hüttenvermietung, 4–6 Betten, ganzjährig.)

Sehenswert ist die **Obstbaumblüte**, meist Ende Mai, besonders in Ullensvang/Lofthus.

Wasserfälle
Låtefossen und Vöringfossen erreicht man per Auto von Kinsarvik aus, zu Tveitafossen, Nyastølsfossen und Nykkjesøyfossen kann man wandern. Infomaterial gibt's bei Ullensvang Reiselivslag (siehe Seite 51).

Rundflüge zum Folgefonn-Gletscher oder in/über die Gebirgswelt der **Hardangervidda** können bei der Touristeninformation oder beim Hotel Ullensvang (siehe Seite 51) gebucht werden. Mindestkosten für 25 Min. ca. 300 DM (Einzelperson), ab 4 Personen ca. 80 DM pro Person.

Hardanger Folkemuseum
5797 Utne, ✆ 53 66 69 00
26.4.–31.8. Mo–Sa 10–16, So 12–16 Uhr, Juli tägl. 10–18 Uhr, übrige Zeit Mo–Fr 10–16, Do bis 18 Uhr
Dazu gehört auch »Skredhaugen« bei Lofthus. Ensemble alter Bauernhöfe aus der Gegend samt Geräten und Gebrauchsgegenständen.

Hardanger Parken
Kinsarvik
Eine Art Familienfreizeitpark mit Wasserrutschbahn, Seilzirkus, Mini-Zoo, Aussichtsturm, Fjordpferdereiten etc.

Die genannten Hotels haben allesamt gute Restaurants (z. T. auch Cafeterias). NN–NNN. Ullensvang Gjesteheim bietet *Servering*, das ist meist eine kleinere Auswahl von Gerichten. N–NN

Cafeteria
Gegenüber dem Fähranleger Kinsarvik
Hier bekommt man einen Eindruck von den typischen norwegischen Fähren- bzw. Buscafés. Dem auf rustikal getrimmten Resopal-Charme begegnet man immer wieder.

Fährverbindungen
In der Hochsaison kann es in Kinsarvik manchmal längere Wartezeiten für die Überfahrt nach Utne und Kvanndal geben. Die Fähre verkehrt nach dem zuletzt gültigen Fahrplan zwischen 5.55 und 22.30 Uhr ca. alle 2 Std.

Gleich um die Ecke jedoch – so darf man in Norwegen eine Distanz von knapp 20 km bezeichnen – gibt es die Dauerverbindung Brimnes – Bruravik (ca. alle 40 Min., werktags von 1.20 bis 24 Uhr), die man alternativ benutzen kann.

Die Fähre von Kinsarvik nach Kvanndal fährt alle zwei Stunden

Wasserfälle links, Wasserfälle rechts
Von Haukeliseter nach Kinsarvik und Wanderung zum Nykkjesøyfossen

Wer schon einmal Edvard Griegs »Morgenstimmung« gehört hat, findet hier oben die Bilder dazu. Haukeliseter ist ein Frühstücksplatz. Bei kalter Witterung hinter Panoramascheiben, im anderen Falle draußen. Denn wenn erst einmal der Schnee geschmolzen ist (meist ab Mittsommer), wenn innerhalb weniger Tage alles grünt und blüht, versteht es sich von selbst: Hier oben muß man einfach einen kurzen Spaziergang machen, bevor man weiterfährt – entweder zum See hinunter oder in entgegengesetzter Richtung die Hänge zum Haukelifjell hinauf (dem mit einem »T« markierten Pfad folgen).

Die **Hardangervidda** (*vidda* = Weite/Hochebene) umfaßt rund 7 500 Quadratkilometer unbewohntes Gebiet – das Saarland hat eine Fläche von 2 567 Quadratkilometern. Ihre südliche Lage besagt nichts über den tatsächlichen Charakter dieser Wildnis, deren Kern (3 422 Quadratkilometer) zum Nationalpark erklärt wurde. Klimatisch gesehen ist das Weidegebiet für Zigtausende von Rentieren und Schafen eher wie Lappland einzuordnen. Das ist für Besucher, die in mitteleuropäischen Maßstäben denken, besonders wichtig zu wissen, denn auch wenn sich ein 1 200 Kilometer langes Netz von markierten Pfaden durch das 1 200–1 500 Meter hohe Gebirgsplateau zieht, auch wenn 35 Hütten am Wegesrand liegen, verliert sich in einem derart riesigen Gebiet alles. Man ist oft stunden- oder auch tagelang allein unterwegs (siehe dazu Thema »Wandern« im Serviceteil). Eine der schönsten einwöchigen Wanderungen, die man im Spätsommer Ende August machen kann, führt von Haukeliseter über Hellevassbu, Litlos, Torehytten und Stavali bis nach Kinsarvik. Man kommt dann genau an jenem Punkt an, an dem wir zum Ende dieses Tages stehen werden: am Nykkjesøyfossen.

Die Fahrt Richtung Röldal führt zunächst durch eine Reihe von Tunnels. Längster ist der **Haukeli-Tunnel** mit 5 682 Metern. Früher waren hier Mautstellen eingerichtet, denn nur mit Hilfe dieser Tunnels konnte man die Straßenverbindung zwischen Ost- und Westnorwegen ganzjährig aufrechterhalten. Da die Autofahrer im Verlauf der letzten 20 Jahre fleißig bezahlt haben, sind die Bauwerke wohl abgestottert; heutzutage ist die Durchfahrt gebührenfrei. Es erstaunt, daß der Staat auf eine Abgabe, die jedermann in Fleisch und Blut übergegangen war, verzichten kann und will.

Nach der Tunnelstrecke und bevor die Straße abfällt liegt linker Hand ein aussichtsreicher Parkplatz, der **Austmannli** – so heißt der Berghang. Wenn man in die Tiefe blickt, sieht man eine sich steil abwärts windende Straße. Das ist der 1880 angelegte und bis vor ein paar Jahren noch vom gesamten (auch Lkw-)Verkehr benutzte Austmannli-Paß. Im Sommer darf man die 3,4 Kilometer lange Strecke auf eigenes Risiko befahren; bei oder nach starken Regenfällen empfiehlt es sich, wegen der Steinschlaggefahr – nochmals durch einen Tunnel – der neuen Route

Die Plastik in Röldal zeigt, wovon man lebt: Aus der Ziegenmilch gewinnt man Käse

bis nach **Röldal** hinunter zu folgen. Dort angekommen, fühlt man förmlich die extremen Klimaunterschiede, die man innerhalb einer halbstündigen Autofahrt erlebt hat: oben noch Eis und Schnee, unten dann Osterglokken und Flieder (Anfang Juni).

Kurz vor der Tankstelle zweigen wir links ab. Ziel ist die oft übersehene **Stabkirche von Röldal**. Stimmt, sie macht äußerlich im Vergleich zu Heddal nicht viel her, im Innern aber ist sie außerordentlich farbenreich bemalt. Die Kirche wurde 1917 renoviert, die malerische Ausschmückung erfolgte auf der Grundlage der in der Kirche vorgefundenen Dekorationen. Die Altartafel selbst ist von einem »Gotfrid Hendtzschell pinxit a Silaesie. Wratislaviensis Ao 1629« signiert, das heißt: Gotfrid Hendtzschell, Breslauer Schlesier, hat sie im Jahre 1629 gemalt. Zu dieser Zeit tobte der Dreißigjährige Krieg in Mitteleuropa.

Bedeutendstes Ausstattungsstück der Kirche ist das »wundertätige Kruzifix«. Bis 1835 pilgerten die Menschen aus nah und fern alljährlich zur Johannismesse nach Röldal. Unzählige Kranke und Gebrechliche, begleitet von der Familie und Verwandten, reisten herbei; Arme und Reiche wollten in der Johannisnacht das Mirakel erleben: Alljährlich in dieser Nacht begann das Kruzifix auf unerklärliche Weise zu schwitzen, wurde vom Chorbogen heruntergenommen und »zum Altar in das strahlende Licht des Chores ge-

◁ *Haukelifjell zwischen Vågslid und Haukeliseter*

Die Paßstraße über das Röldalsfjell

tragen«. Die Pilger durften dann nacheinander das Kruzifix mit einem Leinentuch berühren bzw. abwischen, um mit dem Schweiß ihre Wunden zu bestreichen. Danach sollte eine Heilung gewiß sein. Daß die wundersame Erscheinung eine rein physikalische Ursache hatte, gilt als sehr wahrscheinlich: Der »Schweiß« war Kondenswasser, das sich durch die vielen Menschen und Kerzen in der nun plötzlich aufgeheizten Kirche bildete.

Zum RV 11 zurückgekehrt, folgen wir der Route am Ufer des Röldalvatnet bis **Horda**. Dort, kaum daß wir eine Vorahnung vom milden Westnorwegen erhascht haben, geht es erneut übers Gebirge. Die Paßstraße über das **Röldalsfjell** ist wiederum über zwei längere Tunnels erschlossen, die alte, aussichtsreichere Bergstrecke ist nur im Hochsommer geöffnet und wird nicht regelmäßig vom Straßendienst kontrolliert. Unmittelbar nach dem zweiten Tunnel liegt linker Hand ein Rastplatz mit erstmals guter Aussicht auf den gerade voraus liegenden Folgefonn-Gletscher im Westen. Ein noch schönerer Blick auf die Landschaft öffnet sich ein paar Kilometer weiter hinter dem Ferienzentrum Seljestad von einem leicht übersehenen Rastplatz rechts der Straße. Hier hat man das Jösendal zu Füßen und mit etwas Glück gute Sicht bis nach Odda hinunter. Das bewaldete Gelände beim Rastplatz fällt ein paar Meter weiter jäh in eine Wildwasserschlucht hinab. Wegen der Absturzgefahr sollte man innerhalb der Umzäunung bleiben.

Nach der Rast geht es rasch abwärts ins **Jösendal**, wo sich die Straße teilt. Unmittelbar nach der Ortschaft Skare können wir uns der »Dusche des Tages« stellen. Gemeint sind die vielen Wasserfälle links und rechts der Straße, allen voran der Låtefoss. In der Reihenfolge ihres Auftretens kommt zuerst, links, der **Espelandsfoss**, der in wunderschönen, graphisch wirkenden Stufen herabfällt. Zweihundert Meter weiter liegt rechts der berühmte **Låtefoss** (Parkplatz), der mit 400 Meter Länge und einer Fallhöhe von 165 Metern ordentlich Gischt versprüht (die Dusche, voilà). Talabwärts und dann schon bald abseits der Straße gelegen, folgen linker Hand **Vidfossen**, **Strandfossen** und **Tjødnadalfossen**. Übrigens, mit den Wortendungen *en* oder *et* bildet man im Norwegischen den bestimmten Artikel. Korrekt wäre entweder *der* Låtefoss oder (ohne deutsches *der*): Låtefossen. Und noch ein Hinweis: Am spektakulärsten sind die Wasserfälle logischerweise im Frühsommer, während und nach der Schneeschmelze im Gebirge.

Von nun an wird die Straße immer wieder sehr schmal, besonders nach Odda, wo sie an vielen Stellen – links der Sörfjord, rechts die Felswand – regelrecht in das Gestein gesprengt wurde. Auf der verbleibenden Strecke bis nach Kinsarvik können nur die Beifahrer den Ausblick auf die Fjordlandschaft ungestört genießen. Wer am Lenkrad sitzt, sollte seine Augen lieber auf der Straße haben, denn wenn ein Lkw entgegenkommt, wird's verdammt eng.

Zuvor aber noch die 8 000 Einwohner zählende kleine Industriestadt **Odda**, die in dieser Landschaft wie ein Faustschlag aufs Auge wirkt. *Norzink* liest man und *Smelteverk* (Schmelzwerk), die Schornsteine rauchen. Weiter nachfragend, hört man Worte wie Cadmium, Schwefelsäure, Aluminiumfluorid, denn hier, wie anderswo in Norwegen, kann man wegen der »billigen« Wasserkraft all das produzieren, was einen hohen Energieaufwand erfordert, beispielsweise die Herstellung von Legierungen. So kommen aus Norwegen u. a. die Alufelgen unserer Autos, mit denen wir in Norwegen Urlaub machen. Odda ist lediglich ein Anlaß, um auf das hinzuweisen, was viele Norwegenbesucher während ihrer Reise immer wieder beschäftigen wird: Das Mißverhältnis zwischen traumhafter Landschaft und plötzlich auftauchenden, die Landschaft zerstörenden Industriestandorten, der augenfällige Unterschied zwischen liebevoll

Oberhalb des Låtefoss

gepflegten Bauernhäusern aus Holz und lieblos erbauten Beton-Kleinstädten als Folge einer hektischen Entwicklung in die Moderne. In einem Satz: Das Aufeinanderprallen von Segen der Erde und High-Tech.

Diese Gleichzeitigkeit zu verstehen oder zu erklären ist fast unmöglich. Und doch ist dem in der Nähe beheimateten Autor Kjartan Fløgstad mit seinem ins Deutsche übersetzten Roman »Dalen Portland« das Unmögliche gelungen. Fløgstad entwickelt in dem preisgekrönten Buch ein Kaleidoskop, in dem sich die gesamte Geschichte Nachkriegs-Norwegens widerspiegelt.

Zu lesen, wie aus dem Bergbauernsohn ein Industriearbeiter wird, aus der Naturverbundenheit die städtische Tristesse, mitzuerleben, wie der einstige Hinterwäldler daraus ausbricht, um über den (typisch norwegischen) Umweg Seemann (s)ein Weltbild zu erarbeiten – das ist geradezu abenteuerlich. Dadurch aber gibt dieses Buch endlich eine Antwort. Denn auch wenn hier im inneren Teil des Hardangerfjords – bei Ullensvang/ Lofthus stehen etwa eine halbe Million Obstbäume – offensichtlich ist, wovon die Leute leben, – ohne die bei uns noch wenig gelesene zeitgenössische norwegische Literatur läßt sich nur schwer verstehen, was die Gemüter unserer nördlichen Nachbarn bewegt.

In **Kinsarvik** angekommen (sprich: *Schinnsarwik)*, zählt zunächst das Praktische. Man kann sich Zeit lassen, denn im Sommer ist es bis 22/23 Uhr hell. Ausgerüstet mit dem Faltblatt »Spazierengehen in Kinsarvik« oder der topographischen Karte, kann man die Wanderung beginnen – sofern im Rucksack Verpflegung, Feuerzeug, Messer und Regenkleidung liegen.

Zunächst fährt man mit dem Auto bis zu einem Parkplatz oberhalb von Hus. Im Faltblatt mit D gekennzeichnet. Das asphaltierte Sträßchen hört ein paar Meter weiter oben auf, der Waldweg beginnt und führt am Kinsoelv entlang. Reißendes Wildwasser und ruhige Abschnitte wechseln einander ab. Kurz vor Erreichen des Kraftwerks gabelt sich der Weg – von oben rauscht schon der erste im Dreierbunde (G), der **Tveitafoss**, aus 103 Meter Höhe herab. Wir gehen links hoch, genau da, wo die Forststraße mit einem *Bom* (Schlagbaum) abgesperrt ist. (Die geradeaus führende T-Markierung ist eine veraltete Routenführung bzw. nur etwas für trainierte Kenner des weiteren Wegverlaufs.) Der zunächst langsam, dann aber immer steiler werdende *Bomveg* windet sich den Berghang hoch; am Wegesrand blühen Erdbeeren und Himbeeren, Wanderer, die im Hochsommer unterwegs sind, bekommen hier noch ihre Mühen versüßt.

Nach etwa einer Stunde passiert man bald darauf den **Nyastølsfossen**, und der hat mit einer Fallhöhe von 218 Metern doch schon enorme Ausmaße. Gewaltige Mengen Was-

ser stürzen in den seltsamsten Formen und Schleiern zu Tal.

Hätte man in der Schweiz derartige Naturspektakel auf so engem Raum zu bieten, wären sie schon längst per Pferdekutschen erschlossen; inklusive des Restaurants »Zum Wasserfall-Blick«. In Norwegen aber bleibt uns nichts anderes übrig, als eine weitere halbe Stunde zu Fuß zu marschieren, bis dann der Waldweg in einer Wendeplatte en-

Erst nach einer knapp zweistündigen Wanderung zu erreichen: der Nykkjesøyfossen

det. Dort folgt man rechts im Wald dem nach links führenden, mit »T« markierten Pfad. Diese Stelle muß man sich unbedingt merken, damit man auf dem Rückweg die Wendeplatte wiederfindet. Nach einer kurzen Strecke endet die Wanderung auf einer sonnenbeschienenen, filmkulissenreif gelegenen Bergwiese. Und erst hier oben, kurz bevor wir davorstehen, läßt sich auch der **Nykkjesøyfossen** bewundern (I).

Die beiden Hütten sind privat und verschlossen. Vorsicht, die Uferfelsen sind rutschig! Zum vierten Wasserfall hier oben, dem Søtefossen (J), gibt es keinen Wanderweg, das Gelände dorthin ist schwieriger zu begehen. Wer auf dem Rückweg dem T-Pfad in seiner ganzen Länge abwärts folgen möchte, muß geeignetes Schuhwerk haben (steileres Gelände) und darf die ab und zu aussetzende Markierung nicht verlieren. ■

4. Tag – Route: Kinsarvik – (Storliseter) – Bergen (119 bzw. 208 km)

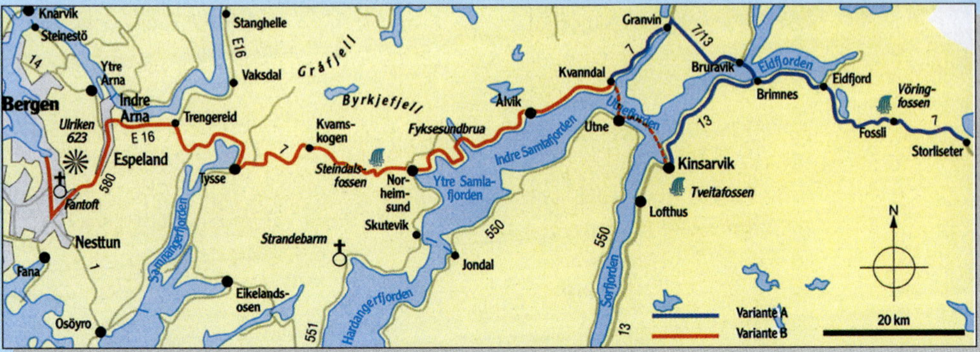

Variante A (Mitte Juli–Mitte Sept.), in der Karte blau eingezeichnet:

km	Zeit	Route
0	9.00 Uhr	Abfahrt von **Kinsarvik** auf RV 13 nach
19		Brimnes (Fähre), weiter auf RV 7
29		Eidfjord (in Øvre Eidfjord letzte Tankmöglichkeit vor dem Vöringfossen)
41		**Vöringfossen**. Zurück zum RV 7
49		**Storliseter**, evtl. Mittagspause. Zurück nach
69	14.00 Uhr	Brimnes, Fähre über den Eidfjord nach
		Bruravik (Überfahrtszeit ca. 10 Min.), auf dem RV 13 weiter nach
81		Granvin und dort hinter dem Tunnel links auf den RV 7
89		Kvanndal
129		**Norheimsund**, weiter RV 7, Steindalsfossen
208	17.30 Uhr	**Bergen** (Stadtplan siehe Seite 70).

Variante B, in der Karte rot eingezeichnet:

km	Zeit	Route
0	12.00 Uhr	Abfahrt von **Kinsarvik** (Fährüberfahrtszeit ca. 50 Min.) nach Kvanndal, auf RV 7
40	14.00 Uhr	**Norheimsund**, weiter RV 7
119	16.00 Uhr	**Bergen** (Stadtplan siehe Seite 70).

Hinweis: Norheimsund ist der Heimathafen der liebevoll restaurierten **Hardangeryacht »Mathilde«.** Sie ist eines der beiden Vorzeigeobjekte des auf 10 Jahre veranschlagten Vestkysten-Projekts (siehe auch 2. Zusatztag, Seiten 86 ff.). Darin geht es um die Entwicklung eines auch kulturhistorisch orientierten Tourismus; es geht um den Ausbau eines ganzen Netzes von Übernachtungsplätzen im Bergener Schärengarten, zu denen man, wie einst, per Schiff reist.

Wer sich rechtzeitig anmeldet, kann auf der »Mathilde« (jährlich wechselnde Termine) an mehrtägigen Segeltörns ab etwa 700 DM (Vollpension) teilnehmen. Buchung: Hardanger Fartøyvernsenter, Postboks 53, 5601 Norheimsund, ✆ 56 55 22 77, Fax 56 55 22 68. Buchungen und Informationen über weitere historische Schiffe: Sail the Sea, see the Fjords, C. Sundsgate 10, N-5024 Bergen, ✆ 55 32 65 50, Fax 55 31 86 56.

4. Tag – Informationen: Bergen

Bergen Reiselivslag
Postanschrift:
Slottsgate 1
N-5023 Bergen
✆ 55 31 38 60, Fax 55 31 56 82

Besucheradresse:
Vågsallmenningen 1
5014 Bergen
✆ 55 32 14 80, Fax 55 32 14 64
Dort – ganz wichtig für »authentisches« Wohnen in Bergen – vermittelt man auch Privatzimmer (meist mit Bad und Küchenbenutzung); mit etwas Glück erwischt man eines im Holzhäuser-Stadtteil Nordnes oder, oberhalb von Bryggen, am Fjellhang, wo man in verwinkelten Gassen mit Straßenlaternen und Kopfsteinpflaster, mit Katzen auf dem Fenstersims und anheimelndem Nachbarschaftsgefühl wohnt. Preise ca. zwei Drittel der Fjordpaß-Kategorie A plus Vermittlungsgebühr.

Seit Sommer 1993 gibt es nun auch in Bergen eine »Besucherkarte« (im o.g. Touristenbüro erhältlich), die, wie in Oslo, eine Reihe von Vergünstigungen bietet. Beispielsweise kostenlose Fahrten mit der Fløibahn, mit den Stadtbussen, freien Eintritt zu Museen etc. (eine dreisprachige Broschüre in norwegisch, englisch und deutsch gibt Auskunft).

Eingeschlossen ist das kostenlose Parken auf allen öffentlichen Parkplätzen oder an Automaten (50 % Rabatt in Parkhäusern). Allerdings gilt es, dennoch die meist kurzen Parkzeiten zu berücksichtigen, weil es in der Fjordkapitale einen dramatischen Parkplatzmangel gibt.
Preis der »24-Stunden-Karte« 130 Kronen (Kinder 60 Kronen)
Preis der »48-Stunden-Karte« 200 Kronen (Kinder 90 Kronen).

Hotel Admiral
C. Sundtsgate 9–13
5004 Bergen
✆ 55 23 64 00, Fax 55 23 64 64
Sehr komfortables, in der Nähe zum Fischmarkt gelegenes Hotel am Hafen mit Terrasse und hauseigenem Restaurant. Kein Fjordpaß, Preise wie E.

4. Tag – Informationen: Bergen

Hotel Norge
Ole Bulls plass 4
5012 Bergen
✆ 55 57 30 00
Fax 55 57 30 01
Zwischen Stadtpark und Hafen gelegenes, vornehmes Hotel der Oberklasse. Nichtraucherzimmer, Swimmingpool, Parkhaus, verschiedene Restaurants, Kein Fjordpaß. Preise wie E.

Augustin Hotel
C. Sundtsgate 24
5004 Bergen
✆ 55 30 40 00
Fax 55 30 40 10
Familienbetrieb an zentralem Standort in Hafennähe. Bistro/Konditorei und Lunchsalon. D

Strand Hotel
Strandkaien 2
5013 Bergen
✆ 55 31 08 15
Fax 55 31 00 17
Am Hafen bzw. Fischmarkt. Große Mehrbettzimmer. C

Romantik Hotel Park Pension
Harald Hårfagresgate 35
5007 Bergen
✆ 55 32 09 60
Fax 55 31 03 34
Östlich vom nahen Stadtzentrum, in einem Wohnviertel gelegen. Altenglischer Stil, kleiner Familienbetrieb. C

Fantoft Sommerhotell
Fantoftveien 14
5036 Fantoft/Bergen
✆ 55 27 60 00
Fax 55 27 60 30
Mitte Mai–Mitte Aug. geöffnet
Großes, preisgünstiges Hotel, etwa 5 km vom Stadtzentrum in ländlicher Umgebung. Bietet auch Appartements für 3–4 Personen. A

Kloster Pension
Strangehagen 2
5005 Bergen
✆ 55 90 21 58
Fax 55 23 30 22
Kleine, einfache, zentral gelegene Frühstückspension, auch mit Familienzimmern. Kein Fjordpaß, Preise etwa A.

Montana Youth Hostel
Johan Blyttsvei 30
5030 Landås
✆ 55 29 29 00
Fax 55 29 04 75
Ganzjährig geöffnet
4 km außerhalb des Zentrums (Bus Linie 4). Preise inkl. Frühstück: 160 Kronen, Zimmer mit WC 225 Kronen, Schlafsaal 120 Kronen; mit Jugendherbergsausweis, ohne jeweils 25 Kronen mehr.

Midttun Motel & Camping
5051 Nesttun
✆ 55 10 39 00
Fax 55 10 46 40
Ganzjährig geöffnet
11 km südlich (am RV 580) von Bergen. Hütten und Zimmer, Stellplätze für Camper, weniger gut für zeltende Gäste. Gute Busverbindung ins Zentrum (ca. 1/2 Std.).

Andere Campingplätze liegen leider alle weit außerhalb der Stadt.

Bergen Bobil-Senter
Sandviksboder 1
✆ 55 56 88 50
Geöffnet: Juni, Juli und Aug.
24-Stunden-Parkplatz für Wohnmobile mit Dusche und Toiletten (mehrtägiges »Parken« ist zugelassen). Dieser für ca. 30–40 Fahrzeuge ausgelegte Parkplatz ist nur 15 Min. zu Fuß vom Stadtzentrum entfernt (Bus Linie 1; 5 Min.).

Man fährt auf dem RV 14 (auf der Seite von Bryggen) am Hafen entlang stadtauswärts und erreicht nach 2-3 km linker Hand den »Parkplatz«. Nach der Anmeldung ist im voraus zu bezahlen.

Standseilbahn zum Fløyen-Gipfel (320 m)
Die Talstation befindet sich im Zentrum, ca. 150 m vom Fischmarkt entfernt. Schöner Ausblick über die Stadt. Die Bahn fährt alle halbe Stunde von 9-23 Uhr. Das Café/Restaurant dort oben ist in der Sommersaison von 11-23 Uhr geöffnet. Eine wunderschöne Wanderung bietet sich abwärts durch den Wald, über die Gassen und Staffeln der Altstadt am Fjellhang (Dauer ca. 1 Std.).

Bryggen
Mittelalterliche Lagerschuppen-Stadt aus der Hansezeit – Bergens Stadtbild schlechthin. Seit dem Zweiten Weltkrieg wird das jahrhundertelang auf die Beziehung zu Deutschland hinweisende »Tyske« in dem ehem. Namen Tyskebryggen weggelassen. In den behutsam restaurierten Häusern sind heute Kneipen, Restaurants, Geschäfte und Werkstätten untergebracht. Alles ist sehr quirlig, sehr lebendig geblieben. (Siehe auch Infos zu Museen am 5. Tag.)

Grundsätzlich gilt: In dieser Stadt gibt es jede Menge interessante Kneipen und gute Restaurants. An Wochenenden, insbesondere freitagabends, ist meist alles gerammelt voll. Wer donnerstagabends in die Stadt kommt, kann gleich das nur an diesem Tag offerierte Leibgericht der Bergenser bestellen: *Saltkjøtt med Raspeboller* (Salzfleisch mit Kartoffelknödeln). Wenn nicht im hoteleigenen Restaurant, dann bei:

Bryggeloftet
Bryggen 6
✆ 55 31 06 30
Liegt im ersten Stock. Im darunter befindlichen Bryggestuen trifft man sich eher zum Bier. Möglichst telefonisch reservieren.
NN/NNN

Ansonsten bleibt es bei der Empfehlung: »Tagesmenüs« oder Fisch, Fisch, Fisch (!) in:

Fiskekrogen
Zachariasbryggen (auf dem Fischmarkt)
✆ 55 55 96 60
NN/NNN

Enhjørningen
Bryggen
✆ 55 32 79 19
Fischrestaurant der oberen Preisklasse.
NNN

Spezialtip:
Munkestuen Café
Klostergaten 12
✆ 55 90 21 49
Dem österreichisch-italienischen Wirtspaar ist es gelungen, mit ihrer intimt spisested (ganze 5 Tische) das wahrscheinlich ausgebuchteste Restaurant der Stadt zu betreiben. Heute also anrufen, um eventuell (!) übermorgen dort zu speisen.
NNN

Sjøboden
Bryggen
✆ 55 31 67 77
Bier, Musik.

Pianobaren
Zachariasbryggen/Fischmarkt
✆ 55 55 96 40

Madam Felle (Bier- und Weinstube) und Engelen (Disco)
Beide im SAS-Hotel auf Bryggen
✆ 55 54 30 00

Weitere Informationen zu Bergen siehe blaue Seiten 5. Tag.

4

Kvardager und *Hverdager* – zwischen *Bokmål* und *Nynorsk*
Zum Vöringfossen und nach Bergen

Den durchaus beeindruckenden Vöringfossen gesehen zu haben ist kein Muß. Man teilt lediglich das Entzücken von jährlich 495 000 Besuchern – einerseits. Andererseits, auch wenn zwischen dem Rummel an Norwegens bekanntestem Wasserfall (182 Meter) und unserer gestrigen Wanderung Welten liegen, die Fahrt dorthin hat landschaftlich überaus große Reize. Zumal sich ganz in der Nähe des Vöringfossen der wenig beachtete Storliseter befindet, der meist erst ab Mitte Juli bis evtl. Mitte September bewohnt und bewirtschaftet ist. Mit *seter* wird ein Berg-Bauernhof bezeichnet, in diesem Falle eine Ziegenalm, und dort kann man *ekte geitost* kaufen – echten norwegischen Ziegenkäse. (Das sind jene hauchdünnen braunen Scheiben auf dem Frühstücksbuffet, von denen Sie schon immer wissen wollten, was es ist, aber nie gewagt haben zu probieren.)

So gesehen lohnt sich der Umweg über den nördlichen Teil der Hardangervidda schon – die heutige Route ist ansonsten mehr eine Fahrstrecke. Wer allerdings vor Anfang/Mitte Juli hier unterwegs ist, muß damit rechnen, daß der Storliseter noch geschlossen bzw. nichts produziert hat. In diesem Fall (siehe Route Variante B) kann man dann einfach mal länger ausschlafen und mit der Fähre von Kinsarvik direkt nach Kvanndal übersetzen.

Die Fahrt von Kinsarvik nach Brimnes bzw. Eidfjord ähnelt der gestrigen: Links der Fjord, rechts die Felswand und gerade voraus der Gegenverkehr. Beim Fähranleger in **Brimnes** endet der Riksvei 13 und wird vom RV 7 abgelöst, der ostwärts über Eidfjord nach Geilo bzw. Oslo führt. Zwischen Eidfjord und Øvre Eidfjord liegt ein langer – zum Eingewöhnen – wirklich stockdunkler Tunnel. Vorsichtig hineinfahren, die Augen gewöhnen sich nur allmählich an derart extreme Verhältnisse. Von nun an führt die Straße kurvenreich und über insgesamt vier Tunnelsysteme zum **Vöringfossen** hinauf.

Früher mußte die Bergstrecke unter sehr engen und sehr luftigen Verhältnissen über der jäh abstürzenden Schlucht bewältigt werden. Es gab oft Staus, wenn sich zwei Lkws begegneten, kolonnenweise mußte man rückwärts den Paß hinabfahren, bis jeder eine Ausweichnische gefunden hatte. Unendlich dankbar war man für eine ordentlich funktionierende Handbremse, und wer solche Straßenverhältnisse nicht gewohnt war, der hat auch ohne Vöringfossen oben angehalten (links, Parkplatz) und eine Tasse Kaffee zur Beruhigung bestellt. Heute ist die Strecke um 50 Prozent entschärft, bietet aber immer noch verkehrsbedingte Überraschungen.

Oben angekommen, gibt es zwei Möglichkeiten, den meistbesuchten Wasserfall Norwegens zu besichtigen. Einmal vom Parkplatz der »Vöringfoss-Kafetaria« aus (hier könnte man später auch Mittagspause machen) und zum anderen vom traumhaft gelegenen **Hotel Fossli** aus, das 300–400 Meter Luftlinie weiter oben und schräg gegenüber liegt (mit

Auf der Ziegenalm Storliseter kann man Geitost (Ziegenkäse) kaufen

dem Auto der Straße weiter folgen, bis linker Hand ein Schild den Weg weist; großer Parkplatz). Dort oben hat man dann einen herrlichen Blick auf Wasserfall und Landschaft. Da es nur vereinzelte Sicherheitsabsperrungen am Rand der Schlucht gibt, besteht akute Absturzgefahr. Der TÜV und alle Ordnungsämter Deutschlands zusammen würden hier wohl ihre Lebensaufgabe finden. In Norwegen hingegen geht man davon aus, daß ein Mensch mit Gefahr umgehen können muß.

Das Hotel Fossli selbst ist ein Kapitel für sich. In der Tourismusbranche der Umgebung schüttelt man seit Jahren den Kopf. Bei dieser himmlischen Lage könnte das Hotel eine Goldgrube sein, wenn die Leitung des Hauses ein tatsächliches Interesse an Gästen hätte. Aber bitte, warum soll ein (offensichtlich sehr wohlhabender) Besitzer nicht das Recht haben, eigene Maßstäbe anzulegen? Eine Übernachtung dort kann man derzeit nicht empfehlen.

Zur Straße zurückgekehrt, fahren wir ca. acht Kilometer in Richtung Geilo. Wenn linker Hand eine große Staumauer/ein Steinwall auftaucht, folgt gleich rechts (in der Kurve) der **Storliseter**. Ein Schild wirbt für den Verkauf von *geitost* (sprich *jeitost)* – direkt vom Erzeuger. Der Ziegenkäse, den die Norweger mehr als alles andere im Ausland vermissen, hat eine karamelbraune Farbe, schmeckt so ähnlich und sollte aus Genußgründen nur in sehr dünnen Scheiben gegessen werden; am besten auf warmen Waffeln (*vaffler med geitost* gibt's übrigens in *kafeterier*, die was auf sich halten). Damit kein Mißverständnis entsteht: Storliseter ist kein Schauhof, auf dem man Touristen herumführt. Hier muß ganz normal gearbeitet werden. Für ein freundliches, über den Verkauf hinausgehendes Gespräch bleibt jedoch fast immer Zeit. Die Ziegenherde selbst ist tagsüber im Gelände unterwegs, zuckelt aber morgens und abends, auf dem Weg vom und zum Storliseter, meist in breiter Formation auf dem Riksvei 7 entlang und schert sich keinen Deut darum, ob's jemand eilig hat.

Auch wir können uns Zeit lassen. Für die Rückfahrt bis nach **Brimnes** hinunter gilt nach wie vor: Wir sind auf einer Gebirgsstraße unterwegs, die innerhalb von wenigen Kilometern aus fast 1 000 Meter auf Meeresspiegelhöhe abfällt. Wenn man Pech hat, muß man in Brimnes maximal etwa 40 Minuten warten, bis die nächste Fähre über den Eidfjord ablegt. Die Überfahrt selbst dauert gut zehn Minuten. In **Bruravik** angekommen, folgen wir dem Riksvei 13 nach Granvin. Der gleich darauf beginnende Vallavik-Tunnel ist geschlagene acht Kilometer lang, man meint aber, er hätte die doppelte Länge. Dahinter beginnt – und nun wage ich es, das angesichts der immer noch beeindruckenden Fjordlandschaft zum ersten Mal zu sagen – eine ganz normale, durchschnittliche Fahrstrecke, auf der nicht hinter jeder Kurve der Kassenschlager der Saison wartet. Zeit also, um zwischen Kvanndal und Norheimsund au ein paar sprachliche Finessen einzugehen:

Zuerst einmal zu diesem für Nicht-Skandinavier so verwirrenden *å*. Es ersetzt seit 1917 das nur in Eigennamen wie Aasen noch erlaubte *aa*. Lassen wir die Feinheiten der reinen Lehre beiseite, wird *å* wie ein *o* ausgesprochen, das *o* hingegen überwiegend wie ein *u*. Wenn diese Klippe geschafft ist – *æ* wie *ä*, *ø* wie *ö* –, gehen wir zu der waghalsigen Behauptung über, daß Norwegisch gar nicht so schwer zu verstehen ist. Denn wenn schon ein Süddeutscher lernen kann, daß sein »Weckle« in Hamburg »Rundstück« heißt, dann ist's bis zum norwegischen *rundstykk* doch wohl nur noch ein Katzensprung – oder? Wenn man anerkennt, daß das englische *window* von dem norwegischen *vindue* (Windauge) stammt, dann versteht man

Per Fähre durch den Eidfjord vom Brimnes nach Bruravik

sicher auch, warum die Norweger so großzügig sind und bis heute zu einem Feuerzeug *lighter* sagen, obwohl ihnen ihr Sprachlexikon *fyrtøy* vorschreibt. Damit läßt sich eines nicht länger verbergen: Als *røker* bin ich auch in Norwegen ständig auf der Suche nach einem *askebeger* – selbstverständlich wird nur da geraucht, wo es *lovlig* (erlaubt) ist, alles andere wäre *ulovlig*. Kompliziert wird Norwegisch erst, wenn man es von Norwegisch unterscheidet; wenn *Bokmål* und *Nynorsk* aufeinandertreffen (die Buchsprache und Neunorwegisch). Das passiert in Westnorwegen jeden Tag. Auf dem Postamt, beim Einkaufen, beim Studieren der Fahrpläne. Einmal steht z.B. *Norge* auf der Briefmarke (*Bokmål*), ein anderes Mal *Noreg* (Neunorwegisch). Wenn ein Supermarkt *daglig* geöffnet hat, ist das im überwiegend an der *Vestkyste* gesprochenen *Nynorsk dagleg*. Hat man in Oslo noch triumphierend festgestellt, daß *hverdager* werktags bedeuten muß, so wird man in Bergen bemerken, daß es *kvardager* heißt (*v* übrigens immer wie *w*).

Mit den jeweiligen Dialekten hat das nur bedingt zu tun. *Nynorsk* ist vielmehr – Achtung, jetzt kommt das *finale furioso* – die aus der von Ivar Aasen 1848 zusammengestellten »Grammatik der norwegischen Volkssprache« hervorgegangene Rückbesinnung auf das ursprüngliche Norwegisch, auf die über Jahrhunderte hinweg ungebrochene Sprache der Landbevölkerung (*Landsmål*). *Bokmål* hingegen hat seine Wurzeln in dem früher eindeutig dänisch geprägten *Riksmål* (Reichssprache). Im Gegensatz zum belgischen Sprachenstreit haben die Norweger aber keine ernsten Probleme mit ihren beiden sich so nahestehenden Sprachen. Ganz Unglaubliches passiert allerdings, wenn ein dialektsprechender Südwestnorweger einen 3 000 Kilometer weiter im Nordosten lebenden Landsmann trifft. Diese beiden verständigen sich zwischendurch schon mal, wenn's nicht anders geht, in Englisch, der Sprache der Spielfilme im Fernsehen – wenn nicht gerade Derrick kommt.

Hardangervidda Anfang September: die Blaubeeren sind reif

Die ersten Lachsfarmen, die wir auf dieser Reise zu Gesicht bekommen, liegen etwa auf der Höhe von Ålvik (das sind die großen, schwarzen »Schwimmreifen« im Wasser). Heutzutage ist es nicht mehr möglich, eine *laksoppdretnings-anlegg* (Lachsaufzucht-Anlage) zu besichtigen. Die Angst vor Krankheitserregern, die man in einen derart komplizierten, hochgezüchteten Mikrokosmos einschleppen könnte, ist wegen der Millionenwerte, die eine solche Fischfarm darstellt, viel zu groß.

In **Norheimsund** schließlich können wir nachschauen, ob die Hardangeryacht »Mathilde« im Hafen liegt (siehe Seite 61). Andernfalls folgt nach der Ortsausfahrt rechts (RV 7, Richtung Bergen) der für deutsche

Bryggen: ehemalige Kaufmannshäuser und Lagerschuppen

Verhältnisse imponierende **Steindalsfossen:** Man kann unter bzw. hinter dem herabstürzenden Wasser durchgehen.

Aus der Straßenkarte ist kaum zu ersehen, daß die verbleibende Strecke bis nach Bergen ständig bergauf und bergab führt. Immer wieder geht's durch Tunnels hindurch, um Felsen herum und über bewaldete Hochflächen hinweg. Den höchsten Punkt zwischen Norheimsund und Indre Arna bei Bergen hat man in **Kvamskogen** erreicht (knapp 400 Meter). Das ist der an Sommer- wie an Winterwochenenden vielbesuchte *playground* der Bergenser. Campingplätze, Skilifte und wahrscheinlich Hunderte von Hütten im Wald und an den Hängen liegen links und rechts der Straße. Das alles wirkt zwar so, als habe man die Natur hier oben rigoros vergewaltigt, aber näher betrachtet, hat die Ansammlung solcher Wohlstandsrefugien in der Natur einen einzigen Vorteil: Durch die massive Konzentration auf einer relativ kleinen Fläche, bleibt, in einem Land, in dem es enorm viel Platz gibt, der ganze Rest verschont.

Bergen: die Fjordkapitale im Abendlicht

Je näher man **Bergen** kommt, um so dichter wird der Verkehr. Die Westküstenmetropole strahlt unglaublich weit ins Umland ab; ein ausgefeiltes Bussystem überzieht den gesamten Landstrich. Trotzdem wälzt sich jeden Morgen eine Autolawine in die Stadt hinein

und abends (gut für uns Ankömmlinge) wieder hinaus. Deshalb hat man in Bergen (noch vor Oslo) Mautstellen eingerichtet, an denen jeder Autofahrer, der ins Zentrum will, fünf Kronen »Eintritt« blechen muß. Punktum.

Nachbemerkung: Sollte bei der Ankunft die Sonne scheinen, kann man noch am selben Abend auf den Fløyen-Gipfel hinauffahren, auch noch nach dem Abendessen, denn die Standseilbahn fährt bis letztmals 23 Uhr nach dort oben. ■

Programm Bergen und Umgebung

Der heutige Tag bildet zusammen mit den beiden folgenden Zusatztagen eine Art Baukastensystem. Man kann damit spielen – je nach Lust und Laune, nach Neugier und Phantasie. Hinzu kommt – hier an der Westküste – die sich oft ändernde Wetterlage. Also ist es notwendig, bereits an dieser Stelle alle Möglichkeiten zu beschreiben, um dann je nach Situation zu entscheiden. Die einzelnen Bausteine könnten so aussehen:

Generell: Bei schlechtem Wetter sind die angegebenen Museen zuerst an der Reihe. Es sei denn, man läßt sich vom hiesigen Naturell anstecken – sehr zu empfehlen – und handelt nach dem Motto: Jetzt erst recht! Andernfalls bietet sich immer noch das Schmökern in den kolossal spannenden Krimis der Varg-Veum-Reihe an (sprich *Warg Wé-um*). Näheres dazu siehe Seiten 73 ff. und im Serviceteil »Hamsun alleine ist es nicht!«

Da die Ausflüge des 2. Zusatztages bei schönem Wetter mehr Spaß machen, ist es sinnvoll, die hier angegebene Reihenfolge entsprechend umzustellen, falls sich Regen ankündigt. Dazu genügt ein Blick auf die Wetterkarte der Tageszeitung »Bergens Tidende«.

5. Tag – Programm: Bergen impressionistisch

Im Stadtplan sind jene Straßen markiert, in denen Varg Veum (siehe Seiten 73 ff.) auf seinen Streifzügen unterwegs ist. Es wäre ein Frevel, die Ortsbeschreibungen, die jeden einzelnen

auf eine andere Art und Weise inspirieren, vorwegzunehmen. Im übrigen kann man in Bergen nicht verlorengehen, die Stadtmitte liegt immer unten, direkt am Hafenbecken Vågen.

Um dennoch anzudeuten, wo's lang geht, dies: Über den Ole Bulls plass zum Nøstetorvet bzw. Nøstebryggen. Von dort aus, im Viertel Nøstegaten, Skottegaten und Galgebakken – rauf, runter, rauf, runter – bis weiter hinaus zum Nordnesparken und über Nordnes- und Sundts gate zurück. Mit der Fähre nach Bryggen, rechts zur Fløyen-Bahn. Vom Gipfel aus abwärts wandern, um dann entweder über die schmalen Gäßchen unterhalb des Øvre Blekeveien in Bryggen herauszukommen, oder einfach über die vielen Treppen zur Talstation der Fløybanen hinunter, in die Lille Øvregate hinein.

4. Tag – Informationen: Bergen

Informationen zu Bergen finden Sie auch auf den Seiten 64 ff.

Fischmarkt (Torget)
Mo–Fr 7–16, Do bis 19, Sa bis 15 Uhr
Immer noch der Marktplatz für die einheimische Bevölkerung (Blumen, Obst und Gemüse) mit allem, was das Meer zu bieten hat. Man sollte möglichst zwischen 8.30 und 10 Uhr hier sein, denn zumindest im Hochsommer wird's ab 10 Uhr proppenvoll.

Drahtseilbahn zum Ulriken-Gipfel (607 m)
15.5.–15.9. tägl. 9–23 Uhr, 16.9.–14.5. 10–17 Uhr
Der Ulriken liegt ca. 4 km außerhalb der Stadt. Zunächst mit dem Bus Linie 2 oder 4 bis Haukeland *Sykehus*/Krankenhaus, von dort 10 Min. Fußweg bis zur Talstation. Im Sommer fährt der Ulriken Ekspressen (Aussichtsbus) ab der Touristeninformation Vågsallmenningen von 9–21 Uhr alle halbe Stunde direkt zur Talstation. Dann ist man allerdings nicht mit Einheimischen unterwegs und verpaßt die Möglichkeit, über die Frage nach dem Weg mit ihnen ins Gespräch zu kommen.

Vom Gipfel bietet sich eine großartige Aussicht auf Bergen und weit in die Umgebung. Das Gipfelrestaurant hat dieselben Öffnungszeiten wie die Seilbahn.

Bergen Aquarium
Nordnesbakken
✆ 55 55 71 71
1.5.–30.9. tägl. 9–20, 1.10.–30.4. 10–18 Uhr
42 Aquarien zeigen die Unterwasserwelt des Meeres vor der norwegischen Küste. Tägl. fördern 25 Pumpen 3 Mill. Liter Wasser aus 130 m Tiefe aus dem Fjord.

Die kleine Fähre über den Vågen (Hafenbecken) verkehrt nur werktags von 7.15–16.15 Uhr, *Lørdag stengt* (Sa geschl.).

Bryggen Museum
✆ 55 31 67 10
Zeigt die Geschichte von Bryggen anhand von Ausgrabungen und Resten von der ältesten Besiedlung der Stadt aus dem 12. Jh.
1. 5.–31. 8. tägl. 10–17 Uhr; 1.9.–30.4. Mo–Fr 11–15, Sa 12–15, So 12–16 Uhr
Vom 1. Juni bis 31. Aug. finden tägl. 10 und 13 Uhr Führungen in deutsch/englisch statt (ca. 1½ Std.), inkl. eines Besuchs im

Hanseatisches Museum
✆ 55 31 41 89
Juni/Juli/Aug. tägl. 9–17, Sept.–Mai tägl. 11–14 Uhr
Das Leben und Arbeiten aus/während der Hansezeit ist in einem der ältesten Gebäude der Stadt dargestellt.

Frühstück und Lunch:

Kaffistova til Ervingen
Strandkaien 2
✆ 55 32 30 30
Bis 18 Uhr geöffnet

5. Tag – Informationen: Bergen

Der Platz für tagsüber: preisgünstige Hausmannskost, Kaffee und Kuchen. N–NN

Lido
Torgalmenning 1
✆ 55 32 59 12 N–NN

Diverse Cafeterias in den Kaufhäusern – siehe dort. N–NN

Tip: a) Man kauft sich auf dem Fischmarkt eine Tüte voll *Reker*, besorgt sich eine Zitrone und in der nächsten Bäckerei ein paar Brötchen. Dann sucht man sich irgendwo am Hafen ein Plätzchen, puhlt die Krabben (die in Wirklichkeit Garnelen sind) aus, träufelt Zitronensaft drüber und läßt sich's schmecken.

Bei dieser Art von »Brotzeit« sollte man nicht der deutschen Gewohnheit folgen und in aller Öffentlichkeit ein Bier trinken. Das kann 200 DM Strafe kosten (siehe dazu im Serviceteil »Alkohol oder Milch?«).
b) Wer statt dessen Appetit auf Süßes hat, kauft sich in einer Bäckerei die Bergener Spezialität: *Skillingsboller* (Schillingsboller gesprochen) – den (deutschen) Schneckennudeln ähnlich.

Abendessen:

Restaurant Kjøttbørsen
Vaskerelven 6
✆ 55 23 14 59
Grill- und Steakhouse. NNN

Wesselstuen
Engen 14, ✆ 55 90 08 20
Alteingesessenes Restaurant und Bierkneipe. NN–NNN

Bryggen Tracteursted
Bryggen
✆ 55 31 40 46
Angeblich die älteste Wirtschaft Norwegens, 300 Jahre alt. NN–NNN

Cafe Opera
Engen 24
✆ 55 23 03 15
Leichte Küche, Live-Musik, Schach, ausländische Zeitungen. N–NN

Galleriet
Torgalmenning, Mo–Fr 9–20, Sa 9–16 Uhr
Wirbt als »neue Einkaufskathedrale«.

Sundt City
Torgalmenning, Mo–Fr 9–20, Sa 9–16 Uhr
Klassisches Bergener Kaufhaus.

Bergener Festspiele
Einmal im Jahr pilgert alles, was Rang und Namen hat in Norwegen, nach Bergen. Und zwar zu dem international renommierten kulturellen Großereignis der Stadt. 12 Tage lang (Ende Mai) finden in der Grieg-Halle und auf anderen Bühnen Konzerte statt; gibt es Theater- und Ballettaufführungen, Folklore sowie Kunstausstellungen. Die Hotels sind dann ausgebucht (bis hin zur Jugendherberge), die Veranstaltungskarten längst ausverkauft, die Züge und Flüge nach Bergen sind voll. Wer großes Glück hat, kann auch vor Ort evtl. Eintrittskarten zu einer der ca. 90 verschiedenen Vorstellungen erhalten bei:

Grieghallen
Lars Hillesgate 3 A
✆ 55 21 61 50

Sicherer ist es jedoch, sich schon im Jan./Feb. das Programm zu besorgen bzw. gleich zu Beginn des Kartenverkaufs (Anfang/Mitte März) Tickets zu buchen, bei (z. B. über ein Reisebüro):

Bergen International Festival
Box 183, N-5001 Bergen
✆ (00 47) 55 31 21 70
Fax (00 47) 55 31 55 31

Bergen via Krimi? Einladung zu einer nicht ganz geplanten Tour

Daß es den Bergen-Sommer gar nicht gäbe, daß dies lediglich die vornehme Umschreibung für einen Zustand zwischen zwei Regenschauern sein soll, halte ich für ein Gerücht; für ein hundsgemeines überdies. Denn der einzige, der am Sonntagsgesicht dieser Stadt kratzen darf, tut dies mit Lizenz. Es ist ihr heimlicher Held, es ist der Aquavittrinker und Privatdetektiv Varg Veum – freilich weiß niemand, wo er wohnt. Sein Büro hingegen muß sich irgendwo zwei Stockwerke über mir befinden (all den Rückschlüssen zufolge, die ich aus seinen detaillierten Beschreibungen ziehen kann). Meines ist, wie immer, wenn ich in Bergen bin, die Kaffistova »Ervingen«, Strandkaien, 1. Stock, mit Fensterplatz zur Hafenseite, bitte schön.

Veum und ich haben offenbar einen gemeinsamen Lieblingsblick. Von hier aus zum Fischmarkt, zum Torget hinunter, und von dort über all die Gassen und Giebel hinweg, den Fjellhang entlang bis zum Fløyen hinauf. So, als könne man dadurch ablesen, ob die Stadt noch Charakter hat. Ich bin der Meinung sie hat, Veum aber zweifelt. Die neue Autobahnanlage am Danmarks plass zum Beispiel »hat irgendein Schlauberger nur bauen lassen, damit die Touristen denken, sie sind in einer Großstadt, ehe sie dann ernsthaft im Zentrumsverkehr steckenbleiben.«

Privat ist Veum ein melancholischer Existentialist, beruflich aber legt er die Nerven der Stadt bloß. Geistiger Vater dieses Slowblues-Typen mit dem messerscharfen Blick ist der ortsansässige Krimi-Autor Gunnar

»Snakker De norsk?«

Staalesen, dessen Bücher auch ins Deutsche übersetzt wurden und der sich bei der Namengebung für seinen Helden eines hinterlistigen Wortspiels bediente. *Vargr i veum* ist ein Begriff aus dem Altnordischen und bedeutet wörtlich: Schänder eines Heiligtums. Also ist dieser Name ein Programm und also sind Streifzüge mit Varg Veum immer auch ein Eintauchen in die soziale Agenda dieser Stadt; sind Rauschgiftkriminalität im Møhlenpris, sind Lug und Trug auf den Brattlands-Terrassen, sind Fiction und Faction zugleich. Denn wenn er irgendwo Pennern begegnet, Obdachlosen, »Kunden« der Inneren Mission, dann sind das nicht die fiktiven Gestalten einer Krimi-Dramaturgie – sie sind auch im wirklichen Leben dort. Die Landungsbrücke am Fischmarkt ist so ein Ort, genau vor der historischen Kulisse von Bryggen. Statt aber auch nur ein einziges Wort über die Hansezeit zu verlieren, statt sich über

Handel und Wandel auszulassen, mit dem Bergen seit Jahrhunderten sein Wohlergehen sichert, sein kosmopolitisches Dasein mit dem Hang zu schnuckeligen Holzhausfassaden und kopfsteingepflasterten Gäßchen, die in keinem Stadtplan zu finden sind, statt auf Hummer, Lachs und Heilbutt, Dorsch, Dill und Krabben hinzuweisen, geschweige denn auf das Gerangel um die ersten Erdbeeren, den Rhabarber, die Radieschen einzugehen – so wie das ein anständiger »Fremdenführer« beim Bummel über den örtlichen Marktplatz täte –, sagt Veum in bezug auf die alten Säufer nur: »Sieh ihnen in die Augen, wenn sie auf dich zukommen und murmelnd um eine Krone für ›eine Tasse Kaffee‹ betteln. Sieh nach, ob du Freiheit und Unabhängigkeit in ihren Augen findest und nicht Angst, Depression und Erniedrigung.«

Solche Töne ist man in Norwegen nicht gewöhnt, solche Ansichten über die Schattenseiten dieser Stadt sind so sonst nirgendwo zu lesen. Veum ist also nichts Geringeres als der Stolperstein für die hiesige Koketterie, für das tägliche Spieglein, Spieglein an der Wand. Er entzaubert seine Stadt und gibt ihr via Krimi einen ganz neuen Glanz, einen sehr ehrlichen: »Ich aß in einer dieser Cafeterias zu Abend, in denen sie die norwegische Volksseele auf Tellern servieren: wässrige Kartoffeln, völlig zerkochtes Gemüse und eine Wurst, die in einer Fettlache schwimmend nach Luft japste.«

Diese, meinen Geschmacksnerv so zentral berührende Stelle hat mich auch diesmal wieder ins Ervingen geführt. Hier kann ich zwischendurch wenigstens anständig essen, ohne mich auch noch über die Preise zu ärgern. Hier läßt sich nachdenken, ordnen und – allmählich verstehen. Denn Bergen, das wird mir erst durch Staalesens Krimis klar, Bergen ist die unausgesprochene Einla-

Der tägliche Fischmarkt in Bergen: frischer Lachs oder Dorsch

. . . und Hummer, Krabben . . .

dung, eine höchstpersönliche Form von Impressionismus zu praktizieren. Dies ist die Stadt, in die man sich fallen lassen kann, in der man beobachtet um beobachtet zu werden, in der man Fragen stellt, um gefragt zu werden; in der man sich irgendwo hinsetzt und abwartet. Bis jener arrogante Gedanke Oberhand gewinnt, demzufolge Bergen das unumstrittene Zentralgestirn ist, um das dieses Land kreist, weil Stavanger eben doch bloß ein Emporkömmling der Ölbranche ist und Oslo lediglich eine Hauptstadt, in der man den nächstbesten Zug nimmt, den nach Bergen.

Genau solche Bewertungen sind es, die Varg Veum auf den Plan rufen. Die Geschichten, die er erlebt, die Fälle, die er zu lösen hat, sind die eines einsamen Wolfes, der im Bergenser Dauerregen durch die Stadt streicht, um auf der Suche nach dem Mörder die Tristesse der Bingohallen zu beschreiben, das Totschlagen der Zeit, die Plastiktüten, die vom Wind aufgewirbelt durch die Rinnsteine treiben. Lokalpatriotisch wird Veum allenfalls dann, wenn er in Nordnes unterwegs ist. Das ist jener zwischen den Hafenbecken von Puddefjord und Vågen gelegene Stadtteil, in dem er seine Kindheit verbracht hat, in dem man sich bis heute immer noch selbst genügt.

Dann geh halt rüber zum Nøstetorvet, so scheint er fast zu sagen, und schau ihn dir an, den Bergenser Alltag. Beobachte mal, wie das ist, wenn die »Kystveien« zum Puddefjord hereinbraust und mit ihr ein ganzer Schwall frischer Meeresluft. Guck zu, wie die Autos in Zweierreihen aus dem Bauch der Fähre rollen, sieh das Kommen und Gehen, das Warten und Wiedersehen, die vielen Taschen, die geschleppt und Koffer, die gerollt werden. Erklär' dem Australier, daß dies der Anfang vom Weg nach Süden ist, der Däne weiß es schon. Und ja doch, auch das ist völlig normal so: Die Rattan-Möbel sind für Stavanger, der Lachs geht nach Holland und das Liebespaar in der Straßenkehrmaschine wartet bloß darauf, daß der Spuk hier endlich vorbei ist; sie schmiegt sich an ihn wie nach Wochen der Trennung und er hat, verflucht noch mal, immer noch Dienst.

Gleich linker Hand, beim Eckladen von Per Aarbakke, gehst du dann einfach den Berg hoch, läßt dich treiben, in all diesen verwinkelten Gassen. Irgendwo zwischen Trangesmauet, Galgebakken und Ytre Markeveien spielt prompt jemand Saxophon – Millers »Serenade in blue« –, und irgendwo verschwindet jemand in einem Hinterhof, der keiner ist. Entweder entpuppt sich das als Verbindungsgäßchen zur nächsten Straße hoch, oder du stehst mitten zwischen Sitzbänken und Rhododendronbüschen in einem winzigen Park. Kein Wunder, daß Veum hier nichts zu bekritteln hat, hier ist die Stadt so, wie er sie mag: im positivsten Sinne menschlich.

Der absolute Geheimtip hier draußen ist das Fünf-Tischchen-Restaurant **Café Munkestuen** in der Klostergate; da es oft ausgebucht ist, sollte man telefonisch bestellen. Jetzt sind es nur noch wenige Meter den Berg hinunter bis zur **Munkebryggen**. Dort pendelt die kleine alte Fähre über den Hafen nach **Bryggen**, wo sich in den alten Lagerschuppen unzählige Bierkneipen, Ateliers, Architekturbüros, Fashion-Shops, Bäckereien und Fischrestaurants aneinanderreihen. Zwar riecht's hier nicht mehr nach Stockfisch, aber gleich nebenan im **Hanseatischen** wie auch im **Bryggen-Museum** ist alles aus der Hansezeit präsent, »Was am Staven täglich von Norlandschen Waren empfangen wird« –, so ist noch heute zu lesen. Zur Blütezeit der Hanse im 15. Jahrhundert lebten und arbeiteten 7 000 Menschen auf und um Bryggen und verwalteten das Monopol über den Export von Trockenfisch und den Import von Getreide. 2 000 unter ihnen waren Deutsche,

und jeder der Händler hatte mindestens zwei Gesellen sowie zwischen sechs und zehn Lehrlingen um sich. Es herrschte eine absolute Männergesellschaft mit ordensähnlichen Regeln. Allerdings: Ihre Religion war der alles

» . . . So, als könne man dadurch ablesen, ob die Stadt noch Charakter hat.«

umfassende Handel, ihr daraus folgendes Dogma der Grundstein für die Sonderstellung dieser Stadt. Einen Gesamtüberblick kann man sich vom Gipfel verschaffen, zu dem man mit der Fløyen-Bahn hochfahren und anschließend über den Waldweg abwärts wandern kann. Diese Tour macht Varg Veum jedesmal, wenn er frisch verliebt ist, und siehe da: Der alte Kritikaster mag in Wirklichkeit an keinem anderen Ort der Welt leben. ■

1. Zusatztag – Programm: Bergen klassisch

Programm und Stadtplan siehe Seite 70.

1. Zusatztag – Programm: Bergen

Informationen zu Bergen finden Sie auch auf den Seiten 61 ff. und 70 ff.

Fantoft-Stabkirche (Fantoft Studentby)
5 km auf dem RV 1 (früher E 68) stadtauswärts, bei der 2. Fußgängerbrücke links ab, Hinweisschild.
✆ 55 28 07 10
15. 5.–15. 9. tägl. 10.30–14 und 14.30–18 Uhr
In der Nacht zum 7.6. 92 brannte die im Wald gelegene Stabkirche aus dem 12. Jh. ab. In den folgenden Jahren wurde sie instandgesetzt und zur Saison 96 eröffnet. Seitdem ist sie wieder ein fester Programmpunkt aller Stadtrundfahrten.

Troldhaugen
Stadtauswärts auf der E 39 (E 16), Hinweisschild rechts ab beachten.
18.4.–30. 9. tägl. 9–18 Uhr
✆ 55 91 17 91, 55 91 07 10
Wohnhaus des Komponisten Edvard Grieg. Nur im Durchschleusverfahren zu besichtigen. Alternative: gleich am Morgen des 6. Tages besichtigen.

Rhododendrarium
Bergens Klima scheint wie geschaffen für die immergrünen Rhododendren. Man sieht sie überall. Ein speziell angelegtes Rhododendrarium befindet sich im Stadtpark beim Lille Lungegårdsvann in der Ecke, die dem Hauptbahnhof zustrebt. Der Fjellveien entlang des Fløyen-Hangs ist ein einziger Rhododendronpfad.

Bryggen Museum
Siehe Seite 71.

Hanseatisches Museum
Siehe Seite 71.

Drahtseilbahn zum Ulriken-Gipfel
Siehe Seite 71.

Gamle Bergen (Alt-Bergen)
Elsesro, Buslinie 1 oder 9 ab Stadtmitte bis zur Haltestelle am Museum
5035 Bergen-Sandviken
✆ 55 25 78 50
Ganzjährig geöffnet
24.5.–30.8. von 9.30–16.30 Uhr stündlich Führungen
Freilichtmuseum mit Bergener Holzhäusern aus dem 18. und 19. Jh.

Håkonshalle/Festung Bergenhus
Bradbenken
✆ 55 31 60 67
15.5.–31.8. tägl. 10–16, sonst tägl. 12–15, Do 15–18 Uhr
Von Håkon Håkonson zw. 1247 und 1261 errichteter Königshof in Bergen. Stündl. Führungen durch Håkonshalle und Rosenkrantzturm.

Nordnes-Seebad
Unweit des Aquariums.

Wandern im Wald über die Hügel des Fløyen
Bei der Touristeninformation gibt es einen norwegisch/englisch verfaßten Faltprospekt mit dem Titel »Gledes-Kartet«, in dem acht farbig unterschiedlich markierte Wanderrouten vorgeschlagen werden, die an der Bergstation der Fløyen-Bahn beginnen.

»Der vierte große Comtoir«

Ein Besucher geht durch die Straßen von Bergen und – wie üblich – es gießt in Strömen. Da sieht er eine Gruppe von Kindern, die völlig unbekümmert spielen. »Sag mal«, fragt er einen der kleinen Jungs, »regnet es denn immer so in Bergen?« Da schaut der Steppke auf und sagt: »Wie soll ich das wissen, ich bin doch erst acht Jahre alt!«

Der Klassiker unter den Bergen-Witzen

1. Zusatztag in Bergen

Ein Morgen ohne Bummel über den Fischmarkt ist eigentlich nicht denkbar; ebensowenig wie der Verzicht auf einen Blick in die fürs lokale Geschehen wichtigste Rubrik der Tageszeitung »Bergens Tidende« – und die heißt: *Havnen* (im bzw. der Hafen).

Da kommt also frühmorgens die »Vistamar« aus Cuxhaven an und verläßt Bergen um 17 Uhr Richtung Geiranger. Die »Winston Churchill« wird vom Nordkap zurück erwartet, die »Royal Viking Sun« aus Island, der Frachter »Elin Christine« lädt für Bremen, die »Sunnmøre« löscht Waren aus Schweden. Am Frieleneskai wird für Sonntag das *sørgående* Hurtigruten-Schiff »Kong Olav« erwartet, und ab heute abend, Schlag 22 Uhr, beginnt die *nordgående* »Ragnvald Jarl« ihre 2 500 Seemeilen lange Reise. (Bergen ist bekanntlich Anfangs- und Endpunkt der Hurtigrute).

So oder ähnlich lauten die Meldungen über zwei Dutzend Schiffe, die hier täglich an- oder

Auf Bryggen – im (ortsüblichen) Regenschauer zwischen den Lagerschuppen

ablegen. So oder ähnlich muß es auch während der Hansezeit zugegangen sein. Bergen war zu der Zeit der unumstrittene Nabel der norwegischen Welt und darüber hinaus, neben London, Brügge und Nowgorod, »der vierte große Comtoir, welcher nach und nach in eine solche Hochachtung kam, daß fast niemand ein rechtschaffener Kaufmann seyn konnte, der nicht zu Bergen in Norwegen seine Lehr-Jahre ausgestanden hatte.« (Johannes Hübner, »Vollständige Geographie« von 1731)

Wichtigstes Exportgut waren Klippfisch und Stockfisch. Alle Welt, besonders natürlich in der Zeit vor der Reformation, begehrte den lange haltbaren, luftgetrockneten Dorsch als Fastenspeise; importiert wurden Salz, Getreide, Bier, Keramik und Gerätschaften.

Den besten Überblick vermitteln die vom **Bryggen-Museum** zweimal täglich veranstalteten Führungen durch das alte Lagerhausviertel, nebst einem Besuch im **Hanseatischen Museum** (englisch und deutsch). Erste Überraschung dabei: Die heutige Uferlinie war ursprünglich um fast 150 Meter näher am Fjellhang gelegen. Als dann im 13. Jahrhundert der Handel mit der Hanse begann, mußten die Lagerhäuser – wegen des Tiefgangs der Hansekoggen – vorverlegt werden, auf die heutige Linie. Man muß sich vorstellen, wie es in dieser umtriebigen, mit unschätzbaren Werten vollgestopften Holzstadt zuging (Feuergefahr), wenn 7 000 Menschen hier lebten und arbeiteten. Daß das nicht ohne rigorose Vorschriften funktionieren konnte, liegt auf der Hand. So war beispielsweise das Polizeiwachtsystem so simpel wie perfekt organisiert: Zwei Polizisten patrouillierten parallel zueinander in unterschiedlichen Gassen und riefen sich jeweils zu, ob alles in Ordnung sei. Wenn einer nicht mit seinem Okay! antwortete, rannte der andere

Bryggen, mit Blick zum Fjellhang und zum Ulriken

sofort zur in der Nähe befindlichen Maria-Kirche und läutete, als Zeichen des Alarms, die Glocken. Wie unmißverständlich das tägliche Miteinander geregelt war, ist während des geführten Rundgangs auf Bryggen, auch in der *Schoetstue* – quasi der Zunftstube des Hansekontors – noch heute erkennbar. In einem Reglement ist dort (allerdings im Halbdunkel schlecht lesbar) genauestens festgelegt:

1. Wen der Älteste Nachbar die sämtlichen Nachbaren und Gesellen las zusamen fordern wer alsdan nicht erschiene soll verbrochen haben 1/2 Mk.
2. Des Winters beym Elden (Feuer, d. Verf.) soll tüchtig nüchtern Gesell und ein Jung mit einer fertigen Sprütze und mit einer Butte mit Wasser forhanden seyn. bei straffe 1 Mk. würde aber der Gesell trunken seyn soll er verbrochen haben 1/2 Rthl.
3. Niemand soll des Nachts in Schutstaven beliegen bleiben.*
4. Kein Nachbar oder Gesell soll nach Klocke 9 sich beym Spielen finden lassen bey Strafe 8 s.
5. Solange zwei Nachbahren zusahmen sitzen sollen die Krohnen brennen.
6. Die Schuten Jungens sollen die Krohnen, Kannstohl und Handfat schüren.
7. Ein ieder Jung soll beym Kannstohl alle Abend ein tüchtig Psalmbuch fertig haben, aufrecht stehen und mitsingen bei straffe 1 s.
8. Die Jungens sollen sich unter einander nicht haarzien oder schlagen.
9. Niemand soll die Füsze auff die Bank legen.
10. Die Jungens sollen nicht mit bedecktem Haupt im Schutstaven erscheinen.
11. Der Schutstaven soll des Abends zur rechten Zeit geschlossen werden.

*(*Vermutlich aus dem Niederdeutschen stammende Bezeichnung für »Versammlungsraum« in einem Gebäude; siehe auch die lautmalerische Ähnlichkeit zu »Schoetstue«.)*

Wenn man aus der Enge der Gassen wieder herauskommt, wäre das Gegenteil, die Weite, eine gute Ergänzung des Programms. Also auf den Gipfel des Ulriken – 607 Meter über dem Meeresspiegel –, vorausgesetzt, es herrscht kein stürmisches Wetter, dann nämlich fährt die Seilbahn nicht. (Siehe Informationen 5. Tag.)

In den verwinkelten Gassen der Bergener Altstadt am Fjellhang

Auf dem Gipfel öffnet sich eine weite Rundumsicht. Im Süden das Fjordland, im Westen Bergen und sein Schärengarten, im Norden und Osten liegen Wald und Gebirge. Wer will, kann dem markierten Fußpfad folgen und bis zur Talstation hinabwandern. Falls sich Regenschauer andeuten: Oben gibt's auch ein Gipfelrestaurant und das wirbt, wie es sich gehört, mit Kaffee und *Skillingsboller*. ■

Blick vom Fløyen-Gipfel auf den Hafen von Bergen

BLAAUW
MARINE

2. Zusatztag – Programme

Variante A: Ein Ausflug mit dem Auto zu der im nördlichen Schärengarten liegenden **Insel Fedje**. Das kann leicht dazu führen, daß man länger bleiben möchte (angeln, ausspannen, Vögel beobachten). In diesem Fall wäre auch zu überlegen, ob man nicht am späten Nachmittag des 1. Zusatztages schon aus Bergen abreist, auf Fedje übernachtet und dann entscheidet, ob und wann man »seinen« 6. Tag in/ab Bergen beginnt. Siehe Informationsteil 2. Zusatztag.

Die **Variante B** kann sich ähnlich spannend entwickeln: 8 Uhr geht es mit einem der Katamaran-Schnellboote von Bergen aus bis tief ins Innere des **Sognefjords** bzw. **Aurlandsfjords** nach **Flåm**. Dort fährt man mit der **Flåm-Bahn** nach **Myrdal** hinauf (Hardangervidda) – landschaftlich eine grandiose Strecke –, wo man in den aus Oslo kommenden Schnellzug der **Bergen-Bahn** überwechselt und nach insgesamt etwa 12 Stunden abends wieder in Bergen ankommt.

Diese Variante B läßt sich aber noch in zwei **Untervarianten** teilen. **B 1** wäre, man bleibt nach der Ankunft des Schnellbootes in **Flåm** über Nacht, leiht sich für den nächsten Tag Trekking-Räder, nimmt sie im Zug nach **Myrdal** mit und fährt von dort aus auf einem sogenannten *rallarveg* wieder nach Flåm hinunter. (Das ist ein aus der Zeit des Eisenbahnbaus erhaltengebliebener Materialtransport-Feldweg, den man mit dem Fahrrad befahren darf. – Vorsicht walten lassen.) Danach geht's wie oben beschrieben nach Bergen weiter.

B 2 wäre eine kleinere Tour. Sie trägt den Namen »Norway in a nutshell« und ist wesentlich billiger, wenn man bis zum 6. Tag wartet. Diese Runde spielt sich nämlich nur in dem Dreieck

Voss – Myrdal – Flåm ab und ist für diejenigen interessant, die weder auf Fedje verzichten möchten noch auf den Aurlandsfjord bzw. die Flåm-Bahn. In diesem Falle beginnt der Ausflug ab Voss oder Gudvangen (siehe Infoseiten 2. Zusatztag, Variante B 2). Mit anderen Worten: *Alt dette er Norge!*

2. Zusatztag – Programm Variante A: Bergeb – Fedje – Bergen (120 km)

Zeit	**Route**
7.00 Uhr	Abfahrt von **Bergen** auf der E 39 (früher RV 14) bis **Steinestö**; über die neue, mautpflichtige »Norhordlandsbroen« nach **Knarvik**. Dort dem RV 565 folgend über Manger und Haugland nach
10.00 Uhr	**Sævröy**, Überfahrt nach **Fedje**. Achtung: In den bislang erhältlichen Straßenkarten ist noch die alte Fährverbindung über Hopland nach Fedje eingezeichnet, jetzt verkehrt die Fähre 10mal tägl. nur von Sævröy aus. Die Überfahrt dauert 1/2 Std.
18.00 Uhr	Abfahrt von Fedje mit der Fähre nach Sævröy und über Årås und Mongstad zunächst auf dem RV 568, der in den RV 57 übergeht und bei **Knarvik** über die neue Brücke nach **Steinestö** und zurück nach
21.00 Uhr	**Bergen**.

Nach dem bislang gültigen Fahrplan geht die letzte **Fähre nach Fedje** 21.55 Uhr (Sa 18.20 Uhr) und **von Fedje** 21.20 Uhr (Sa 17.40 Uhr).

2. Zusatztag – Informationen: Variante A

Postalisch:
Bergen Reiselivsråd
P.O. Box 4008 Dreggen, 5023 Bergen
✆ 55 31 66 00, Fax 55 31 52 08
Persönlich:
Bergen Reiselivslag (siehe Seite 61)

Kræmmerholmen
5133 Fedje
✆ 56 16 42 05, Fax 56 16 42 06
Das nach antiquarischen Richtlinien restaurierte Gebäude war einstmals *der* Handelsplatz im nördlichen Schärengarten (Krämerinsel). Es gibt 8 Hotelbetten und 8 Fischerhütten mit 32 Betten. Tagesausflug nach Fedje wird von Bergen aus angeboten (Bergen Touristenbüro).

Ein **Museum für lokale Küstenkultur** ist im Nebengebäude untergebracht; vor der Haustür liegt ein **Gästehafen,** Angelfahrten und Führungen werden auf Wunsch vermittelt. Kein Fjordpaß. Übernachtungspreise: wie A, Frühstück extra N, Restaurantpreise: überwiegend NN, vereinzelt NNN.

Falls jemand das Telefon abnimmt und nicht englisch spricht, bitte ans Bergen Informationszentrum wenden. Dort hilft man auch in Fragen, die die Region betreffen.

»Die geben niemals auf!« Fedje als Beispiel einer scheinbar ganz gewöhnlichen Insel

2. Zusatztag Variante A

In den »Bergener Stadtprivilegien« von 1702 erhielten die Kaufleute das Recht, »Kramlager auf dem Lande« zu errichten. Was nichts anderes besagte, als daß sie bis ins 19. Jahrhundert hinein mit einem flächendeckenden Netz von Handelsplätzen draußen im Schärengarten die wirtschaftliche Kontrolle über Bauern und Fischer ausüben konnten. Fedje zum Beispiel – 7,4 Quadratkilometer groß und 730 Einwohner zählend – war damals mitsamt Katz und Maus im Besitz des Kaufmanns Christopher Kahrs. 34 »Pächter« durften für ihn arbeiten, und aller Fisch, der angelandet wurde, war auf **Kræmmerholmen** (der Krämerinsel) abzuliefern. Heute ist Kræmmerholmen ein kleines, für immenses Geld stilecht renoviertes Restaurant-Hotel und zugleich das Paradebeispiel des Vestkysten-Projekts. Das ist ein auf insgesamt zehn Jahre veranschlagtes Förderprogramm des Hordalandes (der Provinz um Bergen), mit dem man einen kulturgeschichtlich orientierten Tourismus anregen möchte; mit dem man, erstmals in Skandinavien, einen neuen Weg verfolgt. Nämlich nicht wie bisher, zum x-ten Male nur nachzuahmen, was in Mitteleuropa die touristische Richtschnur ist, sondern umgekehrt vorzugehen. Selbstbewußt zu sagen: So ist's bei uns und so sind wir!

Damit wird aus dem in den letzten 20 Jahren arg ramponierten Anspruch, Land und Leute kennenlernen zu wollen, endlich wieder ein Stück Wirklichkeit zum Miterleben. Falls man im Sommer nach Fedje kommt (sprich *Fe'je)*, sieht das alles ungefähr so aus:

Da jagt eines Morgens ein Fax durch den europäischen Äther – »Hallo, hallo hier ist Paris!« –, schlägt in der Lachsräucherei von

Fedje ein und spuckt das für das Wohl und Wehe dieser kleinen Insel so wichtige Wort denn auch prompt aus: Bestellung. Daraufhin greift Terje Storemark zum Telefon, trommelt seine Mannschaft zusammen – der Sommer ist die Saure-Gurken-Zeit im Lachsgeschäft – und filetiert von Stund an *Saumon fumé en Norvege*, und zwar fix und fertig verpackt und preisausgezeichnet in Französischen Franc, für 25 Filialen zwischen Lille und Marseille. Luftlinie keine hundert Meter weiter – zwei Welten, zwei Aufgaben – haben die Seeschwalben (*Makrell-Terne* auf norwegisch) mit ihrem Brutgeschäft begonnen. Sie haben sich mitten im Dorf, mitten im Hafen ein kleines Inselchen ausgeguckt, auf dem sie niemand stört. Die Einwohner von Fedje »nennen das Inselchen mittlerweile schon Terne-Holmen«, erzählt Grethe Hatlem, die Chefin von Kræmmerholmen, »sie nisten jetzt nämlich schon im zweiten Jahr hier«.

Daß beides nebeneinander existieren kann – hier die modernen Zeiten, dort Natur wie eh und je –, liegt an der norwegischen Politik der siebziger Jahre. Damals wurde unter dem Motto »Distriktpolitik« ein gewaltiges Infrastrukturprogramm in Angriff genommen, dessen Ziel es war, die Abwanderung der Bevölkerung aus den Küstenlandstrichen zu verhindern. Hier liegen Norwegens kulturelle Wurzeln; das Leben an der Küste aufzugeben hätte bedeutet, seine Geschichte aufzugeben. Und so wurde ein untereinander abgestimmtes Kommunikations- und Verkehrskonzept

Fedje: »Wir sind das Inselvolk – de gi aldrig upp!«

realisiert, wie es das auf der Welt wohl kein zweites Mal gibt; angesichts von nur 4,5 Millionen Einwohnern, in einem Land, das dreimal die Länge von Flensburg nach Basel mißt. Expreßboote, Brücken, Tunnels, Busverbindungen – alles ist mittlerweile vorhanden. War die Fahrt nach Bergen früher eine Tagesreise, so braucht man heute nur noch einige Stunden. Und war man früher tatsächlich abgeschnitten, dann ist es im Zeitalter des in ganz Skandinavien weit verbreiteten Autotelefons nur noch eine Frage des Timings. »Hat man in den fünfziger Jahren noch vom Heringsfang gelebt, in den sechzigern vom Walfang«, so erzählt Terje Storemark, der Chef der Lachsräucherei, »so ist es heute der Lachs. Wenn du hier draußen leben willst, mußt du einfach nur flexibel bleiben.« Und mit einem gewissen Augenzwinkern fügt er noch hinzu: »Wir sind das Inselvolk – *de gi aldrig upp!*« (die geben niemals auf).

Sein Selbstbewußtsein kommt nicht von ungefähr. Im letzten Jahr wurde von hier aus für 17 Millionen Mark Fisch exportiert, und im Verlauf der letzten zehn Jahre hat man endlich auch neue Arbeitsplätze auf der Insel geschaffen: Fedje hat die größte Lotsenstation weit und breit, eine mechanische Werkstatt für Schiffsreparaturen, Fedje hält Bugsier-Schlepper in Bereitschaft, und seit kurzem – immerhin liegt der Nordatlantik vor der Tür – gibt es ein Trainingscenter für den Fall, an den niemand laut denken mag: die Havarie einer Ölplattform.

Doch davon ist im geschützten Hafen, um den sich das kleine Dörfchen gruppiert, selten etwas zu spüren, geschweige denn zu hören. Hier ist es vor allem ruhig, und alle anderthalb Stunden kreuzt die Fähre auf. Der einzige Ort, an dem es im Sommer aufgeregt zugeht, liegt 20 Meter vor der sonnenbeschienenen Terrasse von Kræmmerholmen entfernt. Es ist die Brutinsel der Seeschwalben, auf der es nur so zirpt und flattert. Von diesem Schauspiel abzulenken gelingt nur Grethe Hatlems Kochkunst. Sie hat *stekt Steinbit* in der Pfanne – gebratenen Steinbeißer – und der ist allemal besser als Lachs. ■

Der Ortskern von Fedje

2. Zusatztag – Programm Variante B: Bergen – Flåm – Myrdal – Bergen

Zeit	Route
	Karte siehe Seite 84.
8.00 Uhr	Mit dem Katamaran-Schnellboot von **Bergen** bis ins Innere des Sogne- bzw. Aurlandsfjords nach
13.25 Uhr	**Flåm**, Mittagspause (Lunch nicht im Preis).
14.49, 15.53 oder 17.15 Uhr	Mit der Flåm-Bahn (45 Min. Fahrzeit) nach **Myrdal**,
16.23 oder 19.50 Uhr	mit der Bergen-Bahn nach (an Samstagen 20.48 Uhr ab Myrdal, in Bergen an 22.38 Uhr)
18.33 oder 21.43 Uhr	**Bergen**.
	Hinweis: Auch wenn sich die Abfahrtszeiten evtl. ändern, ist in Norwegen fast immer alles so perfekt aufeinander abgestimmt, daß selten jemand »hängenbleibt«.
Variante B 1:	
13.25 Uhr	Ankunft in **Flåm**. Bei der Touristeninformation nach den vorbestellten Rädern und der Befahrbarkeit des *rallarveg* fragen. Übernachten in Flåm und am nächsten Vormittag mit den geliehenen Trekking-Rädern per Flåm-Bahn nach **Myrdal** fahren, dort umsteigen nach Hallingskeid bzw. Finse und zurück nach **Flåm** radeln. Am nächsten Tag dann zurück nach Bergen wie oben beschrieben.
Variante B 2:	**»Norway in a nutshell«** Dieses Programm ist von fast allen Orten zwischen Bergen, Voss, Kinsarvik und jenseits des Sognefjords aus machbar. Da wir am 6. Tag eh durch Voss reisen, könnte man auch dort die Tour beginnen oder, noch sinnvoller, in Gudvangen. Gleichwohl wird dafür ein Tag zusätzlich benötigt, jedoch ist diese Tour billiger als etwa die eingangs erwähnte Variante B (siehe Infos).

2. Zusatztag – Informationen Variante B

i

Postalisch:
Bergen Reiselivsråd
P.O. Box 4008 Dreggen
5023 Bergen
✆ 55 31 66 00, Fax 55 31 52 08

Persönlich:
Bergen Reiselivslag
Vågsallmenningen 1
5014 Bergen
✆ 55 32 14 80, Fax 55 32 14 64

Hier können die beschriebenen Ausflüge gebucht werden. Oder beim (eigentlichen) Generalveranstalter:

Fylkesbaatane Reiseservice
Strandkaiterminalen
5013 Bergen
✆ 55 32 40 15, Fax 55 31 05 76

2. Zusatztag – Informationen Variante B

Turistinformasjon Aurland
5745 Aurland
✆ 57 63 33 13, Fax 57 63 32 80
Ganzjährig

Turistinformasjon Flåm
5743 Flåm
✆ 57 63 21 06
1.5.–1.10. geöffnet
Bei beiden erhält man Auskunft über Fahrradverleih und Übernachtungsmöglichkeiten in Aurland/Flåm.

Fretheim Hotell
5743 Flåm
✆ 57 63 22 00, Fax 57 63 23 03
Traditionsreiches Fjordhotel mit sehr gutem Restaurant. Fischrechte für Lachs und Seeforelle (muß im voraus reserviert werden). D

Flåm Camping og Vandrerhjem
5743 Flåm, ✆ 57 63 21 21
Fax 57 63 23 80
Mischung aus Hüttenvermietung und Wanderheim mit Selbstversorgung. Bootsverleih, Verkauf von Angelkarten.

Verkehrsverbindung
für »Norway in a nutshell«

Voss ab (mit Bus)	11.00 Uhr	
Gudvangen an	11.15 Uhr	
Gudvangen ab	11.30 Uhr	ab Gudvangen Schnellboot
	13.40 Uhr	an Flåm
	15.30 Uhr	ab Flåm
	16.16 Uhr	an Myrdal
	16.24 Uhr	ab Myrdal
	17.20 Uhr	an Voss

Preise (ohne Mahlzeiten), Kinder die Hälfte:

Für B:	ca. 120 DM pro Person
Für B 1:	dito + Übernachtung + Radmiete ca. 20 DM
Für B 2:	ca. 58 DM

Hinaus, hinauf und zurück
Mit dem Schnellboot »Kommandøren« in den Sognefjord, mit Flåm- und Bergen-Bahn retour

2. Zusatztag Variante B

Sonntagmorgens, 8.10 Uhr: Leise dreht sich die »Kommandøren« um ihre eigene Achse. Das Wasser im Hafen von Bergen ist um diese Zeit noch spiegelglatt. Langsam hält das Flaggschiff der Expreßbootflotte auf die Hafenausfahrt zu und nimmt Kurs auf das 124 Seemeilen entfernte Flåm. In Kilometern ausgedrückt, beträgt die Distanz bis zum Endpunkt im innersten Teil des Sognefjords, des Aurlandsfjords, exakte 229,648 Kilometer. Die 254 Passagiere fassende »Kommandøren« bewältigt diese Strecke (in ständigem Wechsel mit ihren Schwesterschiffen »Sea Cat«, »Sognekongen« und »Fjordprins«) in fünf Stunden und zwanzig Minuten und ist noch am selben Abend wieder in Bergen zurück. *Good morning, Ladies and Gentlemen* – die Durchsagen erfolgen in norwegisch und englisch.

8.30 Uhr: Die bewaldeten Hänge der Fjordmetropole bleiben achteraus, Minuten später schon rauschen wir durch den Schärengarten in Richtung offene See. Gleiten wäre wohl das treffendere Wort, denn in die schallisolier-

124 Seemeilen bis nach Flåm

te und vollklimatisierte Passagierkabine dringt kaum ein Laut von außen herein. Nichts rüttelt, nichts flattert, nichts brüllt – solange man im Innern bleibt und die Welt da draußen durch die großen Panoramascheiben betrachtet.

Die beiden Dieselmotoren mit zusammen 5 700 PS arbeiten, als würden sie eine Prämie für leises Auftreten bekommen. Bald schon weiß man nicht mehr, ob man nun in einem Jumbo-Jet unterwegs ist, der aufs Wasser gelegt wurde, oder in einem ICE, der – als gäbe es da draußen Gleise – über die Wellenkronen sprintet.

9.20 Uhr: Nur langsam stellt sich eine Andeutung von Seegang ein. Die sanfte Grunddünung nördlich des Fedjefjords verursacht kein Unbehagen. Bei schönem Wetter ist der Aufenthalt auf dem Achterdeck erlaubt; doch jeder, der die Großraumkabine verläßt, rettet sich blitzschnell in den Windschatten der Aufbauten. Erst hier draußen wird es laut – und man bekommt eine Ahnung, wie schnell das Boot dahinjagt: 37 Knoten Höchstgeschwindigkeit, das macht 68,5 Kilometer in der Stunde. Und versteht, was ein Begriff wie »Schiffstyp der neuen Generation« tatsächlich meint. Die »Kommandøren« hat keine Propeller mehr und auch kein Ruder. Was sie steuert und vorwärts bringt, sind zwei von den Dieselmotoren angetriebene Wasserjetpumpen, die jede Sekunde 6 000 Liter Wasser ansaugen und durch die Steuerungskanäle nach achteraus jagen. Die Gischt, die hinten rausknallt, schafft sich ihren eigenen Regenbogen, und bis zum Ende dieser Reise werden 97 Millionen Liter Wasser durch die Aggregate geströmt sein.

9.40 Uhr: Wir haben **Skerjehamn** passiert, auf den Gipfeln des Festlands liegt noch immer Schnee. Die Inseln rundum sind überwiegend purer Fels und erst in Küstennähe auch bewaldet. Jedes Mal, wenn sich die »Kommandøren« einer Lachsfarm nähert, geht sie auf langsame Fahrt; ein Wunder eigentlich, daß es die norwegische Postflagge am Heck des Schiffes nicht schon längst zerrissen hat. Sie flattert nicht im Fahrtwind, sondern knallt wie eine Peitsche.

10.20 Uhr: Bei der Einfahrt in den **Sognefjord** glitzert die See, als habe jemand zehntausend Spiegel montiert. Linker Hand die Berge bei Krakhella, von vorne rechts kommt die Fähre aus Rutledal, und darüber ist auch schon der Sendemast auf dem Vardefjell auszumachen – so weiß man wenigstens wieder, wo man gerade ist.

10.55 Uhr: »This call is **Nordeide**«, sagt der Steward in bestem maritimen Englisch, denn ein Hafen, den man anläuft, ist in dieser Sprache immer ein »Port of Call«. Niemand steigt aus, es werden lediglich Postsäcke zu- und ausgeladen, fünf Minuten später sind wir schon wieder in voller Fahrt.

11.10 Uhr: Das Schiff hält, so scheint es, geradewegs auf Berge und Gletscher am Fjordende zu, doch die sind – eine optische Täuschung durch die unglaublich klare Luft – noch über siebzig oder achtzig Kilometer entfernt. Was da draußen abläuft, ist ein Breitwandfilm in 3 D, der sich von hier drinnen aus, bei Kaffee und Sandwich, in aller Ruhe betrachten läßt.

11.50 Uhr: Ankunft in **Balestrand**. Und als sei's ein gelebtes Klischee: Die männlichen Passagiere, die an Bord kommen, tragen fast alle Prinz-Heinrich-Mützen. Klar, es sind Deutsche – man hört's ja schließlich! – und klar auch: Wo ein Kaiser Wilhelm II. einst im Sommer verweilt hat, läßt sich's noch immer gut urlauben. Sommerfrische also, in tatsächlich traumhaft schöner Lage.

12.36 Uhr: **Midtfjords** kommt in Sicht. Diese »Haltestelle« steht in jedem Fahrplan, aber sie ist in keiner Karte der Welt zu finden. Midtfjords ist immer da, wo sich zwei Fähren oder Schnellboote »mitten auf dem Fjord« treffen, um Passagiere umsteigen zu lassen. Die, die nach Gudvangen wollen, wählen die Weiterfahrt mit der Fähre »Aurland«, die, die

Bergen-Bahn – im Intercity über die Hardangervidda

von Gudvangen kommen, wechseln auf die »Kommandøren« über. Eine ambulant inszenierte Freiluftübung, 467 Meter über dem Meeresgrund.

13.30 Uhr: Ankunft in **Flåm**. Weil die meisten Passagiere glauben, daß bereits der 15-Uhr-Zug die letzte Möglichkeit sei, von hier wegzukommen, haben es alle eilig. Mittagspause, Essen gehen, Platz nehmen im Zug.

Um wieviel ruhiger läßt sich derweil ein Spaziergang durch das 400 Einwohner zählende Dörfchen machen. Bis um 1800 waren Flåm und Gudvangen die bedeutendsten Poststationen im Fjordland, denn alle Briefe, die zwischen Ostnorwegen und der Westküste unterwegs waren, kamen hier durch. Die Post wurde damals zum Nærøyfjord hinüber gerudert, und falls das Wasser zwischendurch zu Eis gefroren war – zu Eisplatten, die das Weiterkommen erschwerten –, wußte man sich trotzdem zu helfen. Die Ruderboote waren von Anfang an so konstruiert, daß man sie auch als Schlitten ziehen konnte.

18.20 Uhr (Meereshöhe): Abfahrt der **Flåm-Bahn nach Myrdal**. Entsprechend der norwegischen Tradition bekommt man die schriftlichen Begleitinformationen gleich in vier Sprachen: Die 20 Kilometer lange Strecke bewältigt einen Höhenunterschied von 865 Metern. Die auf Normalspur fahrende Bahn rollt dabei durch 20 Tunnel; längster ist der 1 350 Meter lange Nåli-Tunnel. Im Schlußteil schraubt sich der Zug in achterbahnähnlicher Manier nach oben – durch den Fels, auf drei übereinander verlaufenden Schlaufen.

Station Håreina (48 Meter Höhe): Hier ist das Tal noch weit, der Begriff »wildromantisch« trifft ausnahmsweise zu. Rechter Hand stürzt der Rjoandefoss ins Tal, seine 140 Meter Fallhöhe zeichnen einen Schleier in die Landschaft. Unten saftiges Grün, oben noch die schneebedeckten Gipfel.

Station Dalsbotn (200 Meter Höhe): Hier soll der Styvisethaugen-Hof auf einen riesigen Stein obendrauf gebaut sein. Vor lauter Wald die Bäume nicht gesehen! Ein anderer großer Stein bildet eine acht Meter hohe natürliche Brücke über den Fluß. Jetzt wird das Tal enger, der eigentliche Aufstieg beginnt.
Station Kjosfossen (669 Meter Höhe): Der Zug hält ausschließlich wegen des Wasserfalls. Alles springt heraus, um die linker Hand herabstürzenden Wassermassen zu fotografieren. Haben wir da nicht schon Beeindruckenderes gesehen? Dennoch, die Landschaft hier oben ist filmkulissenreif; sie wechselt nach und nach von schön zu schroff, von warm zu kalt.
Station Vatnahalsen (811 Meter Höhe): Die Tunnelstrecke liegt hinter uns. Zwischendurch konnte man nur sekundenweise in die Schlucht sehen, hier oben aber öffnet sich die ganze Aussicht aufs Flåmsdal. Schade, daß die Fahrt nicht noch länger so weitergeht.
18.55 Uhr (866 Meter Höhe): **Station Myrdal.** Wer unten mit kurzen Hosen eingestiegen ist, holt jetzt schleunigst wärmende Kleidung aus dem Rucksack. Auf den Bahnhöfen in der Hardangervidda bleibt der Schneepflug oft noch bis kurz vor Mittsommer im Einsatz.
19.06 Uhr: **Abfahrt des Schnellzugs** Nummer 63 nach Bergen. Bis hierher war der von Oslo kommende Zug vier Stunden und 24 Minuten unterwegs. Selbstverständlich hat der Zug einen Speisewagen, nächste Haltestelle ist...
20.45 Uhr: Ankunft in **Bergen**. Irgendwann bin ich in einem der langen Tunnels eingeschlafen. Nächste Haltestelle nach Myrdal wäre Voss gewesen – diese späte Zugverbindung existiert allerdings nicht an einem Samstag! ■

Die Bergen-Bahn fräst sich ihren Weg durch die verschneite Hardangervidda

6. Tag – Route: Bergen – Gudvangen (163 km)

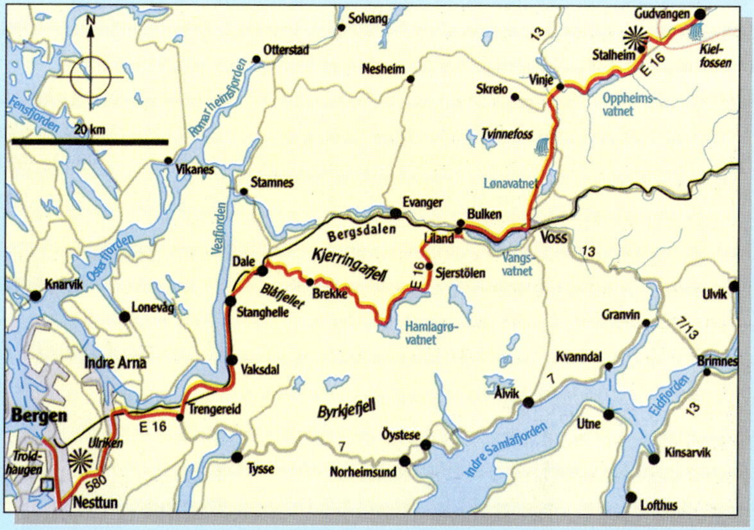

km	Zeit	Route
0	9.00 Uhr	Abfahrt **Bergen**, RV 1 über Nesttun, Indre Arna Richtung Voss. (Bei evtl. Besichtigung von **Troldhaugen** – siehe 1. Zusatztag – verschiebt sich der Zeitplan um eine Stunde.)
34		Kreuzung Trengereid, Abzweig E 16, Richtung Dale – Voss
61	10.00 Uhr	**Dale**
83		Bergsdalen, **Hamlagrövatnet** (-Stausee)
116	12.00 Uhr	**Voss**, anschließend Mittagspause. Abfahrt Voss (E 16, Richtung Vinje/ Gudvangen)
126	14.00 Uhr	**Tvinnefoss**
149		Stalheim (Hotel), Aussicht; Stalheimskleiva abwärts nach
163	16.00 Uhr	**Gudvangen**.

Hinweis: Man tut sich keinen Gefallen, in den heutigen Tag auch noch das Programm »Norway in a nutshell« zu integrieren, um dadurch einen Zusatztag zu sparen. Selbst wenn man Bergen schon gegen 7 Uhr verläßt, um das Schnellboot, das in Gudvangen 11.30 Uhr ablegt, zu erreichen (siehe Infoseiten 2. Zusatztag, Variante B, Seite 90).

6. Tag – Route: Bergen – Gudvangen (163 km)

Hinweis: Bis zur Fertigstellung zum Jahreswechsel 1991/92 wurde viele Jahre an einem 11,4 km langen Tunnel zwischen Gudvangen und Flåm gearbeitet. Zwar wird man (hoffentlich) nicht darauf verzichten, Fährfahrten durch den einmaligen Nærøfjord anzubieten, aber es ist damit zu rechnen, daß die klassische Fährverbindung Gudvangen – Kaupanger (7. Tag) evtl. durch Aurland – Kaupanger ersetzt wird. Zum Zeitpunkt der Drucklegung dieses Buches jedoch war keine Änderung absehbar/in der Diskussion.

6. Tag – Informationen

Voss Promotion
Postboks 57/Voss Tinghus
5701 Voss
✆ 56 52 08 00, Fax 56 52 08 01

Aurland Reiselivslag
Postboks 53
5745 Aurland
✆ 57 63 33 13, Fax 57 63 32 80
Gudvangen gehört zur Gemeinde Aurland.

Dale Garn & Trikotasje AS
5280 Dalekvam
✆ 56 59 61 61
Mo–Do 9–17, Fr 9–18, Sa 9–14 Uhr
Hier in Dale kann man die berühmten Norweger-Pullover direkt ab Fabrik kaufen.

Caroline Cafe
Im Bahnhof von Voss
Für einen Kaffee oder Imbiß. N–NN

Tvinnefoss
10 km hinter Voss in Richtung Gudvangen, 100 m links der E 16. Der Wasserfall ist leicht erreichbar, beeindruckend und sehr fotogen, auch wenn vor ein paar Jahren ein Kiosk mit wenig Fingerspitzengefühl quasi mitten ins Bild gebaut wurde.

Voss Vandrerhjem
5701 Voss
✆ 56 51 20 17
11.1.–31.10. geöffnet
Schön am See gelegene moderne Jugendherberge (Kanuverleih), wo man auch auf der Durchreise einen Lunch bekommt. Durchschnittliche Übernachtungspreise für Mitglieder 165 Kronen, Nichtmitglieder 190 Kronen, inkl. Frühstück. Familienzimmer.

Stalheim Hotel
5715 Stalheim
✆ 56 52 01 22, Fax 56 52 00 56
10.5.–25.9. geöffnet
Ausgesprochenes Traditionshotel am Rande des 550 m hohen Felsabsturzes ins Nærøydalen. Großartige Aussicht von der Terrasse auf das Nærøy-Tal und den Jordalsnuten zur Linken. Häufig Reisegruppen. Kein Fjordpaß, Preise wie E. Sehr gutes Restaurant, Dinner oder à la carte. NNN
In Foyer und Lobby wechselnde Ausstellungen bzw. eine kleine (private) Sammlung kostbarer Antiquitäten/Möbel.

Gudvangen Fjordtell
5717 Gudvangen
✆ 57 63 39 29
Fax 57 63 39 80

6. Tag – Informationen

1991 eröffnetes, modernes Hotel am Nærøyfjord. Bemerkenswerte Architektur; auf die Landschaft bezogenes, sehr originelles Interieur – auch in den Zimmern. Eigenes Lachsrevier. D
Das sehr gute Restaurant bietet Tagesmenüs oder Essen à la carte. NN–NNN

Vang Camping
5717 Gudvangen
✆ 57 63 39 26
15. 5.–10. 9. geöffnet
Preisgünstiger Campingplatz, Hüttenvermietung, 1 km bis zum Fähranleger in Gudvangen, Fischlizenz.

Gudvangen Camping
5717 Gudvangen
✆ 57 63 39 34
10. 5.–30. 9. geöffnet
Dem o.g. Campingplatz fast gegenüberliegend, Hüttenvermietung, Fischlizenz.

Stalheimskleiva
Die alte, atemberaubende Paßstraße ins Nærøy-Tal hinunter. Nichts für schwache Nerven. In 13 engen, steilen Serpentinen geht's bei 18 % (!) Gefälle abwärts, Bremsen müssen top sein! Alternative: vom Stalheim-Hotel aus zurück zur E 68 und auf der Neubaustrecke abwärts.

Liegt linker Hand der Straße, der Tvinnefoss

6 Freiwillig im ersten Gang
Von Bergen nach Gudvangen

Die Strecke bis zum Abzweig nach Dale ist vom vierten Tag her bekannt. Von dort aus sind es bis ins Stadtzentrum von Bergen noch gut dreißig Kilometer.

Nun also umgekehrt – und evtl. nach einem Besuch von **Troldhaugen** – stadtauswärts Richtung Voss (gesprochen *Woss*). Während der Schwerlastverkehr auf dem RV 7 bleibt und über Norheimsund und Granvin (RV 13) nach Voss gelangt, biegen wir bei Trengereid auf die E 16 ab. An dieser Stelle ein Hinweis für die Fahrer und Fahrerinnen von großen Wohnmobilen oder Wohnwagengespannen: Die heutige Route stellt abschnittsweise hohe Ansprüche ans fahrerische Können. Wenn ein Postbus entgegenkommt, das Milchauto etc., muß man in engen Passagen vor- und zurückmanövrieren können; denn – das haben alte norwegische Bergstrecken so an sich – rechts ist immer der Abgrund. Die Fahrt führt am Veafjord entlang durch eine ganze Reihe von stock-

Troldhaugen – Wohnhaus des Komponisten Edvard Grieg

Paßstraße zwischen Dalen und Bergsdalen, gespickt mit engen Stellen und Haarnadelkurven

dunklen Tunnels, die derzeit schon und im Verlauf der kommenden Jahre noch um- und ausgebaut werden. (Kurzfristige Sperrungen über ein oder zwei Stunden sind möglich.)

In **Dale** kann man die Gelegenheit wahrnehmen und direkt ab Fabrik (*Fabrikkutsalg*) Pullover und Westen mit den berühmten Norwegermustern kaufen, mit denen die norwegische Nationalmannschaft für gewöhnlich bei Olympischen Spielen auftritt. Weniger bekannt, aber für die – ab Dale – vor uns liegende Paßstraße ins Bergsdalen hinauf enorm wichtig, ist ein in ganz Norwegen verbreitetes Kürzel. Jeder Einheimische, der eine so kurvige, unübersichtliche und in den Fels gehauene Bergstrecke vor sich hat, merkt sich, wo er es zuletzt gesehen hat, und schaut im vorausliegenden Abschnitt, ob er es nicht gleich erneut sieht. Die Rede ist hier von einem blauen Schild mit einem weißen »M«, das für *Møteplass* steht, zu deutsch »Treffpunkt« oder auch: Hier können zwei Fahrzeuge aneinander vorbeifahren. Wenn beide, Berg- und Talfahrer zugleich, für den jeweils anderen mitdenken, dabei das Tempo entweder drosseln oder Gas geben, kann man mit diesem *Møteplass*-System derart spielen, daß sich die zwei begegnenden Fahrzeuge immer genau an der Ausweichstelle treffen; vielleicht kurz anhalten müssen, aber keiner von beiden zurücksetzen muß. Freilich hat man bei dieser Art zu fahren keinen Blick für die Landschaft übrig. Aber keine Angst, diese und die aus den Pioniertagen des norwegischen Straßenbaus stammende Paßstraße, gespickt mit engen Stellen und Spitzkehren, lassen sich in aller Ruhe von einem Parkplatz aus betrachten. Der Parkplatz liegt direkt oben an der Fosse-Kraftstation (Wasserkraft), die schon 1927 gebaut wurde. Wenn man dort ein paar Schritte bis zur letzten Kurve zurückgeht, findet man einen schmalen Pfad, der einige Meter weiter auf einen Hügel führt. Von dort aus hat man einen herrlichen Ausblick auf das Tal und all die Serpentinen, die man gerade überwunden hat.

Das **Bergsdalen** selbst ist ein einsames Hochtal, in dem die Bewohner überwiegend von der Schafzucht leben. In kleinen Ansiedlungen wie Øye, Lid oder Kaldestad scheint die Zeit stehengeblieben zu sein. Rechts der Straße führen hölzerne Hängebrücken über das Wildwasser, links braust ein Wasserfall, der in keiner Straßenkarte verzeichnet ist, und geradeaus warnt ein Achtung-Schild mit stilisiertem Schaf: »*Beiteomrade 0–17 km*« – hier weiden Schafe, bitte langsam fahren (*kjör sakte*).

Daß die Zeit eben doch nicht stehengeblieben ist, merkt man an den Ufern des **Hamlagrövatnet**. Der über zehn Kilometer lange Stausee schockiert als Mondlandschaft, wenn er nur zu einem Drittel gefüllt ist. Diesen – zumindest optischen – Preis zahlt man vielerorts für die konsequente Nutzung der Wasserkraft zur Energiegewinnung. Am Parkplatz an der Fosse-Kraftstation konnte man lesen, daß hier der Elektrizitätsbedarf für 65 000 Menschen produziert wird. Allerdings hat man in Norwegen noch nicht zur Kenntnis genommen, daß der Strom im Land der Fjorde schlicht zu billig ist (etwa sieben Pfennige pro Kilowattstunde) und demzufolge viel mehr verbraucht wird als in vergleichbaren anderen Ländern. Und dazu kommt noch der Stromexport ins ähnlich großzügige Schweden: Ganze Seensysteme in Ostnorwegen dienen ausschließlich der Deckung des Energiebedarfs von Stockholm.

Zum Ende des Stausees steigt die Straße noch einmal an und führt dann bei Skjerstölen über den Gebirgskamm hinunter nach **Bulken**. Dort angekommen, fühlt man sich wieder, wieder einmal, ans Allgäu erinnert, an

Hamlagrövatnet im »gefüllten« Zustand

irgendwas zwischen Immenstadt und Sonthofen. Die wenigen Kilometer bis nach Voss fährt man direkt am **Vangsvatnet** (-See) entlang.

Das erste Haus rechter Hand ist die weit übers Land hinaus bekannte Jugendherberge von **Voss**, sie liegt direkt am Ufer des Sees. Weiter stadteinwärts links oben der Bahnhof, rechter Hand die Parkplätze Rich-

tung Prestegårdsalleen (führt am Seeufer entlang). Wer will, kann bei schönem Wetter natürlich auch mit der »Hangursbanen« (einer Schwebebahn) aufs Hangurfjell hinauffahren (817 Meter) und dort oben die Aussicht genießen (Restaurant/Cafeteria). Voss ist Verkehrsknotenpunkt, Sommerfrische und – besonders im Winter – ein vielbesuchter Ski-Ort (Langlauf und Alpin).

Schon zehn Minuten nach der Weiterfahrt auf dem RV 13, dem wir nun in Richtung Gudvangen folgen, liegt linker Hand der **Tvinnefoss**, der in unglaublich schönen Abstufungen herabfällt. Daß man es ausgerechnet hier zugelassen hat, vor ein paar Jahren schon, einen Kiosk mit angeschlossenem Campingplatz davorzusetzen, findet bei den Urlaubern kein Verständnis; aus Einheimischensicht war

Im Land der Wasserorgeln

das vielleicht für den Besitzer des Wiesengeländes erstmals eine Gelegenheit, zusätzlich Bares zu verdienen – wenn schon eh jeder hier anhält, um zu fotografieren.

Wenig später, in **Vinje**, teilt sich die Straße, links ab der RV 13 zum Sognefjord hinunter, rechts ab die E 16 zur Fähre in Gudvangen. Bevor die Straße jedoch endgültig nach Gudvangen hinab abfällt, geht's links zum **Stalheim Hotel**.

Dieses Traditionshaus, 1960 in seiner jetzigen Form zum vierten Male auf seinen Vorgängerbauten um- und ausgebaut, hat die wohl spektakulärste Hotelaussicht von ganz Norwegen. Es gibt tatsächlich nichts Vergleichbares. Und so war es, als das Reisen zu Zeiten des guten alten Kaisers noch ein rein aristokratisches Vergnügen war, selbstverständlich einer der bevorzugten Urlaubsorte der europäischen Hautevolee.

Wegen dieser Atmosphäre, die man in der großen Halle und auf der parkähnlichen Terrasse noch ansatzweise spürt, übernachten hier vorwiegend Gäste, die es gerne ruhig und gepflegt haben. Da aber ein so großes Haus heutzutage nicht mehr ausschließlich von adeligen Gästen leben kann, ist es auch auf Reisegruppen angewiesen.

Im **Fjordtell** unten in **Gudvangen** hat ein junges ortsansässiges Ehepaar den Mut zur Originalität gehabt und mit Ideen und Materialien, die unmittelbar auf die Landschaft bezogen sind – Fels und Holz –, ein ganz und gar norwegisches Hotel gebaut. Es ist ein Haus, in dem Tradition und Moderne sehr geglückt miteinander verbunden sind. Die Stühle im Restaurant mit hohen Rückenlehnen zum Beispiel wurden in Wikinger-Tradition handgemacht, bemalt und mit Leder beschlagen. Die zwölf Zimmer (nur wenige stehen zu Fjordpaß-Preisen zur Verfügung) sind in einer Art Kuppelrundbau untergebracht, jedes einzelne bietet den Blick zum Himmel, zum hier so wichtigen Licht. Und selbst noch die Wanddekorationen aus Holz, mit eingearbeiteten Spiegeln, sind so geschickt gestaltet, daß man in stilisierter Form die umgebende Landschaft, Fjord und Berge, wiedererkennt. Um eine so ungewöhnliche Hotelerfahrung zu machen, muß man zuerst noch über die berühmte »Stalheimskleiva« hinabfahren. Wer mit einem Wohnwagengespann oder einem Wohnmobil, größer als ein VW-Bus/Ford Transit, unterwegs ist, sollte zur Hauptstraße zurückfahren und die Neubaustrecke benutzen, sich jedenfalls nicht mit dem Können eines norwegischen Busfahrers messen. *Kleiva* meint nämlich steile, felsige Auffahrt – in unserem Falle also das Gegenteil –, das heißt freiwillig im ersten Gang. ■

7. Tag – Route: Gudvangen – Raubergstulen/Röisheim (131/135 km)

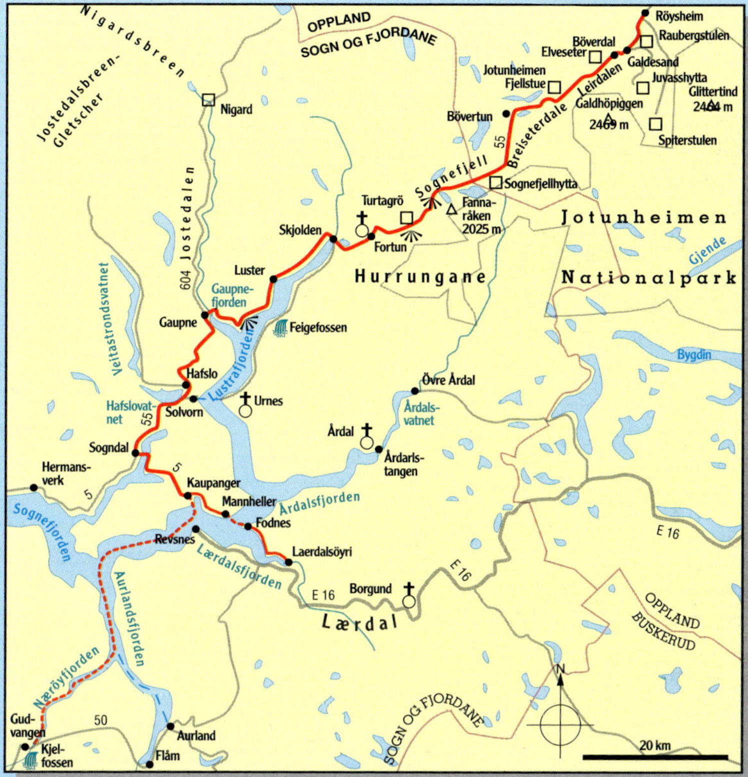

km	Zeit	Route
	8.00 Uhr	Von **Gudvangen** per Fähre nach Kaupanger
	10.05 Uhr	Ankunft Kaupanger, **Sognefjord-Bootsmuseum**.
0	12.30 Uhr	Abfahrt Kaupanger RV 5
13		Sogndal, Abzweig RV 55 in Richtung Lom
41		Gaupne/Jostedalen, Luster
67	14.30 Uhr	Skjolden (2 km nach dem Ortsende letzte Tankstelle), **Sognefjell-Paßstraße**
73		Fortun
84		Turtagrö
97		Sognefjellhytta
112		Bövertun
131		**Galdesand/Raubergstulen**, erste Übernachtungsmöglichkeit
135	17.00 Uhr	alternativ **Röisheim**.

Hinweis: Nach dem zuletzt gültigen Fahrplan startet die erste Fähre nach Kaupanger täglich 8 Uhr. Um sicherzustellen, daß man mitkommt, empfiehlt es sich, das Auto mindestens eine halbe Stunde vor Abfahrt am Fähranleger zu parken/in der Wartebahn einzureihen. Sollte sich wegen des neuen, 11,4 km langen Gudvangen-Tunnels die Fährverbindung eines Tages wider Erwarten nach Aurland verlagern, hat das auf die o. g. Zeiten nur unwesentliche Auswirkungen (es geht eher alles schneller).

7. Tag – Informationen

Sogndal Reiselivslag
5801 Sogndal
✆ 57 67 30 83
Fax 57 67 28 06

Luster Reiselivslag
5820 Gaupne
✆ 57 68 12 11
Fax 57 68 12 22

Lom/Jotunheimen Reiseliv AS
2686 Lom
✆ 61 21 29 90, Fax 61 21 29 95

Sognefjord-Bootsmuseum
5880 Sogndal/Kaupanger
✆ 57 67 82 06
Juni–Aug. tägl. 10–18 Uhr; Mai und Sept. Mo–Fr 10–15, Sa/So 10–18 Uhr

Norsk Bremuseum/Norwegisches Gletscherzentrum
c/o Marit O. Mauritzen
5855 Fjærland
✆ 57 69 32 88
Erstes Gletschermuseum Europas am Südende des Jostedalsbreen gelegen. Von Sogndal aus über einen mautpflichtigen Straßentunnel bzw. per Fähre von Hella nach Fjærland erreichbar. Erfordert entweder einen zusätzlichen Tag oder (bei Verzicht auf die Route übers Sognefjell) Weiterfahrt von Fjærland nach Skei, Sandane bis Nordfjordeid. Dort ist dann der Anschluß an den 8. Tag möglich.

Sognefjell-Straße
Die Hochgebirgsstraße durchs Sognefjell bzw. Jotunheimen ist von Ende Okt. bis Anfang/Mitte Mai nicht durchgehend befahrbar bzw. je nach Schneelage gesperrt.

Stabkirche in Borgund/Lærdal
Stabkirche von Urnes
Beide abseits der Route, siehe Seiten 105, 108.

Nigardsbreen
Gletscherzunge des Jostedalsbreen-Gletschers (420 km²). Abseits der Route, am Ende des RV 604 von Gaupne abzweigend nach Nigard.

Röisheim Hotel
2686 Lom/Röisheim
✆ 61 21 20 31
Unter Denkmalschutz stehender ehemaliger Bauernhofkomplex, der besonders behutsam restauriert wurde. Auch unter der jetzt neuen Führung gehören Hotel und Restaurant (NNN) zur gehobenen Klasse (siehe Seite 113). Kein Fjordpaß, Preisklasse E.

Elveseter Hotel
2687 Böverdalen
✆ 61 21 20 00
1.6.–24.9. geöffnet
Kurz vor Galdesand gelegenes Hotel im Leirdalen. Meist Reisebusse. Kein Fjordpaß, Preise C.

7. Tag – Informationen

Gebirgshütten (-hotels):

Raubergstulen Turisthytte
2687 Böverdalen
✆ 61 21 18 00
Vor Ostern – Ende Sept. (kann variieren!!)
Ehemalige Alm (1000 m), herrliche Rundumsicht. Mischung aus Motel, Hüttenvermietung, Campingplatz. Sowohl für Selbstversorger als auch für Pensionsgäste. Kein Fjordpaß. Preise ab unter A bis B.

Juvasshytta
2687 Böverdalen, ✆ 61 21 15 50
Vor Ostern bzw. 1.4.-2.10. geöffnet
Die Juvasshytta (1840 m) liegt am Fuße des Galdhöpiggen, Norwegens höchstem Gipfel (2469 m). Aug. und Sept. Sommerski. Geführte Wanderungen zum Gletscher und Gipfel. Kein Fjordpaß, Preise ab unter A bis B.
Zu Raubergstulen und Juvasshytta führt ab Galdesand eine gemeinsame, mautpflichtige Privatstraße (5-10 DM.) Nicht asphaltiert (!), für große Wohnmobile problematisch.

Sognefjellhytta
2687 Böverdalen, ✆ 61 21 29 34
Evtl. ab/vor Ostern, sonst 1.6.–15.9.
In 1413 m Höhe gelegene Hotelhütte direkt an der Sognefjell-Straße. Langlaufzentrum (auch im Sommer). Kein Fjordpaß, Preise ab unter A.

Spiterstulen
2686 Lom, ✆ 61 21 14 80
1.2.–1.11., kann je nach Schneelage variieren
Meistbesuchte, in dieser Höhenlage unpassend luxuriöse »Gebirgshütte« (1 100 m) am Fuße des Galdhöpiggen. Täglich geführte Wanderungen zum Gletscher und Gipfel. Kein Fjordpaß, Preise ab B bis C. Mautpflichtige Privatstraße (10-25 DM).

Bøverdalen Vandrerhjem
2687 Böverdalen
✆ 61 21 20 64
25.5.–30.9. geöffnet
In Galdesand, am Abzweig zur Mautstraße nach Raubergstulen gelegene Jugendherberge (Campingplatz nebenan). Bietet Mahlzeiten. Mitglieder ca. 125 Kronen, Nichtmitglieder ca 160 Kronen, inkl. Frühstück.

Lom Camping
2686 Lom
✆ 61 21 12 20
Ganzjährig geöffnet, Hüttenvermietung.

Galdhöpiggen Sommerskisenter
(Juvasshytta)
2687 Böverdalen
✆ 61 21 21 42, während der Saison ✆ 61 21 17 50
Langlaufloipen, Abfahrtsski, Saison von Juni–Mitte Nov. Ausrüstung kann geliehen werden.

Alle erwähnten Hotels oder Gebirgshütten haben hauseigene Restaurants oder Cafeterien mit Menüangeboten in allen Preisklassen N, NN, NNN.

Heimisch im alten Gebälk: Eichhörnchen

Über die Sognefjell-Straße
Von Gudvangen nach Röisheim

Spätestens jetzt gilt es anzusprechen, was einen Norwegen-Urlaub gehörig durcheinanderbringen kann: Die zahllosen abseits oder entlang der Route gelegenen weiteren Programm-Möglichkeiten. Man kann sich in diesem Land herrlich verzetteln, sobald man in den örtlichen Fremdenverkehrsprospekten entdeckt, was alles noch am Wegesrand liegt und in diesem Führer nicht erwähnt ist. Das gilt von nun an für fast alle noch folgenden Tage.

So könnte man heute, anläßlich der Überfahrt von Gudvangen nach Kaupanger durchaus beim Zwischenstopp in Revsnes von Bord fahren, um die 40 Kilometer entfernte **Stabkirche von Borgund** zu besichtigen. Gleiches gilt für die **Stabkirche in Urnes**, an der man in Hafslo (RV 55) relativ nahe vorbeikommt. Schon wenig später hätte man dann in Gaupne erneut einen Grund, von der Strecke abzuweichen, um am Ende des Jostedalen den **Nigardsbreen** anzuschauen – eine der zahlreichen Gletscherzungen des 420 Quadratkilometer großen Jostedalsbreen (*breen* = Gletscher). Wenn man an einer Gletscherwanderung teilnehmen möchte, kann man das aber genausogut von Juvasshytta oder Spiterstulen aus tun, nur hat man dann eben nicht – falls das von Bedeutung ist – am größten Gletscher Europas gestanden. Wer sich dafür besonders interessiert (siehe blaue Seiten), der ist sowieso in dem neugegründeten **Norwegischen Gletscherzentrum** in Fjærland am besten aufgehoben. Nur muß man für all diese Abweichungen jeweils mindestens einen halben, meist einen ganzen zusätzlichen Tag einplanen. Gleiches gilt für eine Gipfelbesteigung des Galdhöpiggen (dazu braucht man zuerst einmal stabiles Wetter) und sowieso für eine sommerliche Langlauftour auf dem Sognefjell. Deshalb haben wir in der Einleitung zu diesem Buch auch davon gesprochen, daß es durchaus interessant sein kann, Norwegen auf zwei Urlaube aufzuteilen und die erste Tour beispielsweise nur bis Åndalsnes zu veranschlagen (10. Tag). Norwegen ist entweder eine Sache für Monate – aber wer soll das bezahlen? – oder für Wiederholungen.

Stabkirche von Borgund

Die heutige Route beginnt mit der gut zweistündigen Überfahrt nach Kaupanger. Der

Wollgras, nur wenige Meter von der Sognefjell-Straße

zunächst noch enge **Nærøyfjord** vereint nahezu alle Attribute, die man an einem Urlaubstag in der norwegischen Fjordlandschaft erwartet: Wasserfälle links und rechts, steil aufragende Felsen, einzelne Gehöfte, Morgensonne, die plötzlich durch die Wolken bricht, und natürlich die Möwen, die hinter der Fähre herfliegen – dabei auf einen Happen Brot hoffen, um sich zuerst wie eine vereinte, bald aber hoffnungslos zerstrittene Meute darüber herzumachen. Frei nach Brecht: »Zuerst kommt das Fressen, dann kommt die Moral.«

Weiter draußen, auf dem breiten **Sognefjord**, kann man sich die Landschaft auch von der Cafeteria der Fähre aus betrachten und dabei – eben fiel noch das Stichwort – ein Sandwich verdrücken (oder eines für später kaufen und mitnehmen). Das hat den Vorteil, daß man von so »irdischen« Dingen wie Magenknurren nicht von der Besichtigung des wirklich sehenswerten **Sognefjord-Bootsmu-**

Im Nærøyfjord – die Möwen hoffen auf einen Happen Brot

seums in **Kaupanger** abgelenkt wird, das direkt neben dem Fähranleger liegt. Zum besseren Verständnis sollte man gleich an der Kasse um die deutsche Beschreibung bitten (den *tyske beskrivelsen*). Dann erst macht es nämlich richtig Spaß, sich mit der lebhaften Geschichte des Sognefjords auseinanderzusetzen. War doch der tiefste und längste Fjord Norwegens, als es noch keine Straßen gab, praktisch der Hauptverkehrsweg der Region. Für Fischerei, Landwirtschaft, Fracht- und Personenbeförderung gab es vor hundert Jahren kaum andere Möglichkeiten, um zwischen der Welt da draußen – lies: Bergen – und hier drinnen hin- und herzupendeln, Waren zu verkaufen oder einzutauschen. Interessant sind die Gerätschaften und die Darstellungen zu der seit altersher überlieferten Bauweise der Sogndal-Boote, zu Fischereitechniken, die gang und gäbe waren, und zu anderen Einnahmequellen, von denen die Bauern neben der Landwirtschaft lebten, wie der Herstellung von Heringfässern.

Nach dem Besuch des Museums geht es weiter in Richtung Sogndal und vor der Einfahrt in dieses Einkaufs- und Verwaltungszentrum auf den Riksvei 55 in Richtung Lom. Die Straße führt bis zum **Hafslovatnet** (*vatnet* = See) stetig bergan und gibt mit einem Mal den Blick frei auf ein weit verstreutes, typisches Norwegen-Dorf. Das ist **Hafslo**, Landwirtschaft pur, mit saftiggrünen Wiesen überall. Kurz bevor man den Ort erreicht, zeigt ein Hinweisschild, wo man nach rechts, nach Solvorn abzweigen muß, will man Norwegens älteste **Stabkirche in Urnes** besichtigen. Dazu muß man dann allerdings noch über den Lustrafjord übersetzen – eine Weiterfahrt wäre dort auch auf der Nebenstrecke bis Skjolden möglich. Das wiederum hätte aber den Nachteil, daß man nicht auf der »Sonnenseite« des Fjords unterwegs wäre – vor und nach Gaupne kommen mehrere Rastplätze mit wunderschöner Aussicht – und schließlich bei und in Luster das Erdbeerzentrum des Landes verpassen würde. Aber zunächst zweigt in **Gaupne** die Straße zum **Nigardsbreen** ab (74 Kilometer hin und zurück), und außerdem stürzt auf der gegenüberliegenden Fjordseite der gewaltige, nicht in der Straßenkarte vermerkte **Feigefossen** aus 293 Meter Höhe, davon 200 Meter lotrechter Fall, herab. Dieser innerste Teil des Sognefjords hat ein so mildes Klima, daß man meinen könnte, man habe Badeurlaub gebucht. Deswegen ja auch die Erdbeeren und – nicht weiter verwunderlich – die vielleicht entstehende Lust, hier einfach einen Tag zu bleiben.

Auf der Weiterfahrt wird bei **Skjolden** das Ende des Fjords (von rechts kommt die Urnes-Nebenstrecke dazu) erreicht. Hier blitzen dann auch schon die ersten schneebedeckten Gipfel der Jotunheim-Region auf, und bald beginnt ein 37 Kilometer langer Aufstieg

Über den Lustrafjord gelangt man zu Norwegens ältester Stabkirche

von quasi Null auf 1 440 Meter – und den schafft man nur, wenn man sein Auto pfleglich behandelt. Die jetzt asphaltierte Sognefjell-Straße, eine der schönsten Paßstraßen Norwegens, war noch vor Jahren manchmal eine tückische Sand- und Kiespiste.

Sobald man das **Turtagrö-Hotel** erreicht hat (900 Meter), wird man regelrecht ausgezählt: Auf über 1 000, 1 100, 1 200 Meter Höhe schraubt sich die Straße zunächst hinauf. Ein Parkplatz liegt genau an der passenden Stelle, mit wunderbarer Aussicht auf die Bergwelt ringsum. Der Lustrafjord liegt jetzt schon ganz weit irgendwo in der Tiefe. Apere Stellen vermischen sich mit schneebedeckten, die ganze Szene wirkt, als sei man schon auf 3 000 Meter Höhe in den Alpen. Weiter oben, auf 1 300, 1 400 Meter geht's manchmal durch meterhohe Schneewände links und rechts der Straße, bei schönem Wetter die helle Freude, bei schlechtem eine anstrengende Nebelfahrt. Und schließlich dann doch die **Sognefjell-Hütte** auf 1 413 *meter øver havet* (über der See). Rechts der Straße sind Langläufer unterwegs. Wer also unbedingt einmal in kurzen Hosen oder Bikini »langlaufen« möchte (das mit dem Sonnenbrand geht hier oben blitzschnell!) – hier bietet sich die Gelegenheit. Die Sognefjellhytta ist das Sommertrainingslager vieler Jugend-Nationalmannschaften samt ihrer Sponsoren für Sportdrinks und Kraftnahrung. Und wenn man dann hineingeht, in die gute Stube, vielleicht um einen Kaffee zu trinken, fällt es vollends ins Auge: Die jungen Sportler sehen Videos von den Wettkämpfen des letzten Winters an, und plötzlich fragt man sich, ob sie eigentlich auch noch in der Lage sind, die Natur um sie herum zu registrieren.

Hier oben entlangzufahren ist wie in einen warmen Winter zu kommen. Widersprüchlicher geht's nicht, solange Eis und Schnee im Sonnenschein glänzen, eindeutiger geht's aber auch nicht, sobald schlechtes Wetter, Sturm und Schneetreiben daherkommen.

Die Sognefjell-Straße – ein ständiger Wechsel der Jahreszeiten . . . ▷

... zwischen Sommer und Winter liegt eine halbe Stunde Autofahrt

Das alles wird noch reizvoller, wenn es nun wieder – in Stufen – in den Frühling und Sommer hinabgeht: Zuerst über die rasch abfallende Paßstraße ins **Breiseterdalen**, dann ab **Bövertun** ins bewaldete **Leirdalen**, das sich groß und weit öffnet, und schließlich nach **Böverdalen** hinunter. Diese knapp 40 Kilometer sollte man bewußt langsam fahren und genießen, sie bieten innerhalb kürzester Zeit alle Klimabereiche und Vegetationszonen des Nordens, nebst der Aussicht auf die rechter Hand liegenden höchsten Berge und Gletscher Norwegens. Der innere Bereich von **Jotunheimen**, der »Heimat der Riesen«, wurde seit 1980 zum Nationalpark erklärt (1 145 Quadratkilometer). Es ist die hierzulande wohl meistbesuchte Wanderregion und nur an ihren Rändern mit dem Auto zu erreichen. Übrigens sollte man hier auch tagsüber darauf gefaßt sein, daß einem ein Elch vors Auto läuft.

In **Galdesand** angekommen, gilt es, eine in jeder Hinsicht genußreiche Entscheidung zu treffen – es geht um die Frage des Quartiers. Wer sich in Galdesand (rechts ab) für die Fahrt auf der mautpflichtigen (!) Privatstraße zur noch 15 Kilometer entfernten Juvasshytta entscheidet, kommt auf halber Strecke am 1 000 Meter hoch gelegenen **Raubergstulen-Motel** an. Dank der Geländeform liegt dieser Beherbergungsbetrieb auf einer Art Plateau mit 360-Grad-Rundumsicht auf die Berge. Wer nur ein paar Schritte bis zum Rande des

Plateaus geht, hat einen sagenhaften Blick ins Leirdalen hinunter, durch das wir eine Stunde zuvor noch abwärts gefahren sind. Kurzum, so würde man gerne zu Hause wohnen, wenn man nur endlich den berühmten Sechser im Lotto hätte. Hier oben, man glaubt es kaum, nisten im Juni und Juli sogar die Schwalben; sie fliegen immer wieder zu dem nahegelegenen kleinen See, um Mücken zu fangen. Außerdem ist man hier oben schon auf halber Höhe zur **Juvasshytta**, von der aus im Hochsommer täglich geführte Gletscher- und Gipfeltouren zum **Galdhöpiggen** starten (man kann sich auch in Raubergstulen anmelden). Wer wissen will, wie die Sognefjell-Straße noch vor 15 Jahren ausgesehen hat, muß nur weiter bis zur Juvasshytta hinauffahren. Der unbefestigte Weg wird wegen der darüberfließenden Wassermassen immer wieder neu gerichtet.

Wenn man in Galdesand jedoch die wenigen Kilometer bis nach **Röisheim** auf sich nimmt, kann man völlig unvermutet gastronomische Höhen statt Gebirgsgipfeln erklimmen. Im **Röisheim Hotel** kehrt auch Norwegens vornehmste Familie ein, trotzdem geht alles »normal« zu, man hat halt Stil und Niveau. Außerdem gehört es zu den ganz wenigen norwegischen Hotels, bei denen man für teures Geld die entsprechende Leistung bekommt und nichts zu bereuen hat! Um ein Unterkommen muß man sich rechtzeitig bemühen, denn Röisheim ist nicht selten ausgebucht und hat keine große Werbung nötig.

Diese außergewöhnliche Stellung verdankt es dem früheren norwegisch-deutschen Besitzerpaar Unni und Wilfried Reinschmidt, die Röisheim an fähige Nachfolger übergeben haben. Das Haus bietet – statt des sonst üblichen Selbstbedienungsbuffets – exzellente und frisch zubereitete Wild- und Fischgerichte. Und zwar so – die Gäste warten aufs Essen, nicht umgekehrt –, daß abends um 19 Uhr aufgetragen wird. Wer in Röisheim anruft und vermeldet, daß er erst später kommen könne, wird in der Regel gebeten, anderswo unterwegs zu essen.

Ganz zu dem historischen Ambiente passend (das älteste Haus stammt von 1560), bietet Röisheim eine Bibliothek statt des Fernsehers. An schönen Abenden kann man am gegenüberliegenden Hang vielleicht sogar die Elche äsen sehen. Und zum Haus gehört schließlich auch eine Alm, auf die man im Rahmen einer gemütlichen Tagestour wandern kann. Günstigere Pensionspreise (zuletzt etwa 140 DM pro Person) werden ab einem Mindestaufenthalt von drei Tagen berechnet. Dies nur für den Fall, daß Sie jetzt endgültig nicht weiterfahren wollen – vorläufig jedenfalls. ■

8. Tag – Route: Röisheim – Geiranger – Selje (231 km)

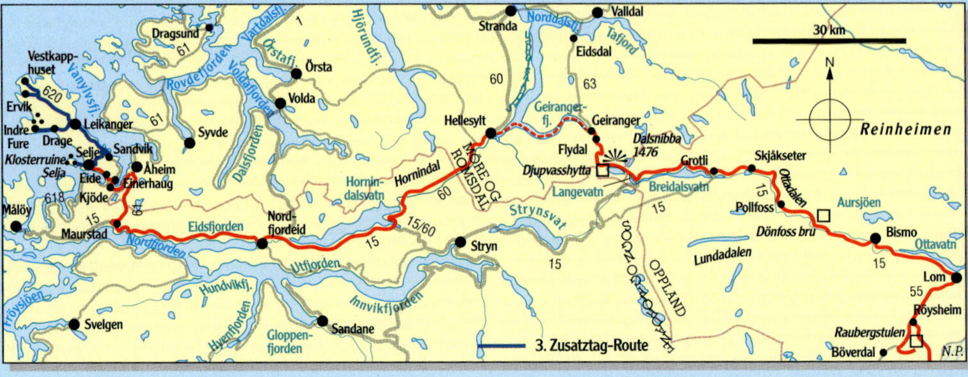

km	Zeit	Route
0	9.00 Uhr	Abfahrt von **Röisheim** auf RV 55
15		Lom, Abzweig auf RV 15 (Richtung Stryn, Måløy), **Bismo**, auf den nächsten 70 km keine Tankstelle!
41		Dönfoss bru
55		Pollfoss-Wasserfall
69		**Skjåkseter**
74		Grotli (Straßenkreuzung)
87		Langevatnet-See, Abzweig auf RV 63 Richtung Geiranger
94	12.00 Uhr	**Djupvasshytta/Dalsnibba**, Lunchpause.
111		**Geiranger**, 14.30 oder 16 Uhr Abfahrt der Fähre (Sommerroute, 1. 5.–20. 9.) mit Lunchmöglichkeit nach
	15.40 oder 17.10 Uhr	**Hellesylt**. Weiter auf RV 60 Richtung Stryn
144		Hornindalsvatn, Kreuzung RV 60/RV 15, weiter auf RV 15 Richtung Måløy
169	17.00 oder 18.30 Uhr	**Nordfjordeid**
200		Maurstad, Abzweig RV 61 nach
214		**Åheim**, Abzweig RV 620 Richtung Selje/Stadlandet
222		Kjöde/Einerhaug, Abzweig RV 618 nach
231	18.30/ 20.00 Uhr	**Selje**.

Hinweis: Die letzten 31 km zwischen Maurstad und Selje sind sehr kurvig und verlaufen auf und ab. Hohes Tempo ist nicht möglich und auch nicht nötig. Abendessen gibt's im Selje-Hotel bis 21 Uhr. Es empfiehlt sich, das Hotel zu verständigen, falls man in Geiranger die 16-Uhr-Fähre nimmt und später ankommt.

8. Tag – Informationen

Selje Reiselivskontoret
6740 Selje
✆ 57 85 66 06, Fax 57 85 61 76

Geiranger Turistråd
6216 Geiranger, ✆ 70 26 30 99

Dønfoss bru
Camping, Rastplatz, Kiosk mit Schwimmbad neben den reißenden Stromschnellen.

Djupvasshytta
✆ 70 26 30 04 N–NN

Lanternen Bistro
Im Hotell Geiranger
Geiranger, ✆ 70 26 30 05 N–NN

Skjåk – Sportzentrum

Kanuverleih:
Pollfoss Gjestehus Pollvatnet
✆ 61 21 47 00

Gjeilo Camping
Vågåvatnet, ✆ 61 21 30 32

Rafting:
Skjåk Reiselivslag
2692 Bismo
✆ 61 21 40 00

Skjåk Vannsport
2692 Bismo, ✆ 61 21 47 42
Diese vier Adressaten liegen am RV 15 zwischen Lom und Pollfoss.

Selje-Hotel
6740 Selje
✆ 57 85 61 07, Fax 57 85 62 72
Seit Jahren sehr gut geführtes, modernes Haus. Deshalb auch für längere Aufenthalte empfehlenswert. Eigene Marina, Bootsverleih, Angelausrüstung, Schwimmbad, eigener Badestrand am Meer. D
Restaurant tägl. bis 21/21.30 Uhr. NN–NNN

Runderheim Rorbu (Fischerhütte)
6740 Selje
✆ 57 85 82 12
Zwischen Selje und Måløy an der Straße Nr. 618. Die Fischerhütte ist ein umgebautes Bootshaus mit mehreren Wohnungen direkt auf einer Landungsbrücke am Meer.

Selje-Bua
Hanne og Magnar Drageseth
6740 Selje
✆ 57 85 61 01
Hier kann man eine Fischerhütte oder Ferienwohnung mieten.
Bei den beiden letztgenannten Adressen werden die Unterkünfte oft auch wochenweise vermittelt (Angler- oder Taucherferien), z.B. von ca. 500 DM bei 2 Personen bis ca. 850 DM bei 8 Personen pro Woche, inkl. Boot.

Selje Camp + Hytteutleige
6740 Selje, ✆ 57 85 62 43
Neuer Campingplatz mit modernen Hütten. Zeltplatz liegt auf mitunter feuchter Wiese. Einfache Ausstattung, Kiosk.

Kafe Nabben
6740 Selje, ✆ 57 85 65 40
Einfacheres Restaurant/Cafeteria für das Abendessen direkt am Hafen, bei schönem Wetter wird auf der Terrasse serviert. Tagesmenüs. N–NN

8

Richtung Westkap, statt dessen
Von Röisheim nach Selje

Schon kurz hinter Röisheim bemerkt man, daß viele Grashänge und Weideflächen links und rechts der Straße mit Wasser gesprengt werden. Und das, obwohl doch rundum das Wildwasser, die Bövra, zu Tal schießt, um sich in Lom mit der Otta zu vereinigen. Die Ursache ist so einfach wie schier unglaublich: Das breite Ottadalen – östlich und westlich von **Lom** – ist eine der trockensten Regionen Norwegens mit durchschnittlich gerade 400 Millimeter Niederschlag pro Jahr. Typisch für die hiesige Neigung zum Superlativ, setzt man dieses Phänomen den ähnlich geringen Niederschlagsmengen in der Sahara gleich. Man könnte aber auch sagen: Hier regnet es nur ein Fünftel der Menge, die in Bergen (1 958 Millimeter) herabfällt, und es scheint häufig die Sonne.

Näher betrachtet, erscheint das logisch: Gleichgültig aus welcher Richtung man in das Einkaufs- und Verwaltungszentrum Lom kommt (Stabkirche), das Ottadalen liegt im Regenschatten der umliegenden Gebirge – im Süden Jotunheimen und Jostedalsbreen, im Norden Reinheimen, im Westen und Nordwesten, der Hauptwindrichtung, das große Sunnmörefjell. Deshalb wurden schon vor langer Zeit Wasserreservoirs in den Bergen angelegt und kleinere Seen aufgestaut, aus denen früher das notwendige Naß abgezweigt und über Bewässerungssysteme zu Tal gebracht wurde. Heute bedient man sich elektrischer Pumpen und langer Schläuche und holt das Wasser aus der Otta. Wer sich

über die energielose Bewässerung informieren möchte, erfährt bei der Touristeninformation in **Bismo** lediglich, daß in der Nähe des Aursjön noch eine dieser alten Bewässerungsanlagen erhaltengeblieben ist. Wenn man eine Besichtigungstour machen möchte, wird's schwierig, denn es gibt weder Beschilderung noch Markierung. Kurzum: Hier ist noch niemand auf die Idee gekommen, solche Vorgehensweisen als einen wertvollen Teil der Kulturgeschichte zu betrachten und beispielsweise über geführte Touren anzubieten. So viel zu Lom und zu Bismo.

Wie man auch mit modernsten Mitteln und dem Wissen von heute ökologisch vorgehen kann, zeigt ein paar Kilometer hinter Bismo der Besitzer des **Dønfoss-Camping.** Dieser direkt neben den Dønfoss-Stromschnellen

Am Ende einer 17 Kilometer langen Abfahrt: der Geirangerfjord

gelegene Campingplatz bietet neben den Uferfelsen einen »geheizten« Swimmingpool, in dem das eiskalte Wildwasser angezapft und nach dem Weg durch schwarze Schläuche, die besonders viel Sonnenwärme aufnehmen und durchlassen, gut temperiert in den Pool geleitet wird. Na ja, vor Mittsommer muß man da schon etwas mehr Wikinger-Feeling aufbringen, wenn man darin baden will, als im später wirklich sehr heißen Hochsommer.

Die Route ab Dønfoss bru in Richtung Måløy folgt einer wunderschönen, eher stillen Strecke im oberen Bereich des Otta-Tals, im Hochtal sozusagen, die ständig leicht bergan führt – durch den Wald, am Fluß, an Seen entlang –, und immer wieder laden Rastplätze zu einer Pause ein. Am **Pollfossen-Hotel** bricht sich die junge Otta ihren Weg durch den Fels. Nach all den Wasserfällen, die wir schon gesehen haben, – aha, jetzt kommt also langsam Arroganz ins Spiel – neigt man dazu, diesen nur noch als beeindruckende »Stromschnelle« anzusehen. In Deutschland freilich wäre er eine landesweit bekannte Superattraktion, Gegenstand des Geographieunterrichts und allemal ein Ziel für Schulausflüge. Soviel zur Relativität von Arroganz.

Ab Skjåkseter beginnt die Baumgrenze, und in Grotli steht man unvermutet wieder im Hochgebirge, nicht so sehr wegen der Höhenmeter, sondern wegen des Klimas. Die Paßstraße führt am **Breidalsvatnet-See** entlang, der oft im Juli noch vereist ist – bei schönem Wetter eine Genußstrecke mit Gipfeln und Gletschern links und rechts.

Gegen Ende des Sees, kurz bevor die Straße in den mächtig aufsteigenden Felswänden in einem Tunnel verschwindet, kommt rechter Hand der Abzweig nach Geiranger. Der Riksvei 63, der »Geirangervegen« ist nun schon über 100 Jahre alt und wurde anläßlich der Weltausstellung in Paris (im Jahre 1900) sozusagen als der letzte Schrei der (damaligen) Hochtechnologie und Ingenieurkunst gefeiert. Das 1:8 000-Terrainmodell gewann die Goldmedaille, und noch heute ist die Fahrt nach Geiranger hinunter – bei insgesamt 29 Haarnadelkurven – nicht ohne.

Schon kurz nach dem Abzweig warnt ein erstes Schild vor starken Seitenwinden, und auch sonst gilt es, bis zum Erreichen der Djupvasshytta aufmerksam zu bleiben! Nach starken Regenfällen kann es zu Steinschlag kommen, und bei extremem Sonnenschein (meist aber erst am Spätnachmittag/Abend) brechen schon mal einige Kubikmeter Schnee aus den meterhohen Schneewänden heraus. So gesehen wird man froh sein, wenn nach der kurvigen, Wind und Regen ausgesetzten Strecke die **Djupvasshytta** auftaucht. Hier, an der Wetter- und Wasserscheide auf 1 038 Meter Höhe, beginnt dann der 17 Kilometer lange Abstieg (neun Prozent Gefälle) bis auf null Meter über Meereshöhe zum Geirangerfjord, der zwischen Mai und September zum Mekka für jährlich etwa 120 Kreuzfahrtschiffe aus aller Welt wird.

Zuvor kann man noch einen Abstecher zum **Dalsnibba-Aussichtsplateau** (1 496 Meter) machen, zu und von dem an manchen Tagen sehr viele Reisebusse aus Geiranger hinauf- und wieder herunterfahren (genau, mit Ausflugsgästen von den Kreuzfahrtschiffen). Dort oben soll man eine »einzigartige« Fernsicht auf die Fjordlandschaft haben – wenn das Wetter mitmacht.

Hinter der Djupvasshytta wird der Unterschied zum trockenen Ottadalen deutlich: Hier strömt praktisch aus allen Poren der Landschaft Wasser, füllen sich Bäche und schaffen wiederum kleinere und größere Wasserfälle. Je tiefer man kommt, um so saftiger werden die Grasmatten.

Am Flydalsjuvet-Parkplatz angekommen, kann man sich entweder in die aus aller Welt stammenden Ah- und Oh-Rufe einreihen und zum dreimillionsten Mal das berühmteste Postkartenmotiv Norwegens ablichten: zwei Kreuzfahrtschiffe im malerischen **Geiranger-**

Auf der Überfahrt nach Hellesylt zum Greifen nah: der Brautschleier-Wasserfall

fjord; oder einfach alles nur zur Kenntnis nehmen. Denn in Geiranger muß man auf eine Szenerie gefaßt sein, die dem Geschehen in Titisee gleicht, oder Neuschwanstein oder dem Weißen Rössl am Wolfgangsee.

Ganz ungerechtfertigt ist Geirangers Popularität keineswegs, aber man kann die spektakuläre Landschaft ringsum auch in ein Tagesprogramm ohne Rummel einbauen und statt einer Fjord-Sightseeingtour nur die Fähre nach Hellesylt nehmen (verkehrt zwischen 1. 5. und 22. 9.). Auch auf der Fähre läuft ein Tonband, in dem in vier Sprachen (darunter japanisch) die Höhepunkte während der Überfahrt erklärt werden. Rechts der »Brautschleier«- und der »Sieben-Schwestern«-Wasserfall, links, gegenüber, stürzen die Wassermassen des »Freier« in die Tiefe.

In **Hellesylt** folgt man dem Riksvei 60 in Richtung Stryn durch das Hornindal mit vielen saftigen Wiesen und kleinen Weilern, bis an die Ufer des **Hornindalsvatn** heran. Dieser 514 Meter tiefe See (siehe »Das gewisse Nördlichste«) gilt als »der größte Westnorwegens, der tiefste Europas und als der klarste des Nordens«. Einfach nur schön ist wohl wieder einmal nicht genug.

In **Nordfjordeid** beginnt die letzte Etappe der heutigen Route. Die gesamte Uferstraße längs des Nordfjords wird derzeit erweitert, alte und neue Straßenabschnitte wechseln einander ab. Ab **Maurstad** ändert sich der Charakter der Landschaft: Kleine Seen und dichte Wälder liegen rechts und links der Straße, dazwischen Wochenendhütten in traumhafter Lage, Schafe weiden am Weg, und eigentlich erwartet man jeden Moment, daß zumindest ein Elch oder ein Hirsch auftaucht, um das idyllische Bild zu vervollkommnen. Auch wenn die Berge hier nicht

Hornindalsvatn, mit 514 Metern der tiefste See Europas

Der kleine Hafen von Selje

höher als 300–400 Meter sind, fahren wir auf einer kleinen Paßstraße, die jenseits des Kammes bis kurz vor **Åheim** führt. Dort geht es links ab nach Kjöde, und im inneren Teil des Vanylvsfjords ändert sich erneut das Bild: Umgeben von mächtig hochaufragenden Bergwänden, sieht's plötzlich aus, als hätte man ein winziges Stück von den Lofoten nach Süden versetzt. Diesen ganzen inneren Teil des Fjords zu durchkurven – langsam fahren, die Straße ist unterdessen sehr schmal (!) geworden – ist ein richtiges Schmankerl. Hinter **Kjöde** steigt die Straße erneut an und führt an den wunderschönen Abschluß des Tages heran. Oben öffnet sich plötzlich eine einfach tolle Aussicht auf die Küste, die Inseln unten und auf das Westkap draußen. Jedesmal, wenn ich abends nach Selje komme, genieße ich gerade diesen Blick, und jedesmal wieder muß ich diese Gemeinde loben. Hat sie doch – jetzt greife ich mal zum Superlativ – den wahrscheinlich ehrlichsten Fremdenverkehrsprospekt der Welt. Dort ist, bezogen auf die Gesamtwetterlage in der Westkap-Region, folgendes zu lesen:

Bewölkte Tage: 41 Prozent
Regentage: 44 Prozent
Schneetage: 10 Prozent
Sturmtage: 1 Prozent
und klare Tage: 4 Prozent

Das heißt nämlich nichts anderes, als daß fast jeder Sonnenuntergang ein Drama für sich ist. ■

(Noch heute sollte man die Vorbemerkung zum 3. Zusatztag lesen und gegebenenfalls mit der Rezeption des Selje-Hotels klären.)

3. Zusatztag – Programm: Selje – Vestkapp/Selje-Kloster

Vorbemerkung: Die nachfolgenden Vorschläge gehen davon aus, daß man nachmittags mit einem Ruderboot zur Selja-Insel hinüberrudert. Das macht natürlich nur dann Sinn (und Spaß) wenn nicht gerade eine steife Brise über die Bucht fegt. Andererseits können Boote auch mit Außenborder gemietet werden; recht häufig (im Hochsommer täglich) veranstaltet das Selje-Hotel selbst Touren auf die Klosterinsel. Bitte also mit der Rezeption abklären, ob etwa gerade für heute ein Törn geplant ist, und dann evtl. das Programm umstellen. Ansonsten beim Touristenbüro ein Ruderboot reservieren.

Vormittag

Ausflug zun Vestkapp

Auf der Selje-Verbindungsstaße nach Sandvik hinüber und dort dem RV 620 folgen bis nach **Leikanger**. Abstecher zum **Olavskreuz,** nach Drage und **Indre Fure**.

Rückfahrt bis kurz vor Leikanger und dort weiter zum **Vestkapp**, Besuch des Vestkapp-Hauses. Mittagspause/Lunch, anschließend Rückfahrt nach **Selje**.

Nachmittag

Ausflug zum Selje-Kloster/Insel Selja

Übersetzen mit dem Ruderboot und Wanderung zur anderen Inselseite (wasserdichte Schuhe), Besichtigung der **Klosterruinen** und Rückkehr mit dem Ruderboot nach **Selje**.

Die Route finden Sie in der Karte zum 8. Tag auf Seite 114.

3. Zusatztag – Informationen

Tip: Wer noch nie ein Ruderboot benutzt hat, sollte vor der Fahrt zur Selja-Insel im Hafenbereich üben, damit er auch dahin kommt, wo er hin will.

Reiselivskontoret
Selje Kommune
6740 Selje
✆ 57 85 66 06
8–15.50 Uhr geöffnet

Hier kann man Boote/Ruderboote mit Außenborder mieten.

Olavskreuz
Bei Dragseidet
Es erinnert an die Christianisierung im Jahre 997 durch den König Olav Tryggvason.

Indre Fure
Liebevoll gepflegter Weiler.

3. Zusatztag – Informationen

Vestkapp-Huset / Westkapp-Haus
6755 Ytre, Stadlandet
✆ 57 85 66 12
Genau an der richtigen Stelle auf dem Vestkapp. Cafeteria nur am Wochenende geöffnet, im Mai 12–20, Juni–Aug. 11–21 Uhr; Kiosk im Mai 12–18, Juni–Aug. 10–18 Uhr. Prächtiges Panorama auf die umliegende Landschaft und das Meer.

Kloster Selje
Insel Selja
Wirkungsstätte/Sage von der heiligen Sunniva, der Schutzheiligen des Vestlandet. Preise für veranstaltete Touren: 15 DM für Erwachsene, Kinder die Hälfte.

Tip: Wer Selje als Ferienort in Betracht zieht, kann es von Deutschland aus innerhalb eines Tages erreichen, nämlich mit dem Flugzeug von Hamburg nach Bergen und von dort dann mit einem der Schnellboote innerhalb von 4 ½ Std. bis nach Selje.

Abenstimmung über der Landschaft am Westkap (Vanylvsfjord)

Geschichten und Geschichte
Am Westkap und ein Ausflug zur Insel Selja

3. Zusatztag

Vor dem Westkap hatten selbst die Wikinger Respekt, und viele ihrer Nachfahren umschifften die wie ein Finger ins Meer hinausragende **Halbinsel Stadlandet** in stets gleicher Weise: Sie brachten ihre offenen Boote bei Drage an Land und trugen bzw. zogen sie auf Schlitten über den Berg auf die andere Seite. Diese seit vielen Jahrhunderten bekannte Stelle wird heute noch »Dragseidet« genannt. An ihrem höchsten Punkt steht das **Olavskreuz** mit der schlichten Inschrift: *»Her kristnet Olav 4 Fylker, 997«*. Gemeint ist: Hier hat König Olav Tryggvason 997 n. Chr. vier Stämme versammelt (*Fylke* = heute Provinzen), getauft und damit christianisiert.

Doch der Reihe nach: Wenn man von Selje aus auf dem Verbindungssträßchen nach Sandvik bzw. Leikanger fährt, kommt man wenig später auf dem Weg zum Westkap an eine unscheinbare Kreuzung. Dort geht es links ab, nach Drage und Indre Fure (Hoddevik lautet die Beschilderung). So erreicht man

Drage: »Hier christianisierte Olav vier Provinzen«

Am Westkap, 497 Meter über dem Meer

das für die norwegische Geschichtsschreibung bedeutende Olavskreuz. Vor uns glitzert die Selje-Bucht im Gegenlicht, hinter uns liegt der tiefblaue Vanylvsfjord. Nach jeder Seite sind es etwa drei Kilometer, es muß also schon eine gehörige Schinderei gewesen sein, auf diese Weise das Westkap zu »umschiffen«. Der letzte »Wikinger«, der sich hier mitsamt seinem Boot über den Berg bringen ließ, war der Fischer Ole Flaten, der 1961 von Trondheim nach Bergen – ruderte!

Die Halbinsel selbst fehlt bei keiner Wettervorhersage in Norwegen, Aussagen über Wetterlagen in Süd- bzw. Südwestnorwegen werden stets mit dem Zusatz *sör fra Stad* oder *nord fra Stad* versehen (südlich oder nördlich von Stadlandet). Um so mehr überrascht, wie schön es sich hier leben läßt. Die Bewohner der wenigen Häuser unten im einsam gelegenen Weiler **Indre Fure** scheinen alle Vorurteile über das Wetter zu widerlegen. Die liebevoll gepflegten Gärten rundum sind – neben Gemüse und Kartoffeln – von Blumen geradezu übersät. Und alles blüht gleichzeitig: Klatschmohn und Pfingstrosen, Astern und Margeriten, Stiefmütterchen und Fuchsien.

Zur Hauptstraße oberhalb von Leikanger zurückgekehrt, braucht man noch knapp 30 Minuten bis zum Parkplatz des **Vestkapp-Huset**. Nautisch ausgedrückt, entspricht der Standort einer Position von 62°11'18" nördlicher Breite und 5°7'33" östlicher Länge. Hier oben, 497 Meter über dem Meer, bietet sich nach allen Seiten eine kolossale Aussicht. Wenn ein sehr kalter Wind pfeift, kann man gleich ins Westkap-Haus hineingehen – dort befindet sich im ersten Stock eine verglaste Aussichtskanzel *(Utsikt)* – andernfalls sollte man einfach spazierengehen. So schroff das Westkap von der Seeseite her wirken mag, auf dem grasbewachsenen Plateau hier oben zeigt sich gerade das Gegenteil. Allerdings sollte man dennoch das Wetter im Auge behalten. Es kommt vor, daß innerhalb von 15 bis 20 Minuten ein Sturm ausbricht – und das ist dann beileibe kein Vergnügen mehr. Diesen überraschend aufkommenden Unwettern fielen bei der Umfahrung des Westkaps im Laufe der letzten 30 Jahre über 35 Boote und deren Besatzungen zum Opfer; sie sind gesunken oder an den Klippen zerschellt. Die schlimmste Katastrophe ereignete sich, allerdings kriegsbedingt, am 30. 9. 1943. In der irrigen Annahme, das Passagierschiff »St. Svithun« transportiere deutsche Truppen, wurde es von englischen Fliegern angegriffen und versenkt. An Bord waren aber (neben zehn Deutschen) fast ausschließlich Norweger, 45–50 Passagiere kamen dabei ums Leben, aber ein Teil konnte durch die unglaublich wagemutige Bevölkerung des kleinen Ortes **Ervik** gerettet werden. Dies ist eine jener unzähligen, bis heute unvergessenen Geschichten. Das heißt nicht, daß man sich mit seiner deutschen Autonummer bei einem Besuch des kleinen Ortes unterhalb des Westkaps (auf dem Rückweg nach Selje), verstecken müßte, im Gegenteil. Aber man sollte zu verstehen geben, daß man von dieser Geschichte weiß; nicht erst fragen, warum die kleine Kirche St.-Svithun-Gedächtniskapelle heißt, und sich nicht lauthals wundern, warum ein so kleiner Ort einen so großen Friedhof hat.

Wer mit dem Motorboot zur **Klosterinsel Selja** übersetzt (meist ein Gemeinschaftsdienst von Fremdenverkehrsbüro und Selje-Hotel), erreicht schon 15 Minuten später sein Ziel. Zuvor sollte man sich die sehr aufschlußreiche und in deutsch verfaßte Broschüre über »Das Kloster auf Selja« beim Fremdenverkehrsbüro besorgen.

Diejenigen, die im Ruderboot dem Eiland näherkommen möchten, rudern vom Hafen einen guten Kilometer geradeaus über die Bucht und erreichen nach etwa 30 Minuten die Ostseite der Insel (erst ganz zum Schluß leicht rechts halten, an der Anlegestelle liegen Schwimmpontons zum Festmachen der Boote. Das Schild »*Til Klostret*« weist den weiteren Weg. Das Ruderboot nicht zu kurz vertäuen, es sollte wegen des Gezeitenwechsels etwas Spiel haben. Und bitte so plazieren, daß es evtl. nachfolgenden Booten beim Anlegen nicht den Weg versperrt!

Nach knapp zweihundert Metern steht man an einem Zaun mit Tor und dem Schild: »*Ingen Gjenomgang til Klostret!*« (Kein Durchgang zum Kloster!) Wir wenden uns nach links und folgen dem weit und breit einzigen, allmählich ansteigenden Pfad. Wer nicht in Stöckelschuhen oder Sandalen wandert, kommt nach weiteren 30 Minuten bei den **Klosterruinen** an. Soll heißen: Der Spaziergang zur Westseite der Insel führt durch sumpfig-nasses Heidegelände, also sind Wander- oder Gummistiefel angeraten.

Warum gerade hier ein Kloster entstand, wird durch die Sage von der heiligen Sunniva verständlich. Als Erbauer der terrassenartigen Anlage gelten englische Mönche des Benediktinerordens, die Anfang des 12. Jahrhunderts hierher kamen und das Kloster nach dem englischen Märtyrer St. Albanus benannten. Vorausgegangen war aber jene sonderbare Legende von der heiligen Sunniva und den »Selje-Leuten«, die in der »Acta Sanctorium in Seljo« (1170) beschrieben ist: Zur Zeit Ottos des Großen (936–972) flüchtete die im bereits christianisierten Irland lebende Prinzessin Sunniva aus ihrem Heimatland, um der Zwangsheirat mit einem »heidnischen« Wikingerhäuptling zu entgehen. Nach langer Reise übers Meer strandete Sunniva mit ihren Gefolgsleuten auf Selja. Offenbar war die Insel, neben dem Fischreichtum im Meer, fruchtbar genug, denn Sunniva und ihr Volk blieben hier und lebten in den Höhlen der Bergwand.

Als der zu dieser Zeit regierende Graf Håkon von den Bewohnern auf Selja hörte,

Die Ruinen des Klosters Selje

wollte er sich Gewißheit darüber verschaffen, was in seinem Reich Seltsames vor sich ging – noch glaubte man hier an die alten nordischen Gottheiten. Also machte er sich zu einer Fahrt nach Selja auf. Als Sunniva gewahr wurde, daß ihr und ihren Leuten erneut von einem heidnischen Heer Gefahr drohte – so geht die Sage –, beteten alle gemeinsam, daß Gott die Felswand einstürzen lassen möchte, um ihnen so die ewige Ruhe zu schenken. Håkon soll bei seiner Ankunft tatsächlich einen riesigen, die Landschaft bedeckenden Steinhaufen vorgefunden haben, aber nicht einen einzigen Menschen, weder tot noch lebendig.

Jahre später, 997, als Olav Tryggvason seine Vier-Fylke-Versammlung auf Dragseidet abhielt – wir waren ja am Morgen schon dort –, berichtete man ihm von mystischen Lichtsäulen, die bei Selja zu sehen seien. Olav ließ sich auf das nahegelegene Eiland übersetzen, sah deutlich den Felssturz und wies sein Gefolge an, sich durch die Steinlawine hindurchzuarbeiten. Überall fand man »wohlriechende Menschengebeine«, und der Körper der Sunniva selbst »sei heil und unversehrt gefunden worden, gerade so, als ob sie schliefe«.

Sunniva wurde daraufhin heiliggesprochen, und Olav Tryggvason ordnete (vor der heute noch zu besichtigenden Sunniva-Höhle) den Bau einer Holzkirche an, in der Sunnivas Leib und die sterblichen Überreste ihrer Leute aufbewahrt wurden.

Kein Wunder also, daß, als Norwegen in Bistümer eingeteilt wurde, Selja der erste Sitz des Bischofs von Gulating war. Im Jahre 1170 allerdings wurde der Bischofssitz dann nach Bergen verlegt und Sunnivas Sarg in die dortige Domkirche überführt. ■

9. Tag – Route: Selje – Ålesund – Åndalsnes (281 km)

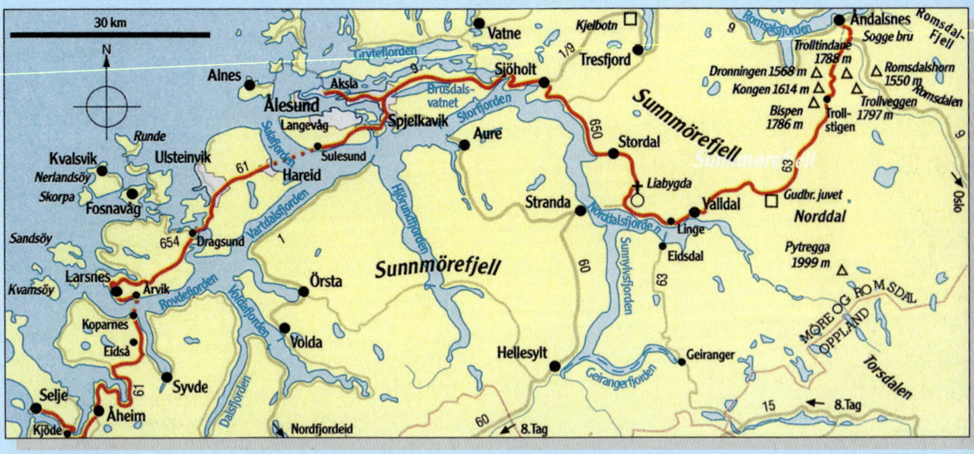

km	Zeit	Route
0	9.00 Uhr	Abfahrt Selje über RV 620, Kjöde
17		Åheim RV 61 Richtung Hareid/Ålesund
49	10.00 Uhr	**Koparnes**, Fähre (ca. 22mal tägl., Überfahrt: 10 Min.)
		Årvik
91	11.30 Uhr	**Hareid**, Fähre (bis zu 30mal tägl., Überfahrt: 30 Min.)
		Sulesund
119	13.00 Uhr	**Ålesund**, Mittagspause, anschl. Spaziergang, ca. 2 Std. Weiter RV 9 Richtung Åndalsnes
160		Sjöholt, Abzweig 650 Richtung Valldal
178		Stordal
205	16.00 Uhr	Valldal, Abzweig RV 63 Richtung Åndalsnes
218		Gudbrandsjuvet
250		**Trollstigen**
268		Kreuzung Sogge bru (RV 9), evtl. Abstecher zur **Trollwand**
218	19.00 Uhr	**Åndalsnes.**

Hinweis: Auf halber Strecke zwischen Årvik und Hareid besteht bei Dragsund die Möglichkeit, zur vielbesuchten **Vogelinsel Runde** (RV 654) abzubiegen. Dies macht jedoch nur Sinn, wenn man einen weiteren Zusatztag veranschlagt. Siehe dazu 16. Tag bzw. 4./5. Zusatztag Insel Lovund, Seiten 88 ff.

Zur Vogelinsel Runde kann man auch per Boot fahren – von Ålesund aus. Zwischen Anfang Mai und Anfang/Mitte August sollen dort über 200 Seevogelarten nisten.

9. Tag – Informationen

Ålesund Reiselivslag/Turistikontor
Rådhus (Rathaus)
6025 Ålesund
✆ 70 12 12 02, Fax 70 12 66 06

Åndalsnes og Romsdal
Reiselivslag/Turistkontoret
6301 Åndalsnes
✆ 71 22 16 22, Fax 71 22 16 82

Aksla (Ausläufer, Bergschulter)
Aussichtsterrasse auf dem Hausberg *(Fjellstue)* von Ålesund. Wunderschöne Sicht auf die am Isfjorden gelegene Jugendstil-Stadt.

Restaurant Fjellstua
✆ 70 12 65 82
Im Sommer 10–22 Uhr
Auf dem Aksla in Ålesund. Schöne Aussichtsterrasse mit Cafeteria. N–NN

Gudbrandsjuvet/Gudbrandsbru
Zwischen Valldal und Trollstigen an der Straße gelegene Wildwasserschlucht/Klamm.

Trollstigen (Treppe der Trolle)
Berühmte Serpentinenstraße auf dem Weg zwischen Geiranger und Åndalsnes. Der bis 1936 nur als Saumpfad benutzte Paß führt heute über 11 Serpentinen (9 % Gefälle) ins Isterdalen hinab.

Trollveggen (Trollwand)
Nach einem kurzen Abstecher (ab Sogge bru Richtung Dombås) erreichbar. Fast 1 800 m hohe Felswand, davon z. T. 1 000 m senkrecht mit 50 m Überhang. Gilt als eine der schwierigsten Kletterwände der Welt.

Trollstigen Fjellstue
6335 Trollstigen
✆ 71 22 14 65 N–NN

Grand Hotel Bellevue
Åndalgate 5
6301 Åndalsnes
✆ 71 22 75 00, Fax 71 22 60 38
Im Zentrum der Stadt. Modernes Hotel der gehobenen Preisklasse. Nähe Bahnhof. C
Restaurant NN–NNN

Rauma Hotel
Vollan 16
6300 Åndalsnes
✆ 71 22 12 33
Mitten in der Stadt gelegenes, preisgünstigeres Hotel. Kein Fjordpaß, Preisklasse B + C. Restaurant NN–NNN.

Åndalsnes Vandrerhjem
Setnes
6300 Åndalsnes
✆ 71 22 13 82
20.5.–10.9. geöffnet
Unter Insidern vielgerühmte Jugendherberge mit familiärer Atmosphäre und wegen des hier zelebrierten Frühstücks landesweit bekannt: Frisch gebackener *Hellekake*-Pfannkuchen (regionale Spezialität) mit selbstgemachter Marmelade; außerdem gibt's am Abend zuvor gefangenen Fisch. Übernachtungspreise für Mitglieder

9. Tag – Informationen

100 Kronen, Nichtmitglieder 125 Kronen + Frühstück 50 Kronen.

Åndalsnes Camping & Motel
6301 Åndalsnes
✆ 71 22 16 29
Kurz vor der Einfahrt nach Åndalsnes am RV 9 gelegener Campinplatz/Hüttenvermietung – aus Richtung Trollstigen/Kreuzung Sogge bru kommend, linker Hand.

Soggebru-Camping
6301 Åndalsnes
✆ 71 22 14 82
Vom Trollstigen kommend, direkt bei der Kreuzung Sogge bru gelegen. Einfacher, aber ruhiger Campingplatz/Hüttenvermietung auf Wiesengelände (5 km vor Åndalsnes).

Buona Sera/Pizzeria
Romsdalsveien 6
6300 Åndalsnes
✆ 71 22 60 75
Ausnahmsweise eine empfehlenswerte Pizzeria. NN

AAK
Fjellsportsenter Romsdal
6300 Åndalsnes
✆ 71 22 71 00
Bietet Kurse für Bergsport aller Art (Klettern, Wandern, im Winter: Eisklettern, Skitouren) inkl. Übernachtung.

Blick von »Aksla«, dem Hausberg von Ålesund

Zwei echte »Show-downs« Von Selje nach Åndalsnes

Wir sind hier zwar im Westen, aber nicht im Wilden Westen. Die Überschrift bezieht sich also nicht auf die heiße Endphase in »Zwölf-Uhr-Mittags«, sondern auf die beiden spektakulären Aussichten »nach unten«, die die Route heute bietet – einmal zur Mittagspause in Ålesund, ein zweites Mal am Trollstigen.

Zunächst geht es auf der vom 8. Tag bekannten Strecke nach **Åheim** und von dort auf dem neu ausgebauten Riksvei 61 bis zur Fähre nach Koparnes. Die Landschaft ist überwiegend von der Landwirtschaft geprägt, genauer gesagt von der Milchviehwirtschaft. Denn überall links und rechts der Straße liegen kleine Siedlungen oder einzelne Bauernhöfe, mit ansehnlichen Weideflächen ringsum. Und hier können wir denn auch zum ersten Mal – Ende Juni – eine bei uns weitgehend unbekannte Methode, Heu zu machen, beobachten. Das frisch geschnittene Gras wird bündelweise und in mühevoller Handarbeit an Drahtzäunen aufgehängt und dadurch weniger von der Sonne als vielmehr auch vom Wind getrocknet. Wie naß die Wiesen sind – und auch das Schnittgut, das getrocknet werden muß – sieht man daran, daß die Bauern nur mit Treckern ins Gelände fahren, die allesamt Doppelbereifung haben. Sonst würde der hohe Druck pro Quadratzentimeter, den das Gewicht der Traktoren ausübt, die empfindliche Grasnabe aufreißen und das in Generationen gewonnene Nutzland wieder zerstören.

Lange Wartezeiten sind bei der Überfahrt von **Koparnes** nach Årvik unüblich. Meistens geht's sofort weiter. Wir sind hier zwar in wunderschöner Landschaft unterwegs, aber auch mitten im norwegischen Alltag. Diese Ecke wird von ausländischen Gästen seltener besucht, das Verkehrsaufkommen ist recht gering. Es sei denn, man trifft an einem Samstag auf eine Hochzeitsgesellschaft, die gerade mit einem 20 oder 30 Autos umfassenden Konvoi zur Kirche fährt. Dann ist die Fähre voll und man muß auch mal warten.

Die Weiterfahrt ab **Årvik** in Richtung Hareid ähnelt dem vorangegangenen Abschnitt, allerdings nimmt jetzt doch wieder der Eindruck einer typischen Fjordlandschaft zu. Besonders gut sichtbar wird das ab Dragsund. Rechts am Horizont, im Osten, blinken die schneebedeckten Gipfel des Sunnmörefjell herüber, zu ihren Füßen liegen jene tief im Inland verborgenen Fjorde, die wir Tage zuvor schon (Geiranger–Hellesylt) besucht haben und an denen wir im Verlauf des Nachmittags erneut entlangfahren: Storfjord, Sunnylvsfjord und Norddalsfjord.

In **Hareid** am Fähranleger gibt es das meines Wissens bislang erste Schild überhaupt, mit dem man (norwegische) Autofahrer zum Mitdenken auffordert. Dort steht: »*TENK MILJÖ! Stopp motoren mens du venter.*« Das staatliche Straßenamt hat sich hier doch tatsächlich dazu aufgerafft, der weit verbreiteten Unsitte in Skandinavien, überall die Motoren laufenzulassen, entgegenzutreten: »Denk an die Umwelt! Mach den Motor aus, solange du auf die Fähre wartest«, appelliert das Schild. Seinen Ursprung hat diese Marotte zum einen in den Minus-Dreißig-Grad-Wintern im Norden von Norwegen, Schweden und Finnland, zum anderen in der – im Vergleich zu heute – veralteten Technologie der sechziger und siebziger Jahre. Damals ersparte man sich viel Ärger, wenn man einen Motor im Winter gar nicht erst abschaltete.

Und sollte sich mittlerweile das große »Elf-Uhr-Loch« geöffnet haben, die Fähre von Hareid nach Sulesund hat selbstverständlich eine Cafeteria an Bord, und die ist diesmal nicht im Bauch des Schiffes untergebracht, sondern oben, mit schönen großen Fenstern ringsum.

In **Sulesund** angekommen, dauert's nicht mehr lange, bis der Autoverkehr schlagartig zunimmt, so etwa ab Spjelkavik wird es städtisch, und auf den restlichen zwölf Kilometern bis ins Stadtzentrum von **Ålesund** (es ist alles gut ausgeschildert) gleicht die Strecke einer Stadtautobahn. Zunächst wollen wir aber nicht ins Stadtzentrum, sondern zum **Aksla**, dem Hausberg der Stadt (35 000 Einwohner), um dort oben die prächtige Aussicht zu genießen. Dazu muß man folgendes wissen: Ab ungefähr zwei bis drei Kilometer vor dem eigentlichen Ortszentrum, am Hafenbecken, verläuft rechter Hand parallel zur Schnellstraße, auf der wir in die Stadt kommen, der Borgundvegen. Also nach rechts abzweigen und auf dem Borgundvegen links Richtung Stadtmitte bis zum Schild »Fjellstua« (rechts ab) und immer den Berg hoch, bis zum Parkplatz des Restaurants »Fjellstua« bzw. »Kuppelen«. Das ist dann, um der Namensvielfalt noch eins drauf zu geben, der »Aksla« am Aussichtspunkt »Kniven«. Wer das Ziel nach dieser Beschreibung auf Anhieb findet, fährt vermutlich auch in Paris ohne Stadtplan. Wer aber sichergehen möchte, fährt zuerst bis ins Stadtzentrum und gleich darauf auf der Keiser Wilhelms gate wieder stadtauswärts. Die nämlich mündet in den Borgundvegen, wo nach einer Weile denn auch das Hinweisschild »Fjellstua« – in diesem Falle natürlich links ab – auftauchen müßte.

Wenn das geschafft ist, zählt nur noch der Genuß. Es gibt keinen schöneren Platz, um die malerisch gelegene Jugendstil-Stadt anzuschauen.

Bis heute eine städtebauliche Sonderstellung: die Jugendstil-Stadt Ålesund

Daß Ålesund noch heute eine Kaiser-Wilhelm-Straße vorweist, hat seinen Grund. Beim großen Stadtbrand am 23. Januar 1904 breitete sich das Feuer binnen kürzester Zeit über die gesamte Innenstadt aus. Etwa 800 Häuser wurden ein Opfer der Flammen, 10 000 Menschen standen ohne Obdach da. In dieser Situation engagierte sich neben anderen insbesondere auch der Norwegenfreund Kaiser Wilhelm II., indem er wohl mit erheblichen Geldmitteln, Baumaterial, Ärzten und Medikamenten die Katastrophe zu überwinden half. Im Laufe von drei Jahren wurde die Stadt völlig neu und im damaligen Jugendstil aufgebaut, was ihr bis heute eine Sonderstellung unter den norwegischen Städten gibt. Man ist stolz darauf und hegt und pflegt seine mit Giebeln und Erkern geschmückten Häuser, die Stuckfassaden und die Türmchen auf den Dächern.

Um die Stadt aus der Nähe zu betrachten, könnte einer, vorausgesetzt man ist mindestens zu zweit unterwegs, über die 418 Stufen lange Treppe in die Stadt hinunterwandern, während der andere das Auto ins Stadtzentrum fährt. Gemeinsamer Treffpunkt für einen knapp einstündigen Spaziergang könnte die »**Sildekona**«, die Statue der »Heringsfrau« an der Brosundet-Brücke sein. Von hier aus bietet sich sowohl ein Spaziergang entlang der Kirke- und Apotekergata wie auch eine Rundtour (jenseits des Hafenbeckens) durch Kongensgate und Løvenvoldgata an.

Sollte man beim Blick auf die Uhr feststellen, daß man hinter dem vorgeschlagenen »Zeitplan« liegt – das soll nur eine Richtschnur und keine Handlungsanweisung sein! –, muß man nicht plötzlich auf die Tube drücken, auch wenn der auf »schnell« ausgebaute RV 9 von Ålesund bis nach Sjöholt (und in der Direktverbindung bis Åndalsnes weiter) dazu verführt. Denn es gibt keinen zwingenden Grund, pünktlich um 19 Uhr in Åndalsnes anzukommen – schließlich könnten wir z. B. auch in der »Trollstigen Fjellstue« zu Abend essen und von dort aus die Quartiergeber telefonisch über die evtl. spätere Ankunft informieren.

Vom Abzweig in **Sjöholt** führt die Strecke am Storfjord entlang und bietet insbesondere vor Stordal ein wunderbares Panorama – oft auch auf die gegenüberliegenden Gehöfte. Jedes könnte der Schauplatz von »Segen der Erde« sein. Im übrigen sind wir hier auf der gleichen Route unterwegs wie die Kreuzfahrtschiffe auf dem Weg in den Geirangerfjord, nur halt an Land.

In **Stordal** erinnert ein unübersehbarer, 1914 errichteter »Minnestein« an die wackeren freiheitsliebenden Vorfahren der kleinen Gemeinde, denn dieser Gedenkstein ist jenen Stordölern gewidmet *(»som Stridde för Norigs fridom 1807–1814«)*, die sich wohl vehement für Norwegens Unabhängigkeit eingesetzt hatten. (Siehe auch 1. Tag, Oslo: 17. Mai 1814.)

Beim Abzweig nach Stranda (so käme man nach Hellesylt, 8. Tag) öffnet sich eine schöne Aussicht auf den sich verzweigenden **Storfjord**, der geradeaus, nach Süden hin zum Sunnylvsfjord und nach Osten zum Norddalsfjord wird. Dem letzteren folgen wir bis nach Valldal. Kurz davor, in Linge, kommt von rechts die Fähre aus Eidsdal herüber (Straßenverbindung nach Geiranger). Von da an trägt der Riksvei nach Åndalsnes die Nummer 63. Allerdings wird das selbst in **Valldal** erst im letzten Moment deutlich sichtbar ausgeschildert (links ab).

Die zunächst am Valldalelven entlangführende Route (richtig schönes Wildwasser) steigt nur allmählich an. Noch gibt es reichlich Erdbeerpflanzungen und auch eine ganze Reihe Campingplätze, auf denen hauptsächlich norwegische Wohnwagen stehen. Das bedeutet, der Valldalelven muß ein attraktives Fischgewässer sein.

Eine gute Viertelstunde später könnte man schon am **Gudbrandsjuvet** zum ersten Mal wieder anhalten. Hier drängt sich das Wildwasser durch eine nur fünf Meter breite Klamm und fällt über etwa 20 Meter in die Tiefe. Allerdings ist es kein Beinbruch, wenn man hier weiterfährt und statt dessen hoch oben im Meierdalen an einem der Parkplätze stoppt. Wieder einmal nur, um diese ausufernden Dimensionen zu bestaunen, diese weiten, baumlosen Hochflächen und mächti-

gen Felswände, neben denen alles wie zurechtgestutzt erscheint: Autos, die auf die Größe von Spielzeug schrumpfen, die Straße, die gerade mal wie ein verlorener Bindfaden wirkt, und Schafherden, die genausogut eine vom letzten Winter übriggebliebene Schneefläche sein könnten. Kein Wunder also, daß solche Eindrücke in früheren Zeiten, in denen man noch nicht alles nur »rational« erklärte, entweder über mystische Namengebungen oder über Ehrfurcht bzw. Respekt erheischende Bezeichnungen bewältigt wurden.

Vor und nach dem **Trollstigen** kommt praktisch beides zusammen. Bei der Fahrt über den Paßscheitel fallen zunächst linker Hand zwei deutlich dominierende Berggipfel ins Auge, »Bispen« (1 450 Meter) und »Kongen« (1 614 Meter), also Bischof und König. Der dritte Berg, der zuletzt noch hervorlugt, heißt »Dronningen« (1 568 Meter), Königin. Rechts voraus liegt sozusagen die Rückseite der »Trolltindane« (1 797 Meter), der Trollgipfel, die mit ihrer »Vorderseite« wiederum die 1 000 Meter senkrecht aufsteigende Trollwand bilden. Doch davon später, denn in der Zwischenzeit sind wir sicherlich am oberen Ausgangspunkt des Trollstigen angekommen (in 852 Meter Höhe). Hier lohnt sich's wirklich, auf dem mit »*Utsikt*« markierten Pfad einige Schritte ins Gelände zu wandern (rechts der Straße), um von der Aussichtsplattform in die Tiefe zu schauen. Außerdem führt kein Weg daran vorbei: Es ist schon fantastisch beeindruckend, wie hier eine Straße an den Fels gebaut wurde, um den gewaltigen Höhenunterschied an dieser Stelle zu überwinden – inklusive »eingebautem« Wasserfall. Von oben betrachtet, sieht das alles freilich viel dramatischer aus, als es (nach unseren Erfahrungen mit der Stalheimskleiva am 6. Tag) hernach zu fahren ist. Neun Prozent Gefälle sind nicht die Welt, allerdings ist die Straße derart schmal, daß die zu Tal fahrenden Fahrzeuge darauf achten sollten, von Ausweiche zu Ausweiche, daß sie die zu Berg fahrenden Partner nicht ständig zum Anhalten zwingen. Sonst gibt's bei dem regen Verkehr, der hier manchmal herrscht, ein hoffnungsloses Durcheinander. Besonders »beliebt« sind jene Autofahrer, die entweder eine Ausweiche mit einem Dauerparkplatz verwechseln, oder die, die mit der linken Hand lenken und mit der rechten Hand ihre Videokamera bedienen.

Im **Isterdalen** unten (dort sind die geeigneten Parkplätze, um mit einem Blick zurück alles festzuhalten) geht es allmählich bergab auf den Talausgang zu, und nach knapp 20 Kilometern stehen wir dann auch schon an der Straßenkreuzung **Sogge bru**, wo sich RV 63 und RV 9 vereinigen. Bevor wir jedoch nach Åndalsnes nach links abbiegen, wäre ein kurzer Abstecher zur **Trollveggen**, zur Trollwand, sehr zu empfehlen (Richtung Dombås, nach rechts also).

Auf diesem Weg begegnet uns zuerst linker Hand das mächtig aufsteigende **Romsdalhorn** (1 550 Meter), in dessen Innern, 300 Meter tief im Berg gelegen, ein komplettes Kraftwerk, wenn man so will, versteckt ist. Wenig später folgt rechter Hand der Trollveggen-Parkplatz, von dem aus sich die imposante Felswand betrachten läßt. Eine Schautafel erklärt die verschiedenen Bergsteigerrouten in der 1 000 Meter hohen Trollwand. Die Besteigung des Trollryggen gelang 1958, zusammen mit Ralph Høybakk, dem in Åndalsnes gebürtigen Arne Randers Heen. 1965 schafften norwegische und englische Klettermannschaften erstmals die Durchsteigung der Wand. Ab 1980 wurde die 50 Meter überhängende Trollwand dann die »Spielwiese« von Fallschirmspringern. Der Finne Jorma Øster stürzte sich als Erster von dort oben aus in die Tiefe, und innerhalb von zwei Jahren folgten weitere 150 Absprünge von Fallschirmspringern aus aller Welt. Nach mehreren Todesfällen wurde diese Idiotie 1986 gottlob verboten. Doch dauerte es wohl noch geraume Zeit, bis man jeweils schnell genug

Die Trollwand, vom Romsdal aus gesehen

war, diejenigen zu erwischen, die das Verbot nicht beachteten. 1990 zuletzt hat das einen Fallschirmspringer aus Bergen 20 000 Kronen Strafe gekostet (5 000 DM).

Und damit wieder zu den angenehmeren und überdies noch preisgünstigeren Dingen des Lebens. In **Åndalsnes** sollte man einfach nirgendwo anders übernachten als in der Jugendherberge. Hier geht's fast schon familiär zu. Und wenn man dann erst erlebt hat, daß es mitunter sogar Leute gibt, die mit dem Nachtzug aus Oslo anreisen, nur um endlich einmal hier zu frühstücken (der Retourzug in die Hauptstadt startet um 10.10 Uhr), dann, glaube ich, ist man vollends in Norwegen angekommen. Allerdings sollte man sich nicht der Illusion hingeben, daß die Herbergsmutter Hilde Bakke das Rezept für ihre unschlagbaren *Hellekake*-Pfannkuchen verrät. Das ist und bleibt ihr Geheimnis. ■

10. Tag – Route: Åndalsnes – Sunndalsöra – Trondheim (325 km)

km	Zeit	Route
0	10.00 Uhr	Abfahrt von **Åndalsnes** auf RV 64 Richtung Isfjorden/Molde
33		Åfarnes auf RV 660 Richtung Eidsvåg
77		Sira/Eresfjord
96		Stuböen/Eidsvåg, RV 62 Richtung Sunndalsöra
135	12.00 Uhr	**Sunndalsöra**, Mittagspause (ca. $1\,^1/_2$ Std.). Weiter auf RV 70, Richtung Oppdal
167	14.00 Uhr	**Gjöra**, evtl. Abstecher nach **Åmotan** (insges. 12 km; $1\,^1/_2$ Std.).
167	15.30 Uhr	Abfahrt Gjöra
203		Oppdal, Abzweig auf E 6
273		Stören
325	18.00 Uhr	**Trondheim**.

Hinweis: Wer von **Åndalsnes aus nach Oslo** zurückfahren möchte, kann in etwa sieben Stunden dort sein. Zuerst fährt man auf dem RV 9 von Åndalsnes bis Dombås, weiter auf der E 6 durchs Gudbrandsdalen via Lillehammer bis in die Hauptstadt Norwegens. Entfernung: 446 km.

10. Tag – Informationen

Abstecher zum Mardalsfossen
Kurz vor/bei Sira/Eresfjord am RV 660 dem Hinweisschild »Eikesdalen« folgen und dann per Fähre ab Överås über den Eikesdalsvatnet (-See).

Weil in einschlägigen Unterlagen immer wieder die Rede davon ist, daß der Mardalsfossen mit 297 m lotrechtem Fall der höchste Wasserfall Europas sei, hier die ergänzenden Informationen: Er *war* es, denn er ist längst »reguliert«. Will sagen, dem Zwecke »der Nutzung von erneuerbaren Ressourcen« zugeführt: Wasserkraft.

Lediglich in der Zeit zwischen 1. Juli und 1. August möchte man dem Publikum den Anblick eines ansonsten trockengelegten Wasserfalls ersparen. Zeitaufwand: 1/2 Tag zusätzlich.

Lunch unterwegs
Man sollte unbedingt ein Lunchpaket vom Hotel oder der »Juhe« in Åndalsnes mitnehmen und an einer schönen Stelle entlang des Weges rasten. Andernfalls in **Sunndalsöra:** Cafe Trekanten oder Cafe Domus (beim/im Domus-Supermarkt).

7011 Trondheim:

Trondheim Aktivum
Torvet
Postbox 2102
7001 Trondheim
✆ 73 92 93 94
Fax 73 51 53 00
Das Fremdenverkehrsamt vermittelt auch private Unterkünfte.

Hotel Residence
Torvet
✆ 73 52 83 80
Fax 73 52 64 60
Restauriertes Jugendstil-Haus unmittelbar beim Marktplatz *(Torvet).* Kein Fjordpaß, Preise wie C.

Gildevangen Hotell
Søndregate 22 B
✆ 73 51 01 00, Fax 73 52 38 98
In der Stadtmitte gelegen. Nichtraucherzimmer. B

Lilletorget Hotell + Møtesenter
Cicignons plass
✆ 73 52 05 24
Fax 73 53 21 43
Familienfreundliches Hotel im Zentrum, Speisesaal mit allen Schankrechten. B

Hotel Augustin
Kongensgate 26
✆ 73 52 80 00
Fax 73 51 55 01
Modernes Frühstückshotel in der Stadtmitte. B

Trondheim Vandrerhjem
Jugendherberge »Rosenborg«
Weidemannsvei 41
7043 Trondheim
✆ 73 53 04 90
Fax 73 53 52 88
Ganzjährig geöffnet
Preise: Mitglieder 160 Kronen, Nichtmitglieder 185 Kronen, inkl. Frühstück.

In Trondheim gibt es keinen Campingplatz in Zentrumsnähe. Der nächstliegende (ca. 10 km) ist:
Flakk Camping
7000 Trondheim-Flakk
✆ 72 84 39 00
Entweder kurz vor Heimdal links abbiegen und über den RV 707 nach Flakk oder in Trondheim auf dem RV 715 nach Flakk. Der Campingplatz liegt direkt neben dem Fähranleger Flakk–Rörvik (auch Hüttenvermietung).

Vikhammer Gård und Camping
Malvik (siehe Karte 12. Tag, Seite 156)
✆ 73 97 61 64

10. Tag – Informationen: Trondheim

Stell- und Zeltplätze, Hüttenvermietung. Liegt in Malvik, ca. 15 km von Trondheim entfernt (die »alte E 6« benutzen, nicht die mautpflichtige Autobahn!).

Storsand Gård, Motel und Camping
Malvik
✆ 73 97 63 60
Ganzjährig geöffnet
Stell- und Zeltplätze, Hüttenvermietung, Zimmer (motelähnlich). Ca. 17 km von Trondheim an der »alten E 6« Richtung Malvik.

Tyholttårnet (Fernsehturm)
Restaurant Galaksen
Otto Nielsens vei 4
7002 Trondheim
✆ 73 51 31 66
Mo–Sa 11.30–23, So/Feiertage 12–18 Uhr
Das über der Stadt gelegene Drehrestaurant Galaksen eignet sich bestens, um noch am Ankunftsabend ganz Trondheim zu sehen. Wer während der Vorspeise mit Blick auf den Hafen beginnt, kommt nach einer 360-Grad-Panorama-Tour, vermutlich beim Dessert, wieder dort an. Reservierung empfohlen. NNN

Havfruen
Kjøpmannsgate 7
✆ 73 53 26 26
Fischrestaurant in einem der Speicherhäuser am Nidelva(-Fluß).
NN–NNN

Jonathan und Palmehaven (Palmengarten)
Dronningensgate 5
✆ 73 53 53 53
Beides gehobene Restaurants im Britannia Hotel. NNN+

Restaurant Cicignon
Kjøpmannsgate 73
✆ 73 52 11 00
Entsprechende Konkurrenz zu den beiden zuvor genannten Restaurants – im Royal Garden Hotel. NNN

In Trondheim gibt es zahlreiche Pizza-Bars, Bistros, *Ristorantes* und *Brasseriets*, die mit mehr oder weniger erstaunlichen »Kampfpreisen« (N) um Gäste buhlen und mehr oder weniger gute »Tagesmenüs« bieten.

Trondheim – ein Bad im Nidelva gefällig?

Der Übergang nach Norden
Ein Fahrtag, fast ohne Schminke, nach Trondheim

Angenommen, wir haben einen jener Tage erwischt, an denen es von morgens bis abends unaufhörlich regnet. Die Wolken hängen tief, alles verblaßt, alles ist grau in grau. Seit wir in Åndalsnes losgefahren sind, beschleicht uns überdies ein Gefühl, von dem wir bis jetzt noch nicht wissen, was es ist – wir wissen lediglich: es ist da!

Angenommen, wir halten in **Åfarnes** am Fähranleger und finden keinen Menschen; kein Auto weit und breit. Will denn da niemand nach Molde übersetzen? Offenbar nicht! Das Wartehäuschen ist leer, niemand antwortet, nichts regt sich, in der Zwischenzeit sind auch die Autofenster beschlagen. Alles ist grad so, als würde man jeden Moment von einem gewaltigen Gähnen verschluckt werden, und niemand schaut zu. Da plötzlich bricht es aus dem Mitteleuropäer heraus: Was um alles in der Welt mach' ich eigentlich hier? Wo bin ich gelandet? Was soll das – im Urlaub?

Nun, hier ungefähr, in dieser Gegend und in dieser Stimmung, spielt einer der beeindruckendsten Romane der norwegischen Gegenwart. Sein (deutscher) Titel lautet »Fährfahrten der Liebe«, sein Autor heißt Edvard Hoem (sprich *Hu-em*) und sein Kennzeichen ist sein Plädoyer für Norwegen, aber ganz ohne Schminke. Die Zeitung »Aftonbladet« bescheinigt dem Verfasser »lyrischen Realismus« und »Bergens Tidende« – das Sprachrohr der Westküste – nennt Hoems Werk zu Recht einen »romantechnischen Geniestreich«. In der Tat findet sich derzeit (obwohl schon 1974 verfaßt) kaum ein besseres Werk, um hinter die Fassaden der Provinz zu schauen; das stille Glück nachzuvollziehen wie auch die pure Verzweiflung, die Ausbruchsversuche daraus wie auch die Hilflosigkeit mit dem Ergebnis, sich zu fügen. Hoem beschreibt am Beispiel von nur drei Tagen das Leben auf einer imaginären Insel bzw. in einer Kleinstadt in der Gegend von Molde und läßt auf eine völlig unspektakuläre Art und Weise ein leises Drama ablaufen. Es kreist um den alten Posthalter Karl Magnus Skogmann, der – gleichsam einem Maß an unverrückbarer Lebenserfahrung – das alte Norwegen vergehen und das neue Norwegen stolpern sieht. Er registriert mit großer Aufmerksamkeit, wie die moderne Zivilisation auf einzelne Mitmenschen um ihn herum wirkt, während überall noch die archaischen Wurzeln des Daseins hervorlugen. Er allein erfaßt die Bedeutung jenes grauen Schiffes in der Bucht, von dem aus vermessen und geprüft wird – ob nämlich die Insel, auf der sie alle wohnen, womöglich der ideale Standort für ein industrielles Großprojekt sein könnte, für neue Hafenanlagen, für eine große Werft? Schon wird von seiten der Gemeindeverwaltung mit gezinkten Karten vorgefühlt, quasi unter dem Deckmantel einer Umfrage zur Verbesserung der Lebensqualität, ob man eventuell bereit wäre, sich umsiedeln zu lassen. Unterdessen aber beschäftigen die Hauptfiguren des Romans ganz andere Fragen: Mette Nielsen, die junge (und überqualifizierte) Serviererin im tristen Buscafé von Ramvik engagiert sich in ihrer Freizeit für den Verkauf des (maoistischen) »Klassekampen«; Marianne Kretsen sucht verzweifelt nach einem Weg, wie sie in dieser puritanischen und auf Harmonie ausgelegten Gesellschaft eine Abtreibung durchführen lassen kann, – und da ist schließlich auch noch Arve Brunberg, dem nichts besseres mehr einfällt, als sich ständig die Hucke vollzusaufen, weil sich seine Frau, die Lehrerin Henriette, das Leben irgendwie »aufregender« vorstellt, anders jedenfalls, als es an diesem scheinbar so gottverlassenen Ort möglich ist – irgendwo da droben in der Nähe von Molde.

Das geniale an diesem Roman besteht darin, daß der Autor etwas völlig Unübliches tut. Er läßt uns während des Lesens miterleben, a) wie dieser Roman entsteht, und b) – der Gipfel beim Eintauchen in die norwegische Gesellschaft – er trifft sich und bespricht sich im weiteren Verlauf der Geschichte mit den Geschöpfen seiner Handlung vor Ort und macht so, aus der ursprünglichen Fiktion ein regelrechtes Faktum, eine »Faction«, eine gerade eben erst erlebte Geschichte. Eine Erzählung, die damit beginnen könnte, daß man im trübsinnigsten Regenwetter am Fähranleger in Åfarnes steht, wo es entweder per Fähre nach Molde weitergeht oder – unsere Richtung – auf dem Riksvei 660 nach Sunndalsöra.

Dieses Buch wird gerade hier interessant, weil wir allmählich das unproblematische Vorzeige-Norwegen à la Geirangerfjord verlassen und ganz behutsam in jenes Norwegen eintauchen, von dem zu Hause nur selten berichtet wird, oder wenn, dann leider nur in Klischees.

Fahren wir also in unserem so betrüblichen Regenwetter am Langfjorden entlang, zunächst bis **Eidsvåg**, und kosten die vermeintliche Schieflage einer solchen Berichterstattung aus. Natürlich versperren, nach der Paßfahrt über das Vistdalen hoch, tiefhängende Wolken den ansonsten schönen Blick auf den **Eresfjord**. Heute jedenfalls. Und natürlich verwundert es dann nicht, wenn auch die Besichtigung der ersten *Helleristninger* auf dieser Reise vereitelt wird. Das kleine Hinweisschild bei Boggestranda (links der Straße) verspricht ein imposantes Feld von Felszeichnungen, sofern man nur noch ca. 500 Meter bis zum Ufer am Fjord hinunterwandert. Erwähnt wird aber nicht: Der Weg führt mitten durch bzw. an einem Bauernhof vorbei, und wenn sich da nicht gerade die zwei Hofhunde wie die alles abstrafenden Platzhirsche aufführen, die Gänse keinen Alarm schlagen, als stünde jeden Moment ein Erdrutsch bevor, wenn die Kuhweide, die man durchqueren muß, nicht entweder von neugierigen und aufmüpfig daherpreschenden Kühen verstellt oder knöcheltief verschlammt ist, dann bitteschön – *take it or leave it* – ist der Weg frei für einen Blick auf 3 500 Jahre alte Zeichen der hiesigen Besiedlungsgeschichte. Will sagen, es bedarf mehr als der Kenntnis der ersten Strophe der norwegischen Nationalhymne *»Ja, vi elsker dette landet«* (Ja, wir lieben dieses Land), um an Tagen wie diesem nicht ein vorschnelles Urteil zu fällen.

Der Verfasser der Nationalhymne, der Dichter, Dramatiker und Nobelpreisträger Bjørnstjerne Bjørnson wuchs ganz in der Nähe, im Pfarrhaus von Nesset auf (»Bjørnsons Barndomsheim« liegt rechts der Straße, ca. vier Kilometer nach Boggestranda). Bjørnson hat um 1863, als er den Text für die Hymne vollendete, sicher anderes im Sinn gehabt als Edvard Hoem, der ein Jahrhundert später eine derart nüchterne Bilanz zieht. Wie hätte sich Bjørnson auch vorstellen können, daß eine Verwaltungsdemokratie dieses Land durchnormiert, wie hätte er ahnen sollen, wie schnell und lieblos hierzulande kleinstädtische Betonzentren entstehen, die der jahrhundertalten Tradition des *Fisker-Bonde,* des Fischer-Bauern, das Wasser abgräbt.

Bjørnstjerne Bjørnsons Heimat – der Langfjord

Hoem hat genau das zum Thema gemacht, sein fiktives Ramvik ist praktisch überall. Es könnte genausogut **Sunndalsöra** sein, wo wir zur Mittagszeit ankommen. Die vielen Stromkabel, die die Ortseinfahrt »schmücken«, das Aluminiumwerk und erst recht die Betonplattenbauten in der Innenstadt bestätigen diesen Eindruck vollends. Die Architekten und Städteplaner, so denkt man spontan, sollten sich ihr Leben lang jeden Tag anschauen müssen, was sie hier zustande gebracht haben. Einziger Anspruch war wohl, daß man ihnen nicht nachsagen könne, Sunndalsöra hätte kein Kino, keine Bibliothek, keinen Supermarkt, während ohne Belang zu sein scheint, ob die Bewohner sich in dieser Stadt auch wohlfühlen. Man könnte meinen, die norwegischen Kleinstädte seien nur dazu da, den Bewohnern der ländlichen Umgebung vorzuführen, was eine städtische Zukunft bedeutet: Nämlich Einkaufen, Arztbesuche, Billard spielen und dann eben nur noch warten, bis der nächste Bus ins Heimatdorf fährt – bei einer Tasse heißer Schokolade, die aus dem Automaten kommt, bei Kaffee, der schon zum dritten Mal aufgekocht ist, bei Schinken- und Käse-Sandwiches, die die gleichen sind wie in Oslo oder Bergen oder anderswo.

Aber angenommen, wir lassen es in jenem Moment aufhören zu regnen, in dem wir Sunndalsöra verlassen – etwa in diesem Stil arbeitet Hoem –, dann darf es nicht überraschen, wenn die Welt, die wir da vor uns sehen, wieder genau jenem Norwegen-Bild entspricht, von dem wir so gerne träumen. Alles ist vergessen, alles war nur ein Spuk, und die Fahrt durch das von Bergen, Wäldern und Wasserfällen eingerahmte **Sunndalen** ist nur noch schön. Rechter Hand steigt das Dovrefjell empor, linker Hand liegen die Gipfel der Trollheimen-Region.

Unmittelbar nach Gjöra zweigt ein unscheinbares kleines Sträßchen nach rechts ab, von dem man nicht vermuten würde, zu welchem Kleinod an Landschaft es führt. »**Åmotan**« lautet der Wegweiser, und nirgendwo gibt es den geringsten Hinweis darauf, was das ist. Nach ein paar Kilometern immerhin kommt eine Weggabelung, bei der es links nach Jenstad hochgeht, rechts nach Svisdal. Wer rechts fährt, erreicht kurze Zeit später, Serpentine um Serpentine ansteigend, endlich eine Informationstafel und damit die Aussicht auf »Åmotan«. Gemeint ist jener Punkt in der Jenstad-Schlucht, in die, man kann sagen aus allen Himmelsrichtungen, vier Wasserfälle hinabstürzen, in der vier Flüsse zusammenströmen, um fortan eine Einheit zu bilden. Das ist so seit der letzten Eiszeit vor 8500 Jahren, nach der sich das Land hob, Flüsse ihren Lauf veränderten, Seen sich neu bildeten und andere wiederum vollständig austrockneten.

Rechts oben, wie auf einem Balkon über der Landschaft, liegen die Bauernhäuser von

Längs der Paßstraße bis Lönset »kleben« einzelne Bauernhöfe an den Hängen

Trondheim Stadtmitte: wohnen am Nidelva

Svisdal, gerade gegenüber, in nicht minder traumhafter Lage, sieht man den Hof von **Jenstad** (auf dem man auch übernachten kann). Rundherum prägen fette Wiesen das Bild, an den Steilhängen der Schlucht wuchert es nur so von wasserliebenden Pflanzen, denn die ständige Sprühgischt der Wasserfälle sorgt für ein feuchtes Kleinklima. Wer hier oben ankommt, überlegt vielleicht, ob er nicht einen ganz anderen Urlaub verbringen sollte als ursprünglich geplant. Wenn nicht, geht's zum Riksvei 16 zurück und ab Gjöra auf einer beeindruckenden Paßstraße bis nach Lönset (rechts »kleben« immer wieder einzelne Berghöfe an den Hängen), danach öffnet sich plötzlich die Landschaft und wird zur großflächigen Hochebene. Die rot angemalten Bauernhöfe überall wirken wie verlorene Farbtupfer in dieser Weite, vermitteln dadurch aber auch einen Eindruck von den hiesigen Dimensionen.

In **Oppdal** werden wir mit etwas konfrontiert, das während der bisherigen Reise ohne Bedeutung war: mit dem Verkehr auf der E 6, der Hauptschlagader für den alljährlichen Troß zwischen Oslo und Nordkap. Autonummern aus allen mitteleuropäischen Ländern sind zu sehen, Caravans, Wohnmobile, Motorräder, Fahrräder und Busse mit und ohne Anhänger. Insbesondere immer wieder Deutsche sind mit expeditionsähnlichem, »schweren Gerät« unterwegs – ab Unimog aufwärts –, als ginge es am Ende darum, eine Brücke nach Spitzbergen zu bauen, oder wenigstens alles dabei zu haben, falls dieser Pionierfall unverhofft eintreten sollte. Und noch etwas taucht auf: Schilder mit der Aufschrift »*Ulykkespunkt*« – Unfallgefahr –, deshalb sollte man sich für den restlichen Weg nach **Trondheim** erst gar nicht vom Tempomachen anstecken lassen. Wir haben ja nicht das gleiche Ziel. ■

11. Tag – Programm und Route: Trondheim – Namsos (195 km)

Vormittag	Spaziergang durch Trondheim, Besichtigung des Nidaros-Doms, Gamle Bybro, Speicherhäuser, Mittagspause (Lunch).

km	**Zeit**	**Route**
0	13.00 Uhr	Abfahrt von **Trondheim** auf E 6 Richtung Narvik
120	14.30 Uhr	**Steinkjer**, evtl. Abstecher zu den **Felszeichnungen** *(Helleristninger)* bei Bardal (12 km, ca. 1 1/2 Std.). Zurück nach Steinkjer/Kvam und auf E 6 Richtung Narvik
127		Straßenkreuzung Asp/Fossemvatnet Abzweig Richtung Namsos auf RV 17
167		Sjöåsen
195	18.00 Uhr	**Namsos**.

11. Tag – Informationen

Informationen zu Trondheim finden Sie auch auf den Seiten 139 f.

Nidaros-Dom
Trondheim

1. 5.–21. 6. Mo–Fr 9–15, Sa 9–14, So 13–16 Uhr;
22. 6.–16. 8. Mo–Fr 9–18.15, Sa 9–14, So 13–16 Uhr;
17. 8.–14. 9. Mo–Fr 9–15, Sa 9–14, So 13–16 Uhr;
15.9.–30.4. Mo–Fr 12–14.30, Sa 11.30–14, So 13–15 Uhr
Eintritt: 20 Kronen

11. Tag – Informationen

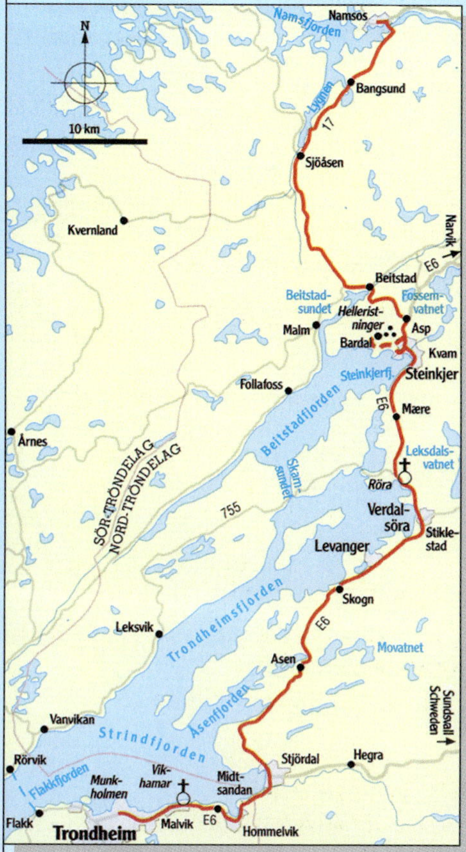

Krönungsinsignien: 1.6.–15.8. Mo–Sa 9–12.30, So 13–16 Uhr, Fr geschl.
Turm: 22.6.–16.8. tägl. alle halbe Std., Eintritt: zusätzl. 5 Kronen
Im Sommer werktags mehrere Führungen in verschiedenen Sprachen. Bei vielen Besuchern alle halbe Std., auf deutsch mindestens zweimal am Vormittag.

Für die Fähren links und rechts des Kystriksveien RV 17 (12.–17. Tag) gibt es keinen gemeinsamen »Fährenpaß« mehr. Eine sehr gute Homepage (vgl. S. 167) und eine kostenlose Broschüre bieten detaillierte Informationen (Abfahrtzeiten, Karten, Übernachtung etc.). Erhältlich bei:
Kystriksveien
Box 91
N-7701 Steinkjer
✆ 74 16 36 17, Fax 74 14 56 35.

Helleristninger
Bei Steinkjer bzw. Bardal
Felszeichnungen aus der Zeit des 3. bis 1. Jahrtausends v. Chr. mit Elch-, Rentier- und Walmotiven sowie stilisierten Schiffen.

Namsen Motor Hotel
Navarveien 2
7820 Spillum
✆ 74 27 61 00
Großes, ca. 4 km vor Namsos gelegenes Hotel/Motel. Kein Fjordpaß, Kategorie C.

Sjøåsen Hotel
7823 Sjöåsen
✆ 74 27 87 00
Ca. 30 km vor Namsos. Ausgangspunkt für Wanderungen; von Fischern und Jägern bevorzugtes Hotel. Kein Fjordpaß, Kategorie C.

7800 Namsos:

Touristinformation
Namsos
✆ 74 27 09 88 und 74 27 17 70
Nur Juni bis August geöffnet.

Central Hotel Namsos
Kirkegate 7
✆ 74 27 10 00
Direkt im Zentrum der Stadt. Kein Fjordpaß, Kategorie B. Restaurant N–NN.

Børstad Gjestgiveri
Carl Gulbransons gate 19
✆ 74 27 21 31

11. Tag – Informationen: Namsos

Gemütliches Gästehaus im Zentrum.
Kein Fjordpaß, Kategorie B. Restaurant
N–NN.

Namsos nye Camping
Camping og Hytteby
✆ 74 27 53 44
Moderner Campingplatz und Hüttenvermietung. Etwa 5 Autominuten zum Zentrum. Eigener Badestrand. Ab und zu starten/landen (kleinere) Linienmaschinen beim nahegelegenen Flugplatz.

Kaikanten
Im Hafen von Namsos
Nur bis 15/16 Uhr geöffnet
Neben dem Fischgeschäft Lovold & Steinbekk. Dort werden Lachs mit Salat, Fisch & Chips und gebratener Hering ganz frisch angeboten. Preise: 40–60 Kronen.

Oasen
Miljø-og Svømmesenter
✆ 74 27 11 55
Mo–Fr 9.30–19.30, Sa/So 9.30–16 Uhr
In den Fels gebautes großes Schwimmbad mit Sauna, Solarium und einer Cafeteria.
N–NN

Utsiktplass
Oberhalb von Namsos (siehe im Stadtzentrum das Hinweisschild »Utsiktplass«) befindet sich ein aussichtsreiches Plateau. Die Straße nach dort hinauf kann nur von Pkws befahren werden oder von kleineren Wohnmobilen (Typ VW-Bus).

Trondheim – im Niadros-Dom werden die norwegischen Könige gekrönt

Um den Dom kommt man nicht herum
Trondheim und weiter nach Namsos

Trondheim war noch bis Mitte der siebziger Jahre eine Drehscheibe der norwegischen 68er-Szene. Hier studierte man Soziologie, hier wurde – als Alternative zur EG-Mitgliedschaft – an Gesellschaftsmodellen gearbeitet, wie sie derart konsequent kaum ein anderes Land in der westlichen Hemisphäre umgesetzt hat. Gemeint ist die »Distriktpolitik«, die bereits im Zusammenhang mit der Insel Fedje erwähnt wird (siehe dazu auch Seite 87 f.), also jenes spezifisch norwegische Vorgehen, das dazu geführt hat, daß im Norden des Landes heute noch Menschen wohnen.

Nordnorwegen ist weit davon entfernt, wirtschaftlich rosigen Zeiten entgegenzusehen. Doch ist es eine der wenigen, angeblich unbedeutenden Regionen, die sich erfolgreich dagegen wehren konnte, »vergessen« zu werden; die nicht erneut ein Opfer jenes zynischen Fortschrittsglaubens geworden ist, der nur allzugern am grünen Tisch Urteile über Landstriche fällt, die – nach z. B. mitteleuropäischen Maßstäben – menschenleer sind und daher einzig unter dem Aspekt der Ausbeutung der Ressourcen Gas, Öl, Kohle, Holz und Wasserkraft betrachtet werden.

Der fast schon volksaufstandähnliche Kampf der Einheimischen um die Bewahrung des Alta-Flusses in den Jahren 1979–81 ist zwar verlorengegangen, doch war dies vermutlich der letzte Versuch einer (»südnorwegisch« denkenden) Regierung, umstrittene Interessen rigoros durchzusetzen. (Vergleichbar den bundesdeutschen Reizwörtern »Startbahn West« und »Wackersdorf«.)

Heute spürt man von diesen aufreibenden Richtungskämpfen in der norwegischen Gesellschaft nicht mehr viel; und in Trondheim, obwohl es immer noch etwa 10 000 Studenten beherbergt, ist längst wieder Ruhe eingekehrt. Das »Tor zum Norden« macht nur Schlagzeilen, wenn deutlich wird, was es seit jeher war: Die historische Hauptstadt des Landes, die *Signingsbyen,* die Stadt also, in der die norwegischen Thronfolger im Nidaros-Dom zum König gekrönt werden, in dem sie – wie zuletzt Harald V. im Jahre 1991 – den Segen der Kirche empfangen. Dessenungeachtet hat Trondheim alle Mühe, im Konzert der großen Zwei – Oslo und Bergen – mithalten zu können. Im Grunde ist die kleine Großstadt zwischen Nidelven und Trondheimsfjord recht überschaubar geblieben.

Unseren Vormittagsspaziergang beginnen wir am besten beim Touristenbüro am **Torvet**. Die Figur auf der Säule mitten auf dem Marktplatz stellt Olav Tryggvason dar, den Wikingerkönig und Stadtgründer, der um 997 »an der Mündung des Nid« *(Nidaros)* seinen Königshof errichten ließ. Durch die Munkegate mit schönen Holzhäusern gelangt man zum **Dom**. Bei den Kassen ist jeweils angeschlagen, zu welchen aktuellen Zeiten fremdsprachliche Führungen (also auch deutsche) durchgeführt werden. Wer ein solches Bauwerk lieber allein besichtigen

Hauptportal des Trondheimer Doms

möchte, kann sich dort auch die in deutsch verfaßte Broschüre »Der Nidaros-Dom« kaufen und nach eigener Zeiteinteilung vorgehen.

Der Bau dieses für den europäischen Norden ungewöhnlich prächtigen Kirchenhauses geht zurück auf die Legende vom heiligen Olav, dem Schutzpatron des Landes und »Norwegens ewigem König« *(rex perpetuus Norvegiae)*. Es ist die Geschichte von Olav Haraldson, der, wie sein Vorgänger Olav Tryggvason, vehement für die landesweite Einführung des Christentums kämpfte und dabei, am 29. Juli 1030, in der Schlacht von Stiklestad fiel (das liegt in der Nähe unserer nachmittäglichen Fahrtstrecke von Trondheim nach Steinkjer, bei Verdalsöra). Sein Leichnam wurde von Getreuen bei Nacht und Nebel fortgebracht und beerdigt. Bald darauf liefen Gerüchte um, daß an seinem Grab Wunder geschähen, worauf man ein Jahr später, im Beisein des Bischofs Grimkell, den Sarg öffnete und feststellte – so geht die Legende –, daß der Körper des Exhumierten völlig unversehrt war, daß gar Haare und Nägel gewachsen waren, als wäre Olav noch immer am Leben. Der Bischof erklärte den König daraufhin zum Heiligen und Märtyrer und befahl seine Aufbahrung (vorerst) in einem Schrein in der damaligen Klemens-Kirche in Nidaros. So wurde das heutige Trondheim rasch zur bedeutendsten Pilgerstätte des Nordens. Um dem Rechnung zu tragen, begann man im Jahre 1070 in Nidaros ein Münster zu erbauen, dessen Altar über dem dann endgültigen Grab des geheiligten Königs errichtet wurde. Trondheim war dadurch bis zur Reformation sowohl weltliches wie auch geistliches Zentrum des Landes.

Vom Dom aus folgt man der Bispe- und weiter der Kjøpmannsgate (Kaufmannsstraße) am Nidelva (-Fluß) entlang. Dort liegt rechter Hand die historische **alte Stadtbrücke**

(Gamle Bybro). Sie war zu früheren Zeiten der einzige Zugang zur Stadt, kein Wunder also, daß auf jeder Seite Zoll- und Wächterhäuschen standen. Die erste Brücke an dieser Stelle wurde 1681 gebaut, die jetzige, mit den ornamentenverzierten Holzportalen, stammt aus dem Jahre 1861. Wer bis zur Brückenmitte geht, hat eine schöne Übersicht auf die links und rechts des Flusses gelegenen traditionellen Speicherhäuser der Stadt. Vor zehn, zwölf Jahren noch schien es, als ob die Speicherstadt eher langsam verfallen würde – da blätterte schon mal Farbe ab, dort brachen vereinzelt Balken durch –, mittlerweile jedoch hat sich das Gegenteil herausgestellt. Es ist jetzt *très chic* geworden, sein Büro hier zu haben, am Fluß zu wohnen, umgeben von Ateliers und Kunstgewerbeläden, zwischen Kneipen und Restaurants. Sicher, man könnte der Patina nachtrauern, dem Geschmack von Salz und Heringen, von Holzfässern und langen Wintern. Entscheidend ist aber doch, daß hier ein wesentliches Stück vom Stadtbild bewahrt wurde, im Gegensatz zu anderen Stellen dieser Kommune – das werden wir noch sehen.

Zunächst gehen wir zur Kjøpmannsgate zurück und folgen ihr bis zur Kongensgate, dort links ab, Richtung Torvet und rechts in die Nordregate, Trondheims Fußgängerzone, je nach Wetterlage mal turbulent belebte, mal schmählich verlassen wirkende Einkaufsstraße. Bei schönem Wetter gibt's kaum einen freien Platz auf den Sitzbänken, die Straßencafés sind voll – alles ißt Eis –, ambulante Händler verkaufen T-Shirts, und auch hier wetteifern die quer durch Europa ziehenden Straßenmusikanten mit der 563. Version von »How many roads ...« um die Gunst des Publikums. Ich habe es bislang hauptsächlich nur im privaten Rahmen erlebt (oder im Winter, wenn Norweger unter sich sind), daß

Die Speicherstadt am Nidelva mit Büros, Ateliers und Restaurants

norwegische Folksongs vorgetragen werden. Man könnte den Eindruck haben, die Norweger dächten, da so wenige die Sprache verstehen, sei es ja eh zwecklos, mit dem Schifferklavier auf die Straße zu gehen, um ihre von altersher überlieferten, teilweise kämpferischen, witzigen oder auch melancholischen *Viser* (Weisen) zum besten zu geben. Dabei wird in diesen Balladen mitunter mehr erzählt, als es der beste Geschichtsunterricht je vermitteln kann.

Apropos Geschichte: Hier in der Nordregate, rechter Hand, hat Norwegens älteste Tageszeitung mit dem Namen »Adreßeavisen« ihren Sitz. Sie erscheint seit 1767 und zählt zu den wenigen respektablen Tageszeitungen Norwegens, angesichts der fatalen Vorgehensweise vieler norwegischer Blätter, das Tagesgeschehen so zu gewichten, daß neun Seiten »Lokales« und eine Seite »Die Welt und wir« dabei herauskommen.

Die Ravnkloa-Uhr neben der Fischhalle

In der Olav Tryggvasonsgate geht es nach links und dann später rechts zur **Ravnkloa Fiskhall**. Auf dem Weg dorthin sollten wir die kleinen Seitengassen zwischen den Holzhäusern, die *Veitene,* nicht übersehen. Sie sind typisch für Trondheim und haben so bemerkenswerte Namen wie: Vaterlandsveite. In der Fischhalle können wir uns einfach mal umschauen, das Angebot des Tages betrachten und dabei auch schon überlegen, ob wir *Reker* oder *graved Laks* (marinierten Lachs) zum Lunch einkaufen wollen.

Gleich nebenan, bei der großen Uhr, steht seit 1990 das Denkmal für *»Den siste Viking«* (Der letzte Wiking). So lautet im norwegischen Original der Titel für den ins Deutsche übersetzten, unglaublich beeindruckenden und zum Ende des letzten Jahrhunderts spielenden Roman »Die Lofotfischer« von Johan Bojer (1872–1959). Näheres dazu auf den Seiten 226 ff., für heute aber schon soviel: »Die Lofotfischer« ist das Schlüsselbuch zum Verständnis nicht nur der Bedeutung des Lofotarchipels, sondern auch eine Art Blick durch ein Fenster, durch das sich verstehen läßt, warum die Nordnorweger so unmißverständlich zu verstehen gaben, daß die sogenannte »moderne Zivilisation« mit Brückenbau und Telefax, Schwimmbädern und Theatergastspielen gefälligst zu ihnen kommen muß und sie nicht umgekehrt zu handeln gedenken. Wer über Jahrhunderte hinweg den Kampf um die bloße Existenz derart zäh durchgestanden hat – wie es in »Die Lofotfischer« deutlich wird –, der läßt sich weder von Oslo ablenken noch von Brüssel »abwerben«. Insofern ist die Informationstafel an der von Nils Aas geschaffenen Skulptur wieder mal eine typisch norwegische Untertreibung: »Den siste Viking«, so ist da ganz lapidar zu lesen, »handelt von Menschen aus Rissa und Stadsbygd« *(handla om Folk fra Rissa og Stadsbygd).* Mehr Worte, so glaubt man wohl, müsse man eigentlich nicht verlieren. Ab hier jedenfalls schlendern wir, mit kleinen

Gamle Bybro, die alte Stadtbrücke, war früher der einzige Zugang zur Stadt

Abstechern zum Hafen, zu den Fischerbooten hinunter, der **Fjordgate** längs, die mit ihrer Häuserzeile, mit ihren Holzspeichern ein authentisches Beispiel typisch norwegischer Handelsplätze darstellt: Zur Straßenseite hin liegen die Verkaufsräume, zur Hafenseite die Lager, denn früher wurde alles vom Wasser her angeliefert. Und so ist sie noch immer die Straße der Fachgeschäfte (Fischereibedarf, Eisenwaren) sowie der kleinen, fast familiären Kaufhäuser. Allerdings verändert sich diese Struktur zusehends. Auf der Straßenseite gegenüber sind mittlerweile schon vereinzelte Geschäfte geschlossen, und dafür haben sich nun die ersten Kneipen angesiedelt. Wie beispielsweise der »artizt swingpub« oder die »City Pizza Bar«, wo man für 49 Kronen soviel essen kann, wie man mag – vorausgesetzt, das geht bei diesem für norwegische Verhältnisse unglaublichen Kampfpreis bis zum Erscheinen dieses Buches überhaupt gut?!

Der wahre Grund für die Veränderungen hier wird sichtbar, sobald wir – wieder am Nidelva angekommen – in die Kjøpmannsgate nach rechts abbiegen und vor der neuen City stehen: Linker Hand das protzige Royal Garden Hotel und gegenüber das noch protzigere Grand Hotel Olav. Drumherum bzw. darin integriert hat man eine komplette Stadt in der Stadt gebaut, oder wie man in Amerika sagen würde: eine »Mall«; einen Konsumtempel mit Konferenzzentren, Einkaufspassagen, Restaurants, viel Glas, Stahl und Beton. Man fühlt förmlich, daß dies alles eine Nummer zu groß geraten ist für eine Stadt mit 135 000 Einwohnern. Aber da, wie ich eingangs sagte, Trondheim nicht gewillt ist, sich im Konzert der großen Zwei unterbuttern zu lassen, muß man halt Ebenbürtiges vorweisen können.

Dieses Wettrennen hat irgendwann Ende der siebziger Jahre begonnen, und seine Ursachen liegen wahrscheinlich wieder mal nur in dieser besonderen Form von mangelndem Selbstbewußtsein, mit der man zwar nach innen voll und ganz zu seiner Kulturgeschichte steht, nach außen aber partout signalisieren will, wer man ist: Kein Provinzler am Ende der Welt! Es ist völlig rätselhaft, wieso eine Nation mit derart viel *Kunnskap* (Wissen) vom Umgang mit Holz, diese Richtung so entschieden vernachlässigt hat, um dafür lediglich die Weltarchitektur in Glas und Beton zu übernehmen. Herausgekommen ist in diesem Land fast jedesmal nur eines: man hat sich sein Stadtbild versaut.

Wie passend das hätte bleiben können, zeigt sich, wenn wir der Kjøpmannsgate nun weiter flußauf folgen und nach der Bakke bru (-Brücke) zu der kleinen Straße hinabgehen, die parallel zur Kjøpmannsgate an den renovierten Speicherhäusern entlangführt. Mit diesem Bild bleibt Trondheim nämlich allemal unverwechselbarer in Erinnerung als mit jeder noch so auf modern gestylten Glasfassade.

Zurück auf dem Torvet, folgt man beim Verlassen der Stadt dem Richtungsschild »Narvik« und kommt automatisch auf die E 6 nach Norden. Die zunächst mautpflichtge Autobahn wird ab Hommelvik wieder eine stark befahrene Bundesstraße. Wir benutzen diesen Abschnitt der E 6 nur, um in einem Rutsch nach **Steinkjer** durchzufahren, wo der Weg zu den **Felszeichnungen** *(Helleristninger)* bei Bardal abzweigt.

Am Ortseingang von Steinkjer folgen wir der E 6-Umfahrung Richtung Narvik, bis diese in einen Kreisverkehr mündet und dort zum Ortszentrum von Steinkjer nach rechts abbiegt. In diesem Kreisverkehr biegen wir jedoch links ab und folgen dem Schild »Sør-Beitstad«, auch wenn ein solcher Ort in keiner Karte vermerkt ist. Damit gelangt man auf eine Nebenstraße, die nach ca. neun Kilometern am »Sør-Beitstad-Stadion« vorbeiführt (links), und genau dort weist ein Schild nach rechts »1,2 Bardal«. Dieses Sträßchen nimmt bald den Charakter eines besseren Feldweges an und verzweigt sich. Wir fahren geradeaus durch die Birkenallee und biegen kurz vor dem Bauernhof links ab. Hinter der Scheune sieht man bereits den blank liegenden Felsrücken mit den eingeritzten Zeichnungen.

Der besseren Unterscheidung wegen, so ist es auf der in norwegisch verfaßten Informationstafel der »Königlich Norwegischen Wissenschaftsgesellschaft« festgehalten, sind die älteren Felszeichnungen – 3. und 2. Jahrtausend v. Chr. – in gelber Farbe markiert, die »jüngeren« hingegen – 1. Jahrtausend v. Chr. – in roter Farbe.

Der eigentliche Grund für die farbliche Unterscheidung, so ist zu lesen, liegt in den Motiven der Menschen, die damals diese Felszeichnungen – als Ausdruck von magisch-rituellen Handlungen – eingearbeitet haben. Die gelben Motive stellen überwiegend Elche, Rentiere, Vögel, Bären und Wale dar. Zu diesem Zeitpunkt war man hier wohl mehr noch als Volk von Jägern und Sammlern unterwegs und wollte sich so sein Jagdglück sichern. Bei den roten Motiven, so werden die deutlichen Spiral- und Kreiszeichnungen gewertet, steht die Sonne im Vordergrund – als Fruchtbarkeitssymbol –, die man als erste Anzeichen für Seßhaftigkeit und beginnenden Ackerbau deutet. Bemerkenswert für diese Zeit sind auch die recht großen, deutlich erkennbaren Schiffsfiguren, die auf Anhieb sichtbar machen, was wir später einmal als Wikinger-Boote bezeichnen.

Der wichtigste Hinweis aber fehlt noch: Dieses Helleristning-Feld ist als Kulturgut der norwegischen Nation seit dem 29. Juni 1951 gesetzlich geschützt und bis heute in dieser Weise respektiert worden.

Für den Rückweg zur E 6 muß man nicht zurück nach Steinkjer. Auf der Straße beim Sør-Beitstad-Stadion fährt man ca. viereinhalb Kilometer in Richtung Steinkjer, biegt dann entsprechend einem schnell zu übersehenden Schild nach »2,5 Kvam« links ab und erreicht in **Kvam** die E 6. Dort geht es dann

Stehen für fast 5000 Jahre Geschichte, die Felszeichnungen (Helleristninger) von Bardal

wieder links ab in Richtung Narvik. Nach wenigen Kilometern folgt bei **Asp** der Abzweig Richtung Namsos. Das ist dann der Beginn des von Norwegern so besonders geschätzten *Kystriksveien* RV 17 – gut eine Woche später in Bodø angekommen, weiß man auch warum. Es geht ab jetzt, soviel darf schon verraten werden, nicht etwa um die Kleinstädte, durch die wir kommen – es gibt nichts Langweiligeres, als einen Samstagnachmittag in Sandnessjöen –, vielmehr geht es um die Landschaft dazwischen und um die Menschen und Tiere, die in ihr leben. So gesehen ist die verbleibende Fahrt bis nach Namsos, durch Wiesen und Ackerland, an bewaldeten Höhenzügen vorbei, auch nur ein Anfang.

In **Namsos**, das im Zweiten Weltkrieg, nachdem alliierte Truppen gelandet waren, durch deutsches Bombardement dem Erdboden gleichgemacht wurde, gibt es, wohl als Folge davon, kein einheitlich wirkendes Stadtzentrum. Vielmehr macht die Stadt einen optisch durcheinandergewürfelten Eindruck. Da gibt es praktisch, sagen wir, das Sägewerk neben dem Supermarkt, den Supermarkt neben dem Kulturzentrum. Das phänomenale Felsenschwimmbad hinter Siedlungshäusern hat eine Zufahrt, bei der man zu Hause eher vermuten würde, es käme gleich ein Umspannwerk. Das Ortszentrum zieht sich an der Hafenmole entlang; neben dem Flugplatz liegt der Campingplatz, und neben dem Campingplatz fließt einer der berühmtesten Lachsflüsse Norwegens vorbei, eben der Namsen. Auf dem kleinen Aussichtsberg kann man die Stadt von oben überschauen und den herrlichen Blick auf den Namsenfjord genießen. ■

12. Tag – Route: Namsos – Heilhornet (122 km)

km	Zeit	Route
0	10.00 Uhr	Abfahrt Namsos auf RV 769 Richtung Rörvik (bis nach Kolvereid keine Tankstelle)
41	11.00 Uhr	Salsnes
59	12.00 Uhr	**Lund/Haranes** – Fährüberfahrt nach **Hofles** (Dauer ca. 30 Min., verkehrt 6mal pro Tag, etwa alle 1½ Std.)
66		Straßenkreuzung rechts ab zu 770 via Horvereid
71		Straßenkreuzung am RV 770 rechts ab nach
75	14.30 Uhr	Kolvereid, weiter RV 770 Richtung Foldereid
84		**Kreuzung Saltbotn** links auf den RV 771
100	15.00 Uhr	Naustbukta RV 771
115		Kreuzung bei Bogen, ab hier RV 802 bis
121	16.00 Uhr	Kreuzung **Kjelleidet/Heilhornet** RV 17
122		Ab hier: entweder einige hundert Meter links ab bis zum **Heilhornet-Hotel** oder statt dessen rechts ab bis zum **Campingplatz Svaberget**.

Extratour: Man sollte abends unbedingt noch eine kleine **Autotour längs des RV 17** in Richtung Holm machen (Route des 13. Tages). Und zwar zuerst bis zum linker Hand liegenden Parkplatz, etwa 1½–2 km nach bzw. oberhalb des Heilhornet-Hotels, und dann nochmals weitere 3–4 km, bis man oberhalb des **Lysfjords** steht. Beim ersten Stopp hat man die traumhaft schöne Landschaft im Abendlicht zu Füßen, beim zweiten Stopp am »Lichtfjord« (ab etwa 22.30 Uhr in der »hellen« Nacht) erlebt man wahrscheinlich ein unglaublich schönes Farbenspiel. Der Lysfjord zeigt fast genau nach Norden, und die dort über den Horizont ziehende Sonne erzeugt (je nach Jahreszeit) Lichtstimmungen, wie sie tagsüber so nie zu sehen sind.

Anmerkung: Der heutige Zielort unterhalb des eindeutig das Landschaftsbild beherrschenden **Heilhornet-Gipfels** (1 063 m) ist schwer zu definieren. Die Stelle, an der der RV 802 mit dem RV 17 zusammentrifft, heißt Kjelleidet. Trotzdem hat das nur wenige hundert Meter davon entfernt gelegene Heilhornet-Hotel die Postanschrift Bindalseidet, während der Svaberget-Campingplatz eigentlich am Simlastraumen liegt. Damit wird jene mahlstromähnliche Stelle beschrieben, über die der Sörfjord – bei Ebbe und Flut – sein Wasser austauscht. Der nächstgrößere Ort (das »Gemeindezentrum«) heißt Terråk, die Gemeinde als Ganzes hingegen trägt den Namen Bindal. Alles klar?

12. Tag – Informationen

Torghatten Reiselivslag
Postbox 314
8901 Brönnöysund
✆ 75 01 12 10
Fax 75 01 12 19
Das eigentliche Touristenbüro für Besucher vor Ort befindet sich in Brønnøysund (beide Schreibweisen werden angewandt) am Hafen.

Heilhornet Turisthotel AS
8930 Bindalseidet (Kjelleidet)
✆ 75 03 16 01
Fax 75 03 16 01
Einziges Hotel weit und breit, schön gelegen. Kein Fjordpaß. Zwischen 15. 6. und 15. 8. variieren die Preise zwischen A und C (inkl. Frühstück), je nachdem, ob man ein Zimmer im Alt- oder Neubau belegt. Restaurant NN.

Svaberget Camping
8930 Bindalseidet (Kjelleidet)
✆ 75 03 17 23
Der schön gelegene Campingplatz hat jetzt auch mehrere moderne Hütten (mit Bad/Dusche) zu vermieten und bietet sich als empfehlenswerte Alternative zum o. g. Hotel an (insbesondere auch für Familien). Die Hüttenpreise (2 Betten + Schlafsofa bzw. max. 4 Pers.) liegen bei 65 DM pro Nacht. Die freundliche Besitzerfamilie hilft weiter beim Thema Angeln im Simlastraumen oder vermittelt auch einen Bergführer für eine Tour auf den Heilhornet-Gipfel (1 063 m).

Außer im Hotel gilt: **Selbstverpflegung**, d. h. auf dem Campingplatz gibt es Lebensmittel zu kaufen, sofern man sich nicht vor der Abreise in Namsos damit eingedeckt hat.

Rastplatz unterhalb des Heilhornet-Gipfels

12

Die Nebenstrecke der Nebenstrecke
Von Namsos nach Heilhornet

Ähnlich wie im Süden, in Bergen, besteht auch von Namsos aus die Gelegenheit, mit dem Schnellboot zu den Inseln vor der Küste – hier heißt sie *Namdalskysten* – hinauszufahren (siehe Karte). So ist das von nun an fast jeden Tag in jedem größeren Städtchen möglich: in Brönnöysund, in Sandnessjöen, in Nesna, Bodø usw.

Da wir aber bis zum Ende des Riksvei 17 bei Bodø alleine sieben Fähren nehmen müssen, außerdem solche Abstecher wie nach Lovund vorschlagen (15. und 16. Tag) und zu guter Letzt auf den Lofotarchipel übersetzen, gibt es im Verlauf der Reise noch unzählige Gelegenheiten, eine nach Tausenden von Eilanden zählende Inselwelt kennenzulernen. Überdies läßt die heutige Routenführung einen Abstecher nach Rörvik oder auf die Insel Leka zu, der allerdings einen Extratag erfordert, will man sich nicht unnötiger Hetze aussetzen.

Falls man sich, statt fürs Hotel, für eine Übernachtung in einer der Hütten des Svaberget-Campingplatzes entscheidet, sollte man vor der Abfahrt in Namsos Lebensmittel fürs Abendessen einkaufen. (Die Auswahl dort ist selbstverständlich nicht so groß und kommt – auftauen! – überwiegend aus der Gefriertruhe.)

Vom Hafen aus fährt man auf den Kreisverkehr im Ortszentrum zu, gegenüber in der Niels Bjørumsgate beginnt der RV 769, der etwa 15 Kilometer nach Namsos zu einer Traumstrecke wird. Sie führt einige Kilometer lang zwischen Inseln hindurch und über Buchten hinweg, und zwar über eine ganze Reihe von Brücken, die gebaut wurden, damit die Bewohner der *Utkanten* (so bezeichnet die hiesige Bevölkerung ihre Lebenssituation an der »Außenkante« Norwegens) schnell ins Zentrum der Region, nach Namsos fahren können. So macht auch das großzügige Kulturhaus in Namsos mit Kino, mit Bibliothek, Kunstgalerie, Videowerkstatt und Konzertsaal erst einen Sinn.

In solchen Zusammenhängen zeigt sich der (kostspielige) »öffentliche Reichtum« Norwegens, und so gesehen wird es dann auch wieder verständlich, daß ein Erdölproduzent im eigenen Land durchschnittlich zwei Mark für den Liter Benzin verlangt. Wer in derart abgeschiedenen Ecken, wo auf zwei Quadratkilometern gerade mal ein Mensch lebt, vier Brücken baut, muß das Geld dafür irgendwo erwirtschaften.

In diesem Abschnitt sollte man langsam fahren, bummeln, genießen oder einfach, wenn sich ein Parkplatz bietet, anhalten, schauen und auf diejenigen eifersüchtig sein (ich bin es immer wieder), die in diesen Sunden mit dem Segelboot unterwegs sind.

Nach der **Nordsundet-Brücke** (ungefähr zehn Kilometer vor Salsnes) führt die Straße über einen kaum merklichen Höhenzug hinweg. Links und rechts liegen viele kleine Moore, und wie bestellt, taucht plötzlich auch ein wunderschön gelegener Rastplatz auf, direkt an einem Teich. Rechts der Straße hat man

Sumpflandschaft in Tröndelag

einen herrlichen Ausblick auf die Seenkette des Storvatnet.

Das Bemerkenswerteste an diesem Rastplatz, in der Mitte von Nirgendwo, ist jedoch, daß man selbst hier noch eine Toilette für Behinderte bzw. Rollstuhlfahrer eingerichtet hat. So wie sich dieses Land mit seiner überall sichtbaren Zuneigung für Kinder hervortut, so verhält es sich auch gegenüber den gehandicapten Mitmenschen. In Norwegen war die Abneigung von jeher groß, Behinderte, so wie in Deutschland, zu ghettoisieren, und also sind sie auch heute ein ganz normaler, alltäglicher Bestandteil des Lebens. Gerichtsurteile in Deutschland, denenzufolge Schadenersatz wegen »entgangener Urlaubsfreude« angesichts von Mongoloiden oder Spastikern im Ferienhotel gezahlt werden muß, schlagen hier haushohe Wellen der Empörung. Warum ich das alles erwähne? Weil man als Urlauber in Norwegen darauf gefaßt sein muß, eines Tages plötzlich die im freundlichsten Tonfall der Welt gestellte Frage zu beantworten: »Sag' mal, was haben die Deutschen gegen Behinderte?«

Unsere Strecke führt wenig später bergab und erreicht bei **Salsnes** wieder Meereshöhe. Die vielen Holzstämme, die dort linker Hand in der Brandungszone eingerammt sind, dienen der Abgrenzung. Diesseits liegt das (Süßwasser-)Mündungsgebiet des Abflusses vom nahen Salsvatnet-See, jenseits dann das Salzwasser des Foldfjorden. Dieser Mündungsbereich scheint für Lachsangler ein außerordentlich interessanter Platz zu sein, weil der Edelfisch auf seiner von nun an flußaufwärts orientierten Wanderung hier, in der Umstellungsphase vom Salzwasser- ins Süßwasserleben, etwas länger verweilt (vermenschlicht gesagt: durcheinander ist) und von daher wohl »besser beißt«.

An solchen Stellen trifft man denn auch noch den wohlhabenden englischen Gentleman, der es sich leisten kann – bis zu den Hüften im reißenden, eiskalten Wasser stehend –, einen solchen Abschnitt zu mieten, der ortsansässige Helfer engagiert, aber gleichwohl selbst mit dem kolossalen *trouble* fertig werden muß, den ein sich heftig wehrender Zwölf-Kilo-Lachs veranstaltet.

In **Lund bzw. Haranes** müssen wir an der Fähre schlimmstenfalls (siehe den dort angeschlagenen Fahrplan) mit anderthalb Stunden Wartezeit rechnen. *I så fall* – in so einem Fall – holt der Herr Norweger für gewöhnlich seine Angel aus dem Kofferraum und versucht sein Glück. Frau Norwegerin blättert im (herzergreifenden) »Hjemmet«-Journal und träumt vom Glück; die Kinder von Herrn und Frau Norweger machen ihr Glück: Im fast immer geöffneten Kiosk am Fähranleger gibt's Chips und Cola, Eis und Kaugummi, Lakritz und Schokolade.

Auf der anderen Seite in **Hofles** geht's zunächst auf einer nicht asphaltierten Sand/Kies-Piste (*Grusdekke* auf norwegisch) entlang, die bei Nässe – nein, bei zu hohem

Tempo! – heimtückisch schlüpfrig sein kann. An der Kreuzung, an der der RV 769 nach links abbiegt, fahren wir nach rechts und erreichen über **Horvereid** wenig später den asphaltierten Riksvei 770, dem wir rechts ab bis nach **Kolvereid** folgen. Falls jemand umdisponiert: In Rörvik begegnen sich zwischen 21.00 und 21.30 Uhr meist zwei Hurtigruten-Schiffe im Hafen – das *sydgående* und das

Der Heilhornet-Gipfel (1063 m) überragt weithin sichtbar die gesamte Landschaft

nordgående. Nach dem Ortsende beginnt die Straße kräftig anzusteigen. Weiter oben, rechter Hand, liegt ein Parkplatz, von dem sich eine hübsche Aussicht auf das in einer Bucht des »Inneren Folda«-Fjords (Indre Folda) gelegene Kolvereid.

Kurz vor **Naustbukta** führt die Route an einem größeren See vorbei, der kesselartig von Felswänden eingerahmt ist, mit einer Insel. Und am Ufer des Sees befindet sich ein Rastplatz. Die restliche Wegstrecke bis Kjelleidet/Heilhornet führt ständig auf halber Höhe über dem **Årsetfjord** entlang, nur vereinzelt taucht auch mal ein Bauernhof auf. Am Ende des Årsetfjords (bei Bogen) biegt der RV 771 nach links ab, wir jedoch fahren geradeaus weiter, bis wir wenig später, noch über einige Kuppen hinweg, plötzlich den markanten

Heilhornet-Gipfel vor uns liegen sehen. Am Fuße des Berges trifft die Route auf den Riksvei 17 und überquert die Provinzgrenze von Nord-Tröndelag nach Nordland. Die Region selbst wird als Helgeland bezeichnet (ganz korrekt: Süd-Helgeland), und die Gemeinde, die wir hiermit erreichen, heißt **Bindal**. Ein Ortszentrum mit diesem Namen wird man vergeblich suchen, denn die 2 100 Einwohner dieser »Gemeinde« verteilen sich auf 1 262 Quadratkilometern (zum Vergleich: der Bodensee hat 539 Quadratkilometer).

Gleichwohl ist Bindal den Norwegern ein Begriff, denn es war eines der wichtigsten Bootsbauzentren des Landes. Hier wurden die wegen ihrer hervorragenden Allzweck-Eigenschaften – seetüchtig, leicht zu rudern, schnell unter Segeln – von den Fischern so geschätzten »Bindalinger« gebaut. Man erkennt die »geistige Verwandtschaft« zu den Wikinger-Booten auf Anhieb. So war es auch kein Wunder, daß die in bis zu zehn unterschiedlichen Größen hergestellten Segel-, Ruder-, Fischfang- und Frachtboote überall längs der 2 000 Kilometer langen Küste zwischen Namsos und Kirkenes (an der russischen Grenze) als Vorbild dienten und heute noch unter dem Namen »Nordlandsboote« bekannt sind. Zwischen 1855 und 1885 wurden etwa 50 000 Nordlandsboote hergestellt, davon alleine ca. 32 000 hier in der Region von Helgeland.

Der Reihe nach: Diese fast schon vergessene Bootsbautradition erlebt seit ungefähr zehn, zwölf Jahren eine Art von Renaissance. Nur ist es bislang für den fremden Besucher ein schwer zugängliches Thema geblieben, weil nirgendwo die Bedeutung dieser in Jahrhunderten entwickelten Bootstypen sonderlich hervorgehoben wurde; weil es dem norwegischen Selbstverständnis wieder mal nicht wichtig genug war, solcherlei Kulturgut

Am Sörfjord/Simlastraumen

Der Lysfjord, Lichtfjord, etwa gegen 23 Uhr

als landestypische Eigenheit in den Vordergrund zu stellen, obwohl schon wieder vereinzelte »Fembøringer« oder »Færinger« (so die Eigennamen der Typen, je nach Größe) in den Häfen von beispielsweise Brönnöysund oder Sandnessjöen liegen und seit über 10 Jahren – jedes Jahr Ende Juni – in Terråk die immer populärer gewordene »Nordlandsbåtregatta« stattfindet.

Terråk liegt nur 25 Kilometer von unserem Tagesziel am Heilhornet entfernt, im inneren Teil des Bindalsfjords (an der RV 801, siehe Karte) und wird künftig, auch wenn gerade keine Regatta stattfindet, wahrscheinlich die Adresse sein für alle, die sich für dieses Thema interessieren. Man plant dort nämlich, ein Nordlandsboot-Center zu errichten, das unterschiedliche Funktionen erfüllen soll: Es wird einen Gästehafen geben, selbstverständlich das entsprechende Museum, aber auch eine Werkstatt, in der jüngere Norweger lernen können (und Besucher zuschauen), wie man solche Boote baut. Und für Urlauber ganz wichtig: Es werden künftig sowohl Segelkurse wie auch vermutlich ein- oder mehrtägige Törns entlang der Küste angeboten.

Für mich ist es bis heute ein unvergeßliches Erlebnis geblieben, als ich mitten im Winter vor den Lofoten einen Tag lang in einem »Fembøring« mitsegeln durfte, und seitdem weiß ich auch genau: Hier vor der inselreichen Küste von Helgeland im Sommer zu segeln – gänzlich ohne moderne Hilfsmittel – wird wahrscheinlich eine der aufregendsten Urlaubsformen sein, die Norwegen zu bieten hat.

PS: Wer genügend Zeit mitbringt (Zusatztage!), kann vielleicht heute schon durch Vermittlung des Touristenbüros in Brönnöysund erfahren, wo evtl. gerade ein »Neubau« aufgelegt wird. Das kann aber bedeuten, daß man einige Kilometer hin- und herfahren muß. Sollten die erwähnten Planungen zügig realisiert werden, so daß es bereits nach Erscheinen dieses Buches reizvoll ist, nach Terråk zu fahren, hier die dortige Übernachtungsadresse: Terråk Gjestegård, 8940 Terråk, ✆ 75 03 41 39. ■

Nordlandsboote

Menschen, deren »Straßenverbindung« das Meer war, die Sunde und Fjorde, benutzten die unterschiedlichsten Bootstypen, je nach Zweck ihrer Reise. Und so haben sich bis heute folgende Typenbezeichnungen erhalten:

Færingen: Kleinster Bootstyp mit ca. sechs Meter Länge, für zwei Ruderpaare/Dollen und mit zwei Laderäumen für Fracht wie Fisch etc. zwischen den hölzernen Schotten (siehe Zeichnung). Wurde hauptsächlich fürs Fischen quasi »vor der Haustür« verwendet oder für kurze Fahrten bis zum nächsten Handelsplatz (Kaufmann).

Hundromsfæringen: Der gewöhnlichste Færingtyp, mit zweieinhalb Laderäumen, zwei Ruderpaaren. Wurde aber auch auf hoher See als zusätzliches Fangboot/Beiboot verwendet.

Trerømmingen: Hauptsächlich als Frachtboot oder für die Juksafischerei verwendet (*Juksa* = das Angeln mit der sog. Schluckangel); ca. 6,60 Meter lang und 1,60 Meter breit, drei Ruderpaare.

Halvfjederømmingen: Wie oben, jedoch dreieinhalb Laderäume, für drei Ruderpaare, ca. 7,30 Meter lang und 1,60 Meter breit.

Firroingen: Populärer Bootstyp für eine Vierer-Mannschaft (vier Ruderpaare), der hauptsächlich in der Juksa- und Linefischerei benutzt wurde (*Line* = eine mit Ködern bestückte »Leine«, die etwa einen Meter über Grund schwebt); ca. 8 Meter lang und zwei Meter breit.

Halvfemterømmingen: Ein hauptsächlich vor den Lofoten benutzter Bootstyp (viereinhalb Räume) für die Linefischerei (im Winter Dorsch, im Sommer Seelachs).

Åttringen: Gewöhnlichster, aber schon zu den »Großbooten« zählender Typus, der während der monatelangen Lofotfischerei im Winter zum Einsatz kam (vier Ruderpaare); 10 Meter lang, 2,70 Meter breit.

Småstorbåten (das »Klein-Großboot«): War 12 Meter lang und gilt als Zwischending zwischen Åttringen und dem nun folgenden

Fembøringen: Sozusagen die Königsklasse unter den Nordlandsbooten (ca. 14 Meter lang, 3,35 Meter breit). Damit wurden lange Reisen und monatelange Aufenthalte in den Fischgründen vor den Lofoten oder der Finnmark unternommen. In diesem Bootstyp war auch ausreichend Platz, um die Netze und Gerätschaften für die Garnfischerei (Stellnetze) unterzubringen. Ein Fembøring hatte mindestens sechs Laderäume und war gewöhnlich mit sechs Ruderpaaren bestückt. Achtern befand sich eine Art abnehmbare Überdachung/Behausung. Mit dem Fembøring-Typus wurde umgezogen, Fracht transportiert, und wenn jemand heiraten wollte, wurde der prächtige Rah-Segler zum »Brautboot« herausgeputzt. Ein solches Boot heute – originalgetreu – herzustellen kostet etwa 180 000 DM.

Aufriß und Querschnitt eines Fembøring

Die vom Prinzip her immer gleichen, je nach Nutzungsabsichten größer oder kleiner gebauten Nordlandsboote zeichnen sich durch hohe Seetüchtigkeit aus. Die Abbildung stellt den Bootstyp der »Königsklasse« dar.

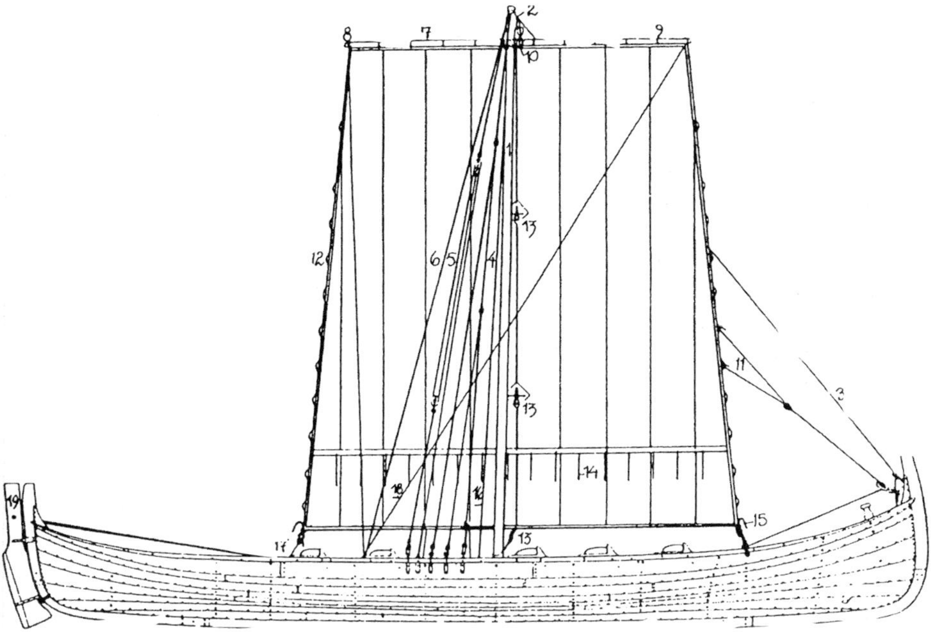

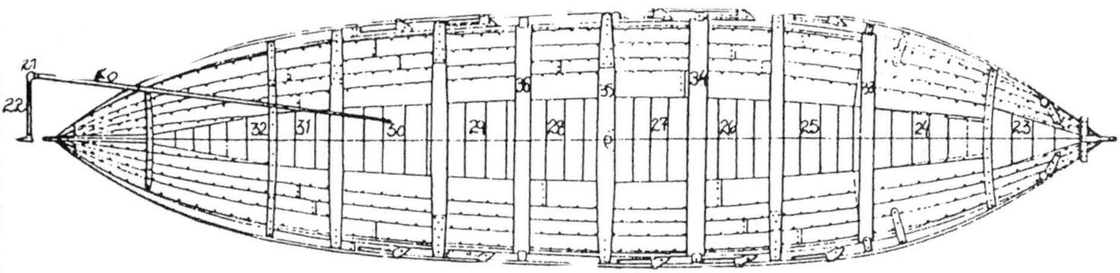

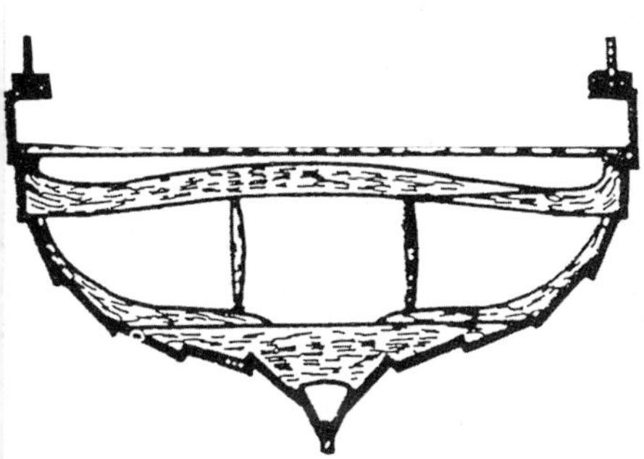

1 Mast
7 Rah, daran aufgehängt das Rah-Segel
24–31 durch Trennwände (Schotten) unterteilte, offene Laderäume
19 Ruder

13. Tag – Route: Heilhornet – Torghatten/Brönnöysund (83/98 km)

km	Zeit	Route
0	10.30 Uhr	Abfahrt **Kjelleidet/Heilhornet** auf RV 17
20		Holm – Fährfahrt nach
	12.00 Uhr	**Vennesund**, auch Vendesund (Überfahrt ca. 30 Min., max. Wartezeit 1 Std.)
33		Vik
43	13.00 Uhr	Berg
68		Brönnöysund
83	14.00 Uhr	**Torghatten** (erste Übernachtungsmöglichkeit)
98	19.00 Uhr	**Brönnöysund** (zweite Übernachtungsmöglichkeit).

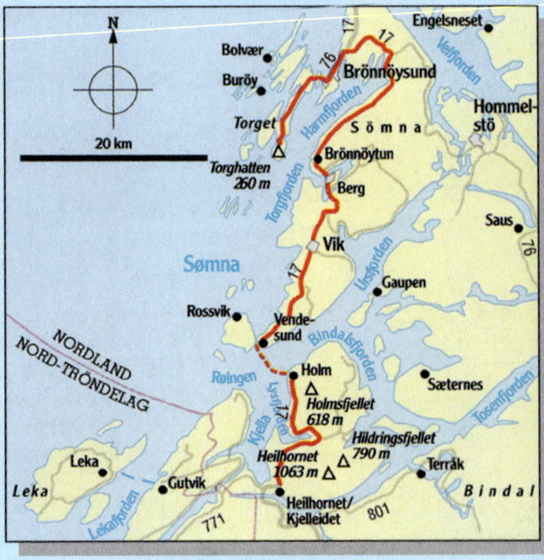

Hinweis: Zwischen 1992 und 1996 wurde in der Provinz Nordland ein internationales Kunstprojekt mit dem Namen **Skulpturenlandschaft Nordland** verwirklicht, das Kunstwerke in freier Natur zeigt und unter Beteiligung von 45 Kommunen zwischen Brönnöysund und Narvik verwirklicht worden ist. Entlang der hier beschriebenen 13. und 15. Tagesroute können folgende Kunstwerke besichtigt werden:

Auf **Sömna:** »Hai-Kuh-Badewanne« (ca. 20 Min. Fußweg von Vennesund aus, auch von der Fähre zu sehen); in **Brönnöysund:** »Der Wal von Åboskjæret« (im Sund westlich von Brönnöysund, ist vom Kai aus zu sehen); auf der **Insel Vega** (Bootsverbindung ab Brönnöysund bzw. Horn): »Ein neues Gespräch«, Granit, 3 Teile (an der Straße von Igeröy nach Gladstad); bei **Vevelstad** (siehe Karte Seite 177): »Opus für Himmel und Erde« – ein in den Felsen geschliffener Kreis (auf der Ostseite des RV 17 zwischen Anndalsvåg und Forvik). Weitere Informationen: Skulpturlandskap Nordland, Fylkeshus, 8002 Bodö, ✆ 75 53 12 23, Fax 75 53 12 50.

13. Tag – Informationen: Brönnöysund

Torghatten Reiselivslag
Postbox 314
8901 Brönnöysund
✆ 75 01 12 10
Fax 75 01 12 19
Das eigentliche Touristenbüro für Besucher vor Ort befindet sich im Brönnöysund am Hafen

13. Tag – Informationen: Brönnöysund

Torghatten Hotell A/S
Valveien 11
8900 Brönnöysund
✆ 75 02 02 00, Fax 75 02 13 84
Zentral gelegenes, modernes Hotel mit Restaurant, Bar, Nachtclub und Discothek. Kein Fjordpaß, Kategorie D. Restaurant N–NN.

Galeasen Hotell & Restaurant
Havnegata 34–36
✆ 75 02 14 44, Fax 75 02 13 35
Direkt am Hafen gelegen. Kein Fjordpaß. Im Sommer Kategorie C, sonst Kategorie D. Restaurant N–NN.

Torghatten Kurs-og Feriesenter
Torget
✆ 75 02 06 50, Fax 75 02 06 40
Ganzjährig geöffnet
Das Hotel/Motel (Hüttenvermietung) liegt ca. 15 km (RV 76) von Brönnöysund entfernt, direkt am Fuße des Torghatten. Hütten bzw. der angeschlossene Campingplatz liegen am Meer. Kein Fjordpaß, Kategorie B + C. Restaurant N–NN.

Torghatten Camping
Torget
✆ 75 02 54 95
Liegt direkt beim o. g. Torghatten Kurs-og Feriesenter.

Solli Camping
Laukholmveien 4
✆ 75 02 20 09
Ganzjährig geöffnet
Liegt 2 km südlich vom Zentrum. Mit Hütten- und Zimmervermietung. Übernachtung ab ca. 40 DM.

Torghatten
Der Berg mit dem Loch. Wer dieses mehrere Häuser große Loch durchwandert hat (auf Fotos sieht das angesichts der Größe des Berges immer winzig aus), kann noch einmal eine **Bootsfahrt** zum/rund um den Torghatten unternehmen. Erst von weitem, vom Meer aus, bietet sich jene Perspektive, in der man quasi durch den Berg durchschauen kann (siehe Seite 170). Die dreistündige Bootstour durch den Schärengarten findet jeden Samstag im Juli ab 13 Uhr statt. Abfahrt: Brönnöysund. Fahrtkosten: 100 Kronen pro Person, Kinder die Hälfte.

TD-Kiosken
Einfacher Schnellimbiß am Hafen (Kai). Hat bis 1 Uhr nachts geöffnet bzw. bis das um diese Zeit hier ankommende *nordgående* Hurtigruten-Schiff wieder abgelegt hat. N–NN

Tip: Bitte schon am heutigen Tag die blauen Seiten für den 15. Tag lesen! Erstens ist es notwendig, sich spätestens in Brönnöysund nach dem aktuellen Fahrplan der ersten beiden Fähren des 15. Tages zu erkundigen, und zweitens ist für morgen ein evtl. gepackter Koffer für den mehrtägigen Ausflug nach Lovund notwendig, falls es in Stokkvågen zu einem »fliegenden Wechsel« kommt.

Internet: www.rv17.no
Neben dem in deutsch erhältlichen Reisehandbuch »Die Küstenstraße RV 17« (vgl. S. 147) gibt es für Internet-Nutzer eine sehr gut gestaltete Homepage unter www.rv17.no. Darin finden sich in norwegisch und englisch u.a. die neuesten bzw. aktualisierten Fährerbindungen aller entsprechenden Gesellschaften zwischen Namsos und dem Lofot, einschließlich einer Querverbindung zum Fahrplan der Hurtigrute.

Unter »Attractions« werden sämtliche Sehenswürdigkeiten aller Orte längs der RV 17 vorgestellt und unter »Accommodations« alle kleineren und größeren Hotels, Campingplätze etc. Die E-mail-Adresse lautet: post@rv17.no.

13 Wie kommt das große Loch in den Berg? – Den Torghatten kann man bequem durchwandern

Wer am Vorabend der Empfehlung gefolgt ist, die Licht- und Farbstimmungen am Lysfjord zu beobachten, weiß es schon: Die heutige Wegstrecke bis hin zum Fähranleger in **Holm** ist eine ausgesprochene Panoramatour. Zuerst geht es an der Westflanke des Heilhornet längs – über dem Meer –, wenig später dann führt die Straße bergab, durchkurvt das Innere des Lysfjords und verläuft daraufhin am Meer entlang. So oder so ähnlich wie hier gibt sich der Kystriksveien 17 von nun an jeden Tag – bis hinauf nach Bodø. Und auch das wird von nun an mehr und mehr zur Selbstverständlichkeit: Die täglichen Fährfahrten, ohne die es in diesem Teil Norwegens auch heute noch kein Weiterkommen gibt.

1990 erst sind die örtlichen Fremdenverkehrsbüros und regionalen Fährlinien aufgewacht und haben endlich bemerkt, daß die Küstenstraße zwischen Namsos und Bodø ihresgleichen sucht. Vor diesem Zeitpunkt waren nur spärliche Informationen erhältlich, jetzt hat man immerhin eine erste gemeinsame Broschüre herausgegeben – »Helgeland à la carte« –, die man anläßlich der Überfahrt von Holm nach Vennesund (sozusagen am »Süd-Einfallstor«) verteilt. Auf der Fähre wird man gar in drei Sprachen begrüßt, und im Hochsommer fährt eigens ein Guide mit (sie/er tragen blaue Jacken mit der Aufschrift »i Kystriksveien 17«), um evtl. Fragen zu beantworten. Mittlerweile hat man endlich auch den »Fährenpaß« herausgegeben (siehe blaue Seiten 11. Tag), der die Überfahrten erheblich verbilligt.

Soviel zu den technischen Details, und nun zu den geographischen. Um die Sage vom Torghatten, die später nacherzählt wird, richtig einordnen zu können, empfiehlt es sich, während der Wartezeit oder während der Überfahrt die Straßenkarte zur Hand zu nehmen und folgende Fixpunkte zu suchen: Erstens die Insel Leka (man kann sie während der Überfahrt sogar sehen, sie liegt in Fahrtrichtung der Fähre links); zweitens den Torghatten (unser Tagesziel südlich von Brönnöysund), drittens die »Sieben Schwestern« (*de sju söstre* sind ein Gebirgszug mit sieben Gipfeln südlich von Sandnessjöen, siehe auch 15. Tag) und viertens den Hestmannen bzw. die Insel Hestmona (suchen Sie die gestrichelte Linie, die den Polarkreis anzeigt, und folgen Sie vom linken Kartenrand dem Polarzirkel nach rechts, nach Osten). Gut, jetzt haben wir eine erste räumliche Übersicht geschaffen und wenn's dann Zeit ist, darüber zu reden, müssen wir nicht lange auf der Karte suchen.

In **Vennesund** fahren wir – logisch – in Richtung Brönnöysund weiter. (Vennesund wird übrigens vor Ort auch »Vendesund« genannt, dasselbe passiert am 15. Tag noch mal mit der Ortschaft Levang, die sich dann Låvong schreibt. Es ist übrigens typisch deutsch, dafür sogleich eine Erklärung zu erwarten, während es typisch norwegisch ist,

Helgeland à la carte: Brönnöysund mit Ausblick auf die »Sieben Schwestern«

solcherlei Unstimmigkeiten einfach hinzunehmen.)

Auf den ersten Kilometern wird es nicht auffallen, aber je mehr wir uns Vik nähern, um so deutlicher ist es sichtbar: Hier auf der »Sömna« – so der Name der Halbinsel, die in der Torghatten-Erzählung ebenfalls eine Rolle spielt – lebt man von der Landwirtschaft. **Vik** gilt als die größte und ertragreichste *jordbruksbygde* Nordnorwegens (*jord* = Erde, *bruk* = bearbeiten/gebrauchen, *bygde* = Hof, Höfe; Dorf-Gemeinschaft). Die 450-Seelen-Gemeinde, das Zentrum der Kommune Sömna, bearbeitet etwa 2 500 Hektar landwirtschaftliche Nutzfläche, und das auf einer geographischen Breite, auf der z. B. in Kanada längst der Permafrost herrscht. Angesichts des im Sommer doch »milden« Klimas darf es denn auch nicht verwundern, wenn so weit nördlich noch Schwalben vorkommen und Anfang/Mitte Juli Flieder, Pfingstrosen, Klatschmohn und Lupinen alle auf einmal blühen.

Die weitere Wegstrecke über **Berg** und **Brönnöytun** führt am **Harmfjord** entlang. Bei klarem Wetter kann man gegenüber bereits den Torghatten erkennen, der von weitem betrachtet einer Hutform ähnelt (*hatten* = Hut). Bis man dort aber ankommt, ist es noch ein ganz schönes Stück Weg – die Strecke zieht sich rund um den Fjord herum.

Kurz vor **Brönnöysund** biegen wir vom RV 17 ab und folgen dem RV 76 bis ins Ortszentrum der dann noch knapp drei Kilometer entfernten *kystbyen midt i Norge* (der – kartographisch gesehen – Küstenstadt in der Mitte von Norwegen). Dort geht's, wenn man sich nicht vorab noch ums Quartier kümmern oder mit der *Turistinformasjon* in Verbindung setzen möchte, geradeaus durch die Storgata weiter – die Beschilderung Richtung »Torget« bzw. »Torghatten« ist deutlich (Achtung: Rechts hat Vorfahrt!).

Kurz bevor es dann die Auffahrt zur 550 Meter langen Brücke hochgeht, langsam fahren! Rechter Hand gibt es nämlich die einzige Möglichkeit weit und breit, das Auto zu parken, um auf dem Gehweg zu Fuß bis zur Brückenmitte zu gelangen. Warum? Von dort oben hat man eine phantastische Aussicht auf den Brönnöysund und die Stadt, die diesen Namen trägt – und genau nördlich der Brücke sieht man nun erstmals die »Sieben Schwestern« am Horizont. Man kann das Ganze natürlich auch erst auf dem Rückweg machen, aber ich sage es deshalb vorweg, weil die meisten Besucher von diesem »Bild« so überrascht werden, daß sie spontan auf der Brücke anhalten wollen, es aber nicht können und dürfen.

Am Parkplatz unterhalb des **Torghatten** findet man sich schnell zurecht. Es ist alles gut ausgeschildert, und so kann man schon nach einem etwa 20–30minütigen Anstieg, allerdings nicht in Sandalen, über den deutlich sichtbaren Pfad am Eingang des immens großen Lochs stehen (Länge bzw. Tiefe bis zur anderen Seite ca. 160 Meter, Höhe 25–30, Breite 12–15 Meter). Zur Vervollständigung unserer geographisch-räumlichen Einordnung fehlt noch das Wissen über die Lage des Vågekallen, die des Sulitjelma und schließlich die von Landego. Der erstgenannte Name bezeichnet einen Berg auf dem Lofot (zwischen Svolvær und Henningsvær), der zweite einen Grenzgipfel zwischen Norwegen und Schweden (50 Kilometer östlich von Fauske an der E 6), und der drittgenannte Name bezieht sich auf eine Insel nördlich von Bodø. So, und jetzt erst macht es einen Sinn, jenes schöne Giganten-Drama nachzuerzählen, mit dem sich alles erklären läßt:

»Im Norden von Helgeland saßen zwei mächtige Könige. Vågekallen hieß der eine und Sulitjelma der andere. Zwischen ihnen lag der Vestfjord als Grenze. So beherrschend sie auch waren, so hatten die beiden doch ihre Sorgen. Vågekallen mit seinem ungehorsamen Sohn Hestmannen (der Pferdemann) und der Sulitjelma-König mit seinen sieben wilden Töchtern; die er nach Landego schickte, wo die Lekamøyen-Frau lebte.

Eines Abends sah Hestmannen Lekamøyen und die sieben Schwestern in einem See bei Landego baden. Hestmannen verliebte sich in Lekamøyen und beschloß, sie um Mitternacht zu rauben. Hoch zu Roß und in voller Rüstung, mit wehendem Helmbusch und Umhang um seine starken Schultern, jagte er also auf seinem Mitternachtsritt vorwärts. Als die Jungfrauen ihn gewahrten, flüchteten sie in großer Hast nach Süden, bis sie vor Erschöpfung nicht mehr weiterkonnten. Die sieben Schwestern gaben ihre Flucht auf und warfen sich bei Alstahaug (nahe dem heutigen Sandnessjöen) nieder. Lekamøyen jedoch flüchtete weiter nach Süden und kam so in das Reich des Königs von Sømna, der die wilde Jagd schon längst beobachtet hatte. Unterdessen näherte sich langsam der neue Tag. Als der Sømna-König sah, wie der so verschmähte Liebhaber seinen Bogen spannte, um auf Lekamøyen einen Pfeil abzuschießen, warf er seinen Hut dazwischen, um sie zu retten. Genau in dem Augenblick, als der Pfeil den Hut durchlöcherte, der daraufhin bei Torgar niederfiel, ging die Sonne auf und schon im nächsten Moment erstarrte alles zu Stein.«

Wie nüchtern klingt dagegen doch wieder einmal die Wirklichkeit: Norwegen lag während der letzten Eiszeit, von einem gewaltigen Eispanzer niedergedrückt, unter der heutigen Oberfläche des Meeres. Vom Torghatten lugte zu der Zeit lediglich ein kleiner Teil aus dem Meer, so daß die Insel gerade mal als eine Fläche von 1 000 Meter Länge und 300 Meter Breite erschien. Das heute in 112 Meter Höhe liegende Loch befand sich damals also auf Meereshöhe, und das erst ist der eigentliche Grund: Die unaufhörliche Meeresbrandung höhlte den Fels im Laufe der Zeit aus, und als sich das Land später hob, konnte man sich jenes rätselhafte Loch zunächst nur so wie oben beschrieben erklären, wie es seit Generationen erzählt wird. ■

14

Kann sein, kann aber auch nicht sein
Der Tag für die Unberechenbarkeit des Nordens

Der Norden fängt da an, wo die Gewißheit endet, daß das, was man plant, wie vorgesehen machbar ist, während zugleich mit Wahrscheinlichkeit vorhersehbar ist, daß das, was man nicht plant, am Ende zur Gewißheit werden kann. Hab' ich mich damit klar genug ausgedrückt?

Na gut, dann muß ich einen Begriff aus dem Grönländischen entlehnen, den man dort an jeden Satz anhängt, der ein Vorhaben in der Zukunft zum Ausdruck bringt: »*Imaqa!*« Das heißt, da wo man an der Grenze dessen lebt, was die Natur zuläßt (oder trotz moderner Technologie auch nicht zuläßt), empfiehlt es sich immer, dieses einschränkende »Kann sein, kann aber auch nicht sein« in seine Überlegungen einzubeziehen. *Imaqa* eben! Sei es, damit man eine Reserve hat, oder auch nur, damit man umdisponieren kann, falls man auf Überraschendes gestoßen ist. Von beiden Möglichkeiten soll hier die Rede sein, beides kann uns in den kommenden Tagen jederzeit beschäftigen. (Details siehe weiter unten.)

Seit Namsos sind wir auf einer Route unterwegs, auf der eine banale Reifenpanne, eine streikende Benzinpumpe, ein Unwetter oder auch ein Maschinenschaden auf einer Fähre (so das denn je vorkommt) einen Tag Zeit kosten kann. Das soll kein Loblied auf die Freuden der Ohnmacht sein, aber wir Notrufsäulen-verwöhnten Mitteleuropäer mit dem Hang, alles innerhalb der nächsten Viertelstunde organisierend zu klären und dabei auch noch gegen jede Unbill versichert zu sein, tun gut daran, jenen mentalen Schalter zu betätigen, der in diesen Breitengraden üblich und von großem Vorteil ist: Einerseits nämlich mit Humor und Gelassenheit zu reagieren (auf was auch immer), andererseits dann jene Spontanität auszuleben, die sich in diesem Teil Norwegens jeweils anbietet, wenn man sich selbst nicht unverrückbar festgelegt hat. Ich spreche also von der Chance, zwischendurch immer wieder nach eigenem Gutdünken abzuweichen – von nun an jeden Tag mit diesem oder einem solchen Reservetag zu spielen –, einfach weil wir in einem Lebensraum unterwegs sind, der jedem Individuum zu jeder Jahreszeit unterschiedlichste Eindrücke beschert, die, würde man sie in einem Schema festzurren wollen, weder vorherzusagen noch nachzuerleben sind.

Deshalb sind unsere Zeitangaben für die nun folgenden Tage – wie immer, aber jetzt erst recht – nur eine Richtschnur, nach der sich so lange planen läßt, solange nichts »Unvorhergesehenes« dazwischenkommt oder man nichts dazwischenkommen lassen will. Welche »Auswirkungen« auf den ganzen Rest der verbleibenden Tage das haben kann, zeigt dieses Beispiel: Wer am 15. Tag die Abendfähre nach Lovund versäumt (warum auch immer), kann erst tags darauf übersetzen. Ergo »verbraucht« er unseren Reservetag, und schon ist er wieder im Lot. Wer dort am 17. Tag frühmorgens das erste Boot zum Festland zurück verschläft – weil er/sie klug genug waren, eine an Farb- und Lichtstim-

Mittsommernacht im Lurfjell

mungen einmalige Polarkreis-Nacht auszukosten –, bringt ohne Reservetag den ach so penibel ausgefeilten Zeitplan dergestalt durcheinander, daß es ihm/ihr unmöglich sein wird, am 18. Tag abends – wie vorgesehen – die 21-Uhr-Fähre von Bodø nach Moskenes auf die Lofoten zu erwischen. Es sei denn, man würde nun plötzlich Kilometer »wegfressen«, nur damit man ein einmal ins Auge gefaßtes Vorhaben »durchziehen« kann. Gerade dann fällt wahrscheinlich aus unerfindlichen Gründen genau jene *Supplereringsferje* zwischen Kilboghamn und Vågaholmen aus (eine sommers außerplanmäßige Zusatzfähre), die sonst immer, wenn man es nicht eilig hat, »pünktlich wie die Maurer« unterwegs ist.

Hier ein paar Anregungen, die allesamt dazu geeignet sind, Unberechenbares auszulösen:

Vor ein paar Jahren habe ich mich einmal dazu entschlossen, in Sandnessjöen (siehe 15. Tag) die Fähre nach Dönna zu nehmen, weil ich wissen wollte, wie's auf dieser Insel aussieht. Ich bin zwei Tage nicht von dort zurückgekommen oder besser: nicht losgekommen. Weil ich, immer der Nase nach, bis in die Nähe der Nordwestspitze der Insel gefahren war und dort nach einer Weile eine rund 130 Meter hohe Erhebung sah, auf die ein schmaler Feldweg hochführt (in der Landkarte ist ein Kreuz vermerkt und das Wort »Dönnes«, mehr kann man nicht beschreiben, den Rest muß man selbst austüfteln). Dort oben, ich war etwa gegen vier Uhr nachmittags angekommen, sollte ich mir einen 12-Stunden-Film anschauen, von dem mir niemals zuvor jemand berichtet hatte. Die Handlung und ihre Akteure: Im Westen das gleißende Meer und über ihm die grelle Nachmittagssonne. Nordwestlich die Inseln Lovund und Træna (siehe auch 15.–17. Tag); genau im Norden die etwa zweitausend Inseln, Holme und Schären rund um Sleneset und rechts davon, nordöstlich, die Inseln Luröy und Tomma. In diesem 180-Grad-Panorama mit bis zu 50, 60 oder 80 Kilometer Sicht nach überallhin bot sich mir eine Bühne, auf der ein selten dramatisches Stück gegeben wurde: Die Welt in allen Farben.

Was nachmittags noch glitzerte und silbern blinkte im Gegenlicht, wurde gegen Abend blau. Wo zuerst nur eine weiße Wolke über das Gipfelplateau von Lovund zog, war wenig später alles von einem gelben Dunst umgeben, der sich zusehends ins Orange verfärbte. Während die Sonne hinter Lovund und Træna vorbeizog und sich dabei allmählich dem Horizont zuneigte, lagen Tomma und Luröy plötzlich im Abendlicht. Die Felsen dort hatten ein warmes Braun, die Wiesen ein saftiges Grün und die Wolken am Himmel über mir trugen allesamt violettrote Ränder – von unten angestrahlt, denn die Sonne rollte jetzt über den nördlichen Horizont; ganz langsam, fast eine Stunde lang, grad so, als wolle sie nur mal genüßlich im Meer baden, um am beginnenden neuen Tag wieder sauber zu strahlen. Und was bisher immer im Schatten lag, aalte sich nun in der aufgehenden Morgensonne, während andere Bereiche in diesem zweieinhalb- oder dreitausend Quadratkilometer großen Mikrokosmos in den Schatten gerieten, um erst gegen Mittag erneut geweckt zu werden. So wie ich, denn ich hatte mir dieses Schauspiel eine ganze Nacht lang angesehen, verschlief den Tag, um am Abend alles noch einmal zu wiederholen. Ob es Ihnen, liebe Leser, genauso ergeht? Kann sein, kann aber auch nicht sein!

Ein anderes Beispiel dieser nicht planbaren Eindrücke dreht sich ums Wasser. Normalerweise fährt man am Valnesvatnet-See (siehe 18. Tag) vorbei, weil jeder, der zum ersten Mal in dieser Gegend unterwegs ist, meint, er müsse den nur noch wenige Kilometer entfernten weltberühmten Saltstraumen anschauen. Den Rummel um diese Gezeiten-

Grundlos anhalten – schon entdeckt man die Kleinodien links und rechts der Straße

Das Wasser fließt förmlich spiegelglatt über die Steine

strömung kann man sich meiner Meinung nach ersparen, weil die wahren Schätze eigentlich die vielen Kleinodien links und rechts der Straße sind, die man erst dann entdeckt, wenn man (am besten grundlos neugierig) anhält und ein paar Schritte in diese oder jene Richtung geht.

So ist es mir am Valnesvatnet ergangen, wo jenseits des Gewässers, genau am Abfluß des Sees, ein schöner Parkplatz liegt. Von dort aus ging ich diesseits und jenseits des Wassers entlang und habe stundenlang fotografiert. Unmittelbar oberhalb der Brücke ist das Wasser glasklar und fließt förmlich spiegelglatt über genauso spiegelglatte Felsrükken flußab. Manchmal erschrecken ein paar Fische über den Schatten, den man unweigerlich auf diesen Spiegel wirft, wenn man aber ruhig sitzenbleibt, schwimmen sie ganz nahe heran. Rechts davon – wie kann so etwas nur zustande kommen?! – sieht man ganz deutlich ein aus purem Fels bestehendes großes »S« im Wasser, als wäre dort vor Urzeiten ein Steinmetz tätig gewesen. Unterhalb der Brücke (Vorsicht, nur hundert Meter weiter stürzt das Gewässer über den Valnesfossen-Wasserfall jäh ins Tal hinab) könnten Gold- und Silberschmiede neue Vorlagen finden, vom Wasser inspiriert werden. Es rauscht über kleinere Felsbrocken hinweg, tropft und perlt, fächert sich auf, bildet Schleier, zaubert Vorhänge, sprüht in die Luft hinaus, schillert im Gegenlicht, malt Regenbogen, zeichnet grafische Strukturen, höhlt den Fels, wäscht kleine Buchten aus und verleiht einer einzelnstehenden Birke ihre Triebkraft. Es kommt eben nur darauf an, dies alles nicht als Ganzes, sondern vielmehr in seinen Details zu sehen. Abschnitt für Abschnitt und Meter für Meter.

Seit ich solche zufälligen Entdeckungen gemacht habe – die entscheidende Rolle hat die Insel Lovund gespielt, siehe deshalb dort –, weiß ich, wie wichtig eine Planung mit

... sieht man ein aus purem Fels bestehendes großes »S« im Wasser

»offenem Ausgang« ist, und wie notwendig es ist, darauf zum richtigen Zeitpunkt – jetzt, heute – hinzuweisen. Sonst besteht ständig die Gefahr, an dem, was der Norden wirklich zu bieten hat, vorbeizufahren. Sonst würde man nie auf die Idee kommen (da pfeifen wir doch auf die Kompetenz des Autoren!), statt einem 6. Zusatztag auf den Lofoten, diesen schon am zum Beispiel 18. Tag für einen Abstecher in die Gebirgswelt von Beiarn, Staupåmoen oder Övre Tollådalen zu verwenden; nur um erneut in einer Welt zu landen, in der freilich auf eine ganz andere Art ähnlich Überraschendes passieren kann wie bei dem zuerst geschilderten Beispiel auf der Insel Dönna. Gleiches gilt (wiederum am 18. Tag) für eine Runde über die Insel Sandhornöya, die über Gildeskål am Riksvei 838 zu erreichen ist. Kein Mensch fährt dorthin, niemand vermag zu sagen, ob sich diese Strecke »lohnt« (auch ich war noch nicht dort). Doch solche Eigenwilligkeiten können durchaus damit enden, daß man mit einem Fischer unterwegs ist, kilometerlange weiße Sandstrände entdeckt, auf dem Gipfel des Sandhornetfjell steht oder einfach nur Blaubeeren pflückt – kann alles sein, kann genausogut aber auch nicht sein!

Und schließlich könnten wir durchaus auch auf die Idee kommen, zwischendurch einmal getrennt zu reisen. Der eine fährt mit dem Schiff an der Küste hoch, der andere mit dem Auto. Für solche Gedanken gibt's (empfehlenswerterweise ab dem 17. Tag) zwei reale Möglichkeiten. Entweder mit der Hurtigrute (Teilstrecken sind nie ein Problem) oder mit der Schnellbootlinie »Nordland-Expressen«. Freilich muß man sich dazu in Sandnessjöen erst wegen der neuesten Fahrpläne schlau machen, damit man, wenn man von Lovund zum Festland zurückkehrt, den richtigen Einstiegshafen erwischt. Das sieht dann so aus: Wer sich für die Hurtigrute entscheidet, fährt mit dem von Lovund kommenden Schnellboot am besten bis nach Sandnessjöen zurück und löst dort ein Ticket für das Postschiff bis nach Örnes. Der Autofahrer kommt dort am Abend des 17. Tages durch. Wer Lust auf den Nordland-Expressen hat, kann auf der Rückfahrt von Lovund bereits in Onöy aussteigen, dort in das Speedboot nach Bodø umsteigen (so machen das übrigens die Einheimischen, wenn sie etwas in der Provinzhauptstadt zu erledigen haben) und dann, je nach Vereinbarung mit dem autofahrenden Partner, bereits in Vågaholmen wieder aussteigen oder ebenfalls bis Örnes weiterrauschen. So oder so ähnlich ließe sich das Spiel bis hinauf nach Svolvær, ja bis hinein nach Narvik weitertreiben. Aber ob das alles so klappt? Kann sein, kann aber auch nicht sein!

Ich denke, ich habe nun hinreichend beschrieben, warum Nordnorwegen bereits oberhalb von Trondheim beginnt, obwohl wir kartographisch gesehen, erst in der Mitte des Königreiches unterwegs sind. Von Brönnöysund bis nach Kirkenes, der Grenzstadt zu Rußland, sind es sage und schreibe noch 1 634 Kilometer. Doch spielen solche Angaben ab Polarkreisnähe eine weit weniger bedeutende Rolle als etwa die Tatsache, daß man überall längs dieser unendlichen Küstenlinie registriert, ob und nach wohin die Graugänse unterwegs sind. Wenn sie nach Norden fliegen, ist's Frühjahr, wenn sie nach Süden ziehen, Herbst. ■

15. Tag – Route: Brönnöysund – Stokkvågen – Insel Lovund (167 km)

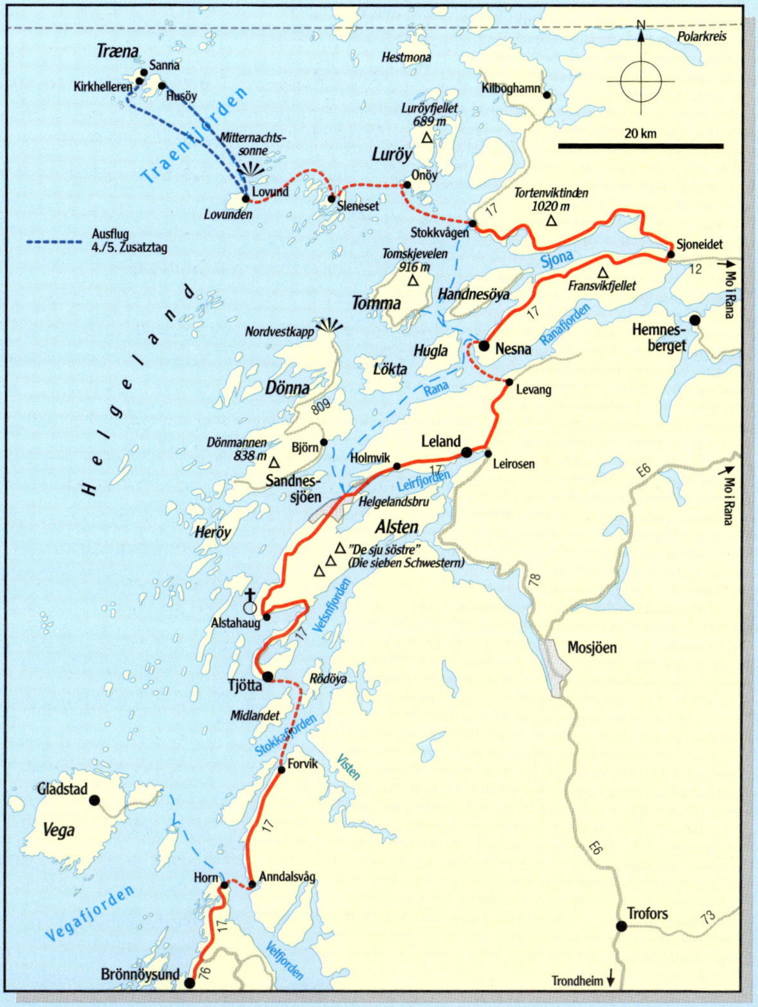

km	Zeit	Route
0	8.20 Uhr	Abfahrt Brönnöysund zum RV 17 bis nach Horn (nach Fährzeiten erkundigen, z.B. im Hotel, Touristenbüro)
11	(7.10 Uhr) 8.50 (11.30) Uhr	Fährüberfahrt von **Horn** nach
11	(7.30 Uhr) 9.10 Uhr	**Anndalsvåg** (Überfahrtszeit ca. 20 Min.). Zügige Weiterfahrt auf RV 17 (ohne zu rasen!) bis nach Forvik – die nächste Fähre wartet wirklich!

15. Tag – Route: Brönnöysund – Stokkvågen – Insel Lovund (167 km)

km	Zeit	Route
28	9.35 (12.10) Uhr	Fährüberfahrt von **Forvik** nach
	10.35 (13.10) Uhr	**Tjötta** (Überfahrtszeit ca. 60 Min.), weiter Richtung Sandnessjöen
47		Besichtigung der **Alstahaug-Kirche** und des Petter-Dass-Museums.
47	12.30 Uhr	Abfahrt nach
67		**Sandnessjöen** (siehe dazu Anmerkung 1), Mittagspause.
	14.00 Uhr	Abfahrt Sandnessjöen, Fahrt über die neue **Helgelandsbru** (Brücke)
96	15.10 (16.10) Uhr	Ankunft **Levang/Låvong** (siehe Anmerkung 2) bzw. Fährüberfahrt nach
	15.35 (16.35) Uhr	**Nesna** (Überfahrtszeit ca. 25 Min.; siehe dazu Anmerkung 3), Weiterfahrt Richtung Mo i Rana bis Abzweig RV 17/RV 12
136	17.30 Uhr	Abzweig RV 17 nach Stokkvågen
167	18.45 Uhr	Ankunft **Stokkvågen** (Auto parken!), Fährfahrt zur
	21.00 Uhr/23.45 Uhr	Insel Lovund (siehe Anmerkung 4), Mobiltel. der Fähre »MF Rana« ✆ 94 89 26 81.

Fahrplan des Schnellbootes »MS Helgeland«, Routen-Nr. 701 (Træna-Route)

Tägl. außer So:

Ab Sandnessjöen 16.30 Uhr	an Lovund 18.25 Uhr
Ab Nesna 17.00 Uhr	an Lovund 18.25 Uhr
ab Stokkvågen 17.30 Uhr	an Lovund 18.25 Uhr

Sonntagabends wird Lovund nur von Stokkvågen aus angelaufen. Ab Stokkvågen 20.10 Uhr bei Bedarf (Bestillningstur) Halt in Lovund ca. 21 Uhr.

Fahrplan für die Fähre »MF Rana«, (Routen-Nr. 746 (Stokkvågen–Lovund)

Mo–Fr

ab Stokkvågen 21.10 Uhr	an Lovund ca. 23.40 Uhr
Samstag (nur bei Bedarf):	Bestillningstur, siehe dazu Anmerkung 4:
ab Stokkvågen 18.00 Uhr	an Lovund 20.30 Uhr

15. Tag – Route/Anmerkungen

Sonntag:
ab Stokkvågen 13.30 Uhr an Lovund 16.00 Uhr
ab Stokkvågen 19.30 Uhr an Lovund 22.00 Uhr
Mo–Fr fährt die Fähre zusätzlich:
ab Stokkvågen 10.30 Uhr an Lovund 13.00 Uhr

Jetzt können Sie disponieren, aber dazu sind noch ein paar Anmerkungen notwendig:
Anmerkung 1 gilt für all jene, die sich bei der Ankunft in **Sandnessjöen**
a) entweder verspätet haben oder
b) von hier aus auf die **Insel Dönna** übersetzen wollen (die Fährverbindung lautet: Sandnessjöen – Björn und verkehrt etwa stündlich)
c) sich wegen der *nordgåenden* Hurtigrute bzw. des Nordland-Expressen vergewissern wollen. Eines der insgesamt 11 Postschiffe legt derzeit jeden Morgen um 4.30 Uhr (!) in Richtung Norden ab (oder wahlweise in Nesna um 5.45 Uhr) und kommt in Ornes um 9.45 Uhr an.

Wer also Lust hat, aus der Reihe zu tanzen – kostet natürlich wieder einen Tag –, kann sich hier mit Hilfe des örtlichen Fremdenverkehrsamtes nach den aktuellsten Fahrplänen erkundigen oder eben bereits ab hier die Möglichkeit nutzen, mit dem Schnellboot nach Lovund zu fahren.

Anmerkung 2: Hier in **Levang/Låvong** sollte man sich während der Wartezeit bei dem Lebensmittelladen (»Café«) 100 m vor dem Fähranleger (rechter Hand) mit Proviant eindecken – das wird noch ein langer Tag. Wenn dort geschlossen ist, bleibt noch Nesna als »Reserve«.

Anmerkung 3: Wer das Schnellboot ab Nesna benutzen möchte, darf sich in Sandnessjöen nicht aufhalten, sondern muß gut 1 Stunde früher in Levang eintreffen, um vor 17.00 Uhr in Nesna zu sein.

Anmerkung 4: Grundsätzlich sollte man das Auto auf dem Festland zurücklassen – insbesondere Wohnmobile! Erstens gibt es auf **Lovund kaum Parkplätze** und relativ wenige Autos, zweitens würde die Insel zu sehr ihr Gesicht verändern, wenn die kleine Gemeinschaft dort gezwungen wäre, zusätzlich Parkplätze zu bauen. Außerdem und drittens tut man den Bewohnern der Insel einen großen Gefallen, wenn man nicht – wegen drei Tagen – sein Auto mitbringt, weil dann die Transportkapazität auf der Fähre nicht bis zum letzten Zentimeter blockiert ist und die Einheimischen dadurch einfacher ihr eigenes Auto aufs Festland mitnehmen können. Weil die *Lovundværinger* aber auch nicht wollen, daß man ihren (40 km weit entfernten) Nachbarn in Stokkvågen alles vollparkt, empfehlen sie folgende Regelung: Wer nur kurz kommt (für 2–3 Nächte), sollte sein Auto am Festland lassen, wer eine Woche oder länger bleiben möchte, soll das Auto mitbringen.

Das also ist die Option, und dementsprechend sollte man entscheiden, ob man per Schnellboot oder Fähre nach Lovund übersetzen will. Wer das Schnellboot wählt, das übrigens nur in Sandnessjöen und Nesna ablegt, hat noch gut Zeit, einen Koffer, Seesack oder

15. Tag – Anmerkungen

Rucksack für die nächsten Tage zu packen und das Auto zu parken. Dabei bekommt man dann mit Sicherheit gewaltigen Hunger, darum siehe Anmerkung 2.

Und jetzt zu einer Regelung, die für uns Mitteleuropäer exotisch wirkt: Wer mit der **Fähre nach Lovund** will, muß wissen, daß diese an Samstagen nur auf Wunsch, auf Bestellung verkehrt. Dieses nennt man eine *Bestillningstur*. Damit das auch wirklich klappt, sollte man schon tags zuvor in **Sandnessjöen** die Telefonnummer 75 06 41 00 anrufen (Englisch) und dann seinen Wunsch äußern. Oder gleich bei der »Helgeland Trafikkselskap« in Sandnessjöen am Hafen vorbeigehen und auf diese Weise das Notwendige regeln. Nur eines kommt natürlich nicht in Frage: Sich die Fähre bestellen, ohne das Auto mitzunehmen. Klar? (Oder eben – der Tag für die Unberechenbarkeit des Nordens – erst sonntags nach Lovund übersetzen.)

Anmerkung 5: Wer an einem Samstag oder Sonntag in **Stokkvågen** ankommt, muß die geänderten Abfahrtszeiten berücksichtigen und tut gut daran, bereits auf einen gepackten Koffer zurückgreifen zu können. Sonntagabends fährt das Schnellboot nach Lovund nur nach Bedarf, also rechtzeitig bestellen. Die Fähre muß an Samstagen – *bestillt* – werden.

Anmerkung zu den Anmerkungen: Es liest sich alles komplizierter, als es in Wirklichkeit ist. Damit dürfte aber auch klar sein, wieso Norwegens schönste Landschaften bis heute nicht vom Massentourismus überrannt worden sind. Sie lassen sich – gottlob – nur mit Geduld und Zeitaufwand erreichen. Sollte sich an dieser scheinbaren »Umstandskrämerei« je etwas ändern, würde es zu ähnlich betrüblichen Entwicklungen kommen wie am Nordkap.

15. Tag – Informationen

Turistinformasjon Sandnessjöen
Im Gebäude in den Räumlichkeiten von Hegelands Reisebyrå
T. Kveldulvsonsgata 27
8800 Sandnessjöen
✆ 75 04 41 30

Alstahang-Kirche/ Petter-Dass-Museum
Am RV 17 zwischen Tjötta und Sandnessjöen
Tägl. 11–17 Uhr

Helgeland Trafikkselskap
Postboks 603
8801 Sandnessjöen
✆ 75 06 41 00
Hier wegen Fährzeiten bzw. der Fähre nach Lovund erkundigen.

Nesna Gjestegård
8700 Nesna
✆ 75 05 65 40
Falls man in Nesna übernachten muß (vgl. Anmerkung 3).

Nesna Camping
8700 Nesna
✆ 75 05 65 40
In beiden Fällen handelt es sich um die hier übliche Mischung aus Hotel/Motel (Zimmer z. B. in Hütten), wobei der »Gjestegård« eher Hotelcharakter hat und auch

15. Tag – Informationen

Mahlzeiten serviert, während auf dem Campingplatz Selbstverpflegung gilt. Kein Fjordpaß, Preise zwischen A und C.

Lovund Rorbu Hotell
8764 Lovund
✆ 75 09 45 32
Fax 75 09 46 50
Diese Kombination aus heimeligem Familienhotel und *Rorbu*-Hütten-Areal ist die einzige Möglichkeit, auf Lovund zu übernachten – und eine hervorragende. Das ehemalige Schulhaus liegt traumhaft schön mit Blick genau in die Mitternachtssonne (z. T. große Panoramafenster genau nach Norden).

Die Preise:
Hotelzimmer pro Nacht und Doppelzimmer 790 Kronen,
Einzelzimmer 595 Kronen, inkl. Frühstück.

Mahlzeiten: Abendessen (2 Gänge) NN.

Unterschiedlich große Rorbuer (Fischerhütten, Selbstverpflegung) mit 1 Schlafraum, 4 Betten, Küche, Wohnraum, Dusche/WC für 2 Personen bzw. eine kleine Familie:
pro Tag 660 Kronen;
2 Schlafräume, 4 Betten, Küche, Wohnraum, Dusche/WC für 4 Personen/Familie:
pro Tag 760 Kronen;
2 Schlafräume, 4 Betten, Küche, Wohnraum, Dusche/WC für 4–6 Personen:
pro Tag 860 Kronen.

Wohnung/separates Haus mit 2 Schlafzimmern, 8–10 Betten, Küche, Wohnraum, Dusche/WC, für Gruppen, große Familien oder 2 Familien: pro Tag 860 Kronen.

Das **Lovund Turistheim** hat ein gutes hauseigenes Restaurant und sogar – an einem derart abseits gelegenen Ort ganz und gar außergewöhnlich – das Recht, an der Hotelbar alkoholische Getränke auszuschenken.

Weitere Informationen zu Lovund finden Sie auf den blauen Seiten des 16. Tages, Seiten 189 ff.

Im Ort befinden sich Bank, Post sowie zwei Lebensmittelgeschäfte.

Die Lunde-Vögel (Papageientaucher) sind das Wahrzeichen von Lovund

15

Des Nordlands Trompete
Von Brönnöysund nach Lovund

Der Dichter-Pfarrer Petter Dass (1647–1707) schrieb als erster neuzeitlicher Chronist über das Leben am Polarkreis; sein Hauptwerk und Vermächtnis ist »Nordlands Trompet«.

Fragst du, wie's mit Himmel und Wetter hier steht,
So wiß', daß es uns gar erbärmlich geht,
Wenn die Elemente uns packen:
Sturmwetter und Schnee, unerträglicher Frost;
Will einer abwehren den stechenden Ost,
Zieht Pelze er an und Jacken.
Die Zügel führet der eiskalte Pol,
Der Sonne sagten wir längst Fahrwohl,
Die Planeten verkünden nur Schlimmes.
Es heißt, Saturnus halte die Macht
Beim Schatze dort, fern in der nordischen Nacht,
Doch wer glaubt so verborgen Grimmes?
Ich möchte fast sagen, auch ist es wahr,
Es sei hierzulande das ganze Jahr
Ein Tag nur von zweimal zwölf Stunden.
Ist nicht der Winter nur eine Nacht,
Und ein einziger Tag des Sommers Pracht,
In eins zusammengebunden?
Von der Zeit, da die Sonne im Schützen steht,
Bis dahin, daß sie in die Fische geht,
Verbirgt sie uns immer ihr Auge.

(Auszug aus »Nordlands Trompet« – über den Winter)

Brönnöysund sollte zur vorgeschlagenen Zeit verlassen werden, denn wer die 8.50-Uhr-Fähre von Horn nach Anndalsvåg versäumt, wird wahrscheinlich nicht noch am gleichen Abend in Lovund ankommen können. Es sei denn, man würde ausgerechnet Alstahaug auslassen – jene Wohn- und Wirkensstätte von Petter Dass, die hierzulande jedem ein Begriff ist. Noch heute schwingt eine gewisse Verehrung mit, wird sein Name genannt, noch heute rechnet man ihm hoch an, daß er als erster Dichter des Landes nach des Volkes Mund geschrieben hat (also Norwegisch) und nicht etwa auf Latein. Der Seelsorger des Nordlands war zu seiner Zeit derart populär – den einfachen Leuten schien er eine Art Schutzheiliger zu sein –, daß man ihn nach seinem Tode schleunigst anonym begraben hat, um (unerwünschte) Wallfahrten nach Alstahaug zu verhindern. Dies ist wohl gelungen, aber kaum ein Norweger fährt heute an diesem unscheinbaren Platz vorbei, ohne wenigstens Kirche und Museum zu besuchen.

Der Weg nach dort ist leicht zu finden. Zunächst geht es von Anndalsvåg nach **Forvik** weiter und dort mit der Fähre nach **Tjötta**. Während der knapp einstündigen Überfahrt bleibt reichlich Zeit, alle etwa tausend Meter hohen Gipfel der »Sieben Schwestern« zu bewundern – wir kennen ja nun die Geschichte – oder nachzulesen, was Dass über den Sommer schreibt:

Doch betritt die Sonne der Zwillinge Haus,
Verkündet sie auch, daß der Winter aus,
Und leuchtet uns freundlich auf's neue.
Deckt aber tiefes Dunkel das Land,
So beschattet es Tag und Nacht den Strand.

Hurtigrute: die sydgående »Vesteraalen« in Brönnöysund

Zwei Monate oder auch dreie.
Drauf weicht das Dunkel, die Finsternis flieht,
Und das Vieh aus dem dumpfen Stalle zieht
Auf die frische, grünende Weide.
Dann stehst du so zeitig auch nimmer auf,
Daß nicht schon Aurora in ihrem Lauf
Mit Purpur die Gipfel bekleide.
Da kann ich versichern, gehet ein Knecht
Mit der Sonne zu Bett und steht auf, wie's recht,
Er liegt nicht zu lang' in dem Koben. –
O Sommer, gekommen zu aller Behag,
Da die Nacht so hell, wie der lichte Tag
Und die Vögel den Schöpfer loben!

Von Tjötta sind es noch 19 Kilometer bis zur Alstahaug Kirke (links der Straße, Richtung Sandnessjöen). Am betreffenden Abzweig steht nur ein ganz normales Hinweisschild; daß es nebendran ein Petter-Dass-Museum zu besichtigen gibt, wird noch nicht mal erwähnt.

Zuvor jedoch, kurz hinter Tjötta – auch das sollte zumindest gesagt werden – liegt linker Hand ein **Soldatenfriedhof**, auf dem 7 551 als Kriegsgefangene umgekommene russische Soldaten begraben wurden; und im sogenannten »Rigelfeld« sind weitere 1 011 Menschen (Russen, Deutsche, Tschechen, Polen und Norweger) bestattet. »Rigel« war der Name eines hier in der Nähe im Zweiten Weltkrieg versenkten Gefangenentransporters, bei dessen Untergang insgesamt 2 578 Menschen umgekommen sind. Um die Dimension zu verdeutlichen: Die »Titanic«-Katastrophe kostete 1 508 Menschenleben.

Zurück zu Petter Dass: Im Jahre 1689 übernahm er im Alter von 42 Jahren das Priesteramt auf **Alstahaug** und war damit zuständig für die damals größte und wohl auch reichste Kirchengemeinde »nördlich von Dovre« (Dovre/Dovrefjell siehe 10. Tag). Sein seelsorgerischer Bezirk erstreckte sich damit vom Velfjord im Süden bis nach Rodöy im Norden (17. Tag) sowie von der schwedischen Grenze – das sind gut 100 Kilometer Luftlinie – bis zu dem Bereich, in dem »das Garn treibt« (die Fischernetze im Meer).

Bevor der als Sohn des aus Schottland eingewanderten Petter Donn Dass (Dundass) zum wohlmeinenden und gleichermaßen geliebten wie auch gefürchteten Patriarchen der Region aufstieg, hatte er am eigenen Leib Elend und Armut im Nordland erfahren, wo er aufgewachsen war. Und diese Verbundenheit mit den einfachen Fischern und Bauern hat er zeitlebens nie aufgegeben. Zur Erinnerung noch mal: Der gesamte Norden stand unter der Knute der Kaufmannsherren aus Bergen. Im Grunde war das Nordland also nichts anderes als eine Kolonie, die gezwungen wurde, ihre »Rohstoffe« (Stockfisch, Tran, Hering, Pelze) in Bergen abzugeben und umgekehrt Waren nur von dort zu beziehen. Zu Preisen, die in beiden Richtungen immer von Bergen diktiert wurden.

Petter Dass nun wurde mit 13 Jahren zum Onkel nach Bergen geschickt, auf daß er die Lateinschule besuche. 1666 immatrikulierte er sich an der Universität zu Kopenhagen und blieb, ständig am Hungertuch nagend, drei Jahre lang dort, um Theologie zu studieren. Als er schließlich in sein heimatliches Helgeland zurückkehrte, zunächst als Kaplan in Nesna, war er wohl für die damaligen Verhältnisse im isolierten Norden der einzige Mensch mit Weltbildung weit und breit. Spannend an der Person des Petter Dass ist die Wandlung, die er durchläuft, die Doppelrolle, die er nun annimmt.

In der »Weltstadt« Bergen bekam Dass nicht nur den entscheidenden Kontakt zur Schrift, zur Dichtung, zur Literatur, in diesem Umfeld lernte er vor allem die Zusammenhänge des weltweiten Handels, des Geschäftemachens kennen, und er bekam tiefe Einsicht in die himmelschreiend ungerechten Verhältnisse zwischen dem reichen Süden und dem bettelarmen Norden. Der (spätere) Theologe in ihm wußte also recht genau über das »System« Bescheid und versuchte während seiner Amtszeit auf Alstahaug – weil er doch wie wenige genau wußte, in welch ärmlichen Verhältnissen das gemeine Volk um ihn herum lebte –, die Lebensverhältnisse seiner *Nordlendinger* zu verbessern. Zum ersten dadurch, daß er sich ins »Weltliche« einmischte – er war im treuhänderischen Sinne auch Kaufmann, Gutsbesitzer, Reeder und Verwalter –; zum zweiten, indem er seinen Mitmenschen prinzipiell nicht auf Latein predigte (nebenbei auch noch Martin Luther übersetzte, »auf daß ihn das Volk im Alltag verstehe«), und schließlich drittens durch eine komplette »Distriktsbeschreibung«, die er verfaßte, damit man im Süden endlich wisse, wie es um die Lebensverhältnisse am Polarkreis steht. Doch »Nordlands Trompet« wurde erst 32 Jahre nach seinem Tod veröffentlicht.

Doch daß das Wetter weit härter hier ist
Als in andern Ländern, das, wie ihr wißt,
Bewirkt der Circul polaris.
Denn läg' unser Land nicht so nahe dem Pol,
So hätt' man ein milderes Wetter wohl
Auch im Laufe des ganzen Jahres.
So sind wir denn, wenn Saturnus befiehlt
Und mit Hagel und Schnee auf die Erde zielt,
Gerade zunächst ihm zuhanden.
Wir halten den ersten Ansturm aus,
Der Nachbar jedoch sitzt ruhig im Haus
Und wird nicht, wie wir, zuschanden.
Oft trifft uns ein Wetter mit ganzer Macht,
Doch weiter im Süden der Himmel lacht,
Es rührt sich kein Blatt, kein Lüftchen. –
So hörst du, mein Leser, wie's uns ergeht,
Und was täglich der arme Mensch aussteht.

Die Führungen auf Alstahaug werden überwiegend auf norwegisch gehalten – auf Wunsch jedoch auch in englisch (deutsch wird verstanden). Die Kirche wurde (zuerst als eine katholische Kapelle) 1150 erbaut und im

Petter-Dass-Museum auf Alstahaug

13. Jahrhundert um ein Schiff – heute der Chor – erweitert. Zwischen 1863 und 1865 erfolgte der Umbau zur Kirche in ihrer heutigen Form. Besonders interessant sind die geschnitzten Holzfiguren des Altars und darunter (was man erst während der Führung erfährt, es wird nirgendwo in den schriftlichen Unterlagen hervorgehoben) eine Moses-Figur, der man statt eines Heiligenscheins bzw. einer Krone versehentlich (Teufels-)Hörner an den Kopf geschnitzt hat. Man kann sich dieses »Unikat« heute nur so erklären, daß es während der Arbeit an dieser Figur eine Fehl-Interpretation des lateinischen *Coronar* gegeben haben muß.

Auf Alstahaug und im nahen Sandnessjöen werden (Mitte Juni) alle zwei Jahre die Petter-Dass-Tage gefeiert; ein kultureller Höhepunkt in Helgeland mit Kirchenkonzerten, Ausstellungen, Literaturseminaren, aber auch Rockkonzerten oder dem Mitternachts-Jazz in der Kirche von Sandnessjöen. Dann freilich geht's auf Alstahaug turbulenter zu als wo-möglich jetzt, wenn wir vor der Weiterfahrt noch zum Ufer hinunterschlendern, uns dort irgendwo hinsetzen und nachlesen, was ein Pastor auf Alstahaug zum Wind zu sagen hat:

Ein andrer Wind, der im Mai beginnt
In unsrem gebirgigen Labyrinth,
Havgule wird er geheißen.
So stark wie der Ostwind wehet heraus,
So stark geht hinein sein wildes Gebraus,
Daß am Maste die Segel reißen.
Mit dem Sommer er kommt, mit dem Sommer er geht,
Floriert, so lange die Flora besteht,
Verschwindet, wenn diese verschwindet.
Er beginnt am Morgen noch ziemlich sacht,
Weht weiter am Tage mit stärkerer Macht,
Was als richtig ein jeder befindet.
Der Herr, der alles geordnet und
Vorausgesehn, hat nicht ohne Grund
Auch also geboten den Winden.
Würd' nicht in die Fjorde der Seewind gesandt,
So würden in heißen Sommern verbrannt
Die Blumen und schattigen Linden.

Mittlerweile dürfte klar sein, nach Namsos, nach Brönnöysund, daß die Kleinstädte längs der Küste hauptsächlich für die Bewohner der Umgebung von immenser Bedeutung sind. Gleiches gilt für **Sandnessjöen**. Hier kauft man ein, hat endlich die große Auswahl, hier trifft man Freunde von anderen Inseln »mal eben auf ein Bier«, hier kreuzt man mit seinem »neuen Schlitten« auf – mit einem »Transam« wenn's geht, mit Blattfedern, hinten hochgelegt. Trotzdem müssen uns diese Kleinstädte nicht unbedingt wie ein Ausbund an Savoir-vivre vorkommen. Wer also nicht gerade zur Insel Dönna übersetzen will (siehe 14. Tag) oder die wegen der Lovund-Fähre angegebene Telefonnummer anrufen möchte, muß nicht mit einem sonderlich großen Verlust rechnen, wenn er Sandnessjöen nicht *en detail* kennt.

Eine geruhsame Mittagspause (Lunchpaket) ließe sich auch an der **Helgelandsbru** halten, auf die man hier stolz ist wie sonst was. Man muß das auch unter dem Gesichtspunkt sehen, daß Sandnessjöen nun endlich die lang herbeigesehnte Anbindung ans Festland hat und daß die Ausmaße dieser (mautpflichtigen) Brücke der Hamburger Köhlbrandbrücke mindestens ebenbürtig sind: Die 1 065 Meter lange Spannbrücke (ohne Anfahrtswege) führt in 43,5 Meter »Segelhöhe« über den Leirfjord hinweg, in ihr wurden 31 000 Kubikmeter Beton verarbeitet, 3 700 Tonnen Armierung und etwa 300 Tonnen Spannseile. Die Gesamtkosten lagen bei knapp 80 Millionen DM, und das für eine Bevölkerung von ungefähr 10 000 Menschen (nähere Umgebung).

Auf der Fahrt bis nach **Levang/Låvong** (beide Schreibweisen sind gebräuchlich) fällt auf, daß selbst so kurz unterhalb des Polarkreises immer noch Kühe weiden und kleinere und größere Kartoffeläcker angelegt sind. In und um **Nesna** – wichtigster Ausgangspunkt zu den Inseln Hugla, Tomma und Handnesöya – setzt sich dieses Bild fort, doch

Helgelands Küste: die Welt in allen Farben

Vom Festland etwa 40 Kilometer entfernt – die Insel Lovund

allmählich nimmt die Häufigkeit der Nadelbäume ab und dafür dominiert die Birke.

Sollte jemand aus seiner Straßenkarte eine Fährverbindung von Nesna nach Stokkvågen herauslesen, so ist das eine überholte Angabe (der Betrieb ist eingestellt). Zwischenzeitlich wurde eine neue Straße (zunächst also Richtung Mo i Rana) um den gesamten Sjonafjord herumgebaut, der RV 17 führt daran entlang und zweigt bei Myklebostad/Sjoneidet nach Stokkvågen ab. Etwa 20 Kilometer hinter Nesna, es geht mal wieder bergauf, liegt linker Hand ein unglaublich schöner Aussichtsparkplatz, von dem aus man einen herrlichen Blick zum Fjord hinaus hat. Die Insel, die da in der Ferne liegt – mit einer weißen Wolke auf ihrem Haupt – das ist Lovund! Dort werden wir am späten Abend sein.

Die weitere Fahrt um den gesamten Fjord herum ist ein Genußstück, auch wenn dabei Tunnels durchfahren werden müssen (nur so ist die Strecke ganzjährig befahrbar). Achtung: Die Ampeln nicht übersehen! Falls Rot aufleuchtet heißt das *Stop Portan* (Stopp an der Pforte). Ein paar Kilometer vor Stokkvågen liegt linker Hand erneut ein Parkplatz, und dort ist jenes Begrüßungsschild der »Luröy-Kommune« angeschlagen, von dem in der Einleitung dieses Buches zu lesen war. Nochmals also: »Willkommen in Luröy!«

Bis nach **Stokkvågen** sind es nur mehr zehn Minuten Fahrt, dort biegt man links ab, zum Fähranleger (Wartehäuschen) hinunter, und hält nach einem Schild mit der Aufschrift »*Långtidsparkering*« (Langzeitparken) Ausschau. Nun muß man nur noch einen geeigneten Platz finden. Vielleicht muß man seinem Auto auch eine »unkomfortable Stellung« zumuten, aber wichtig ist, keinem den Weg zu versperren, damit jeder ungehindert losfahren kann. ■

16. Tag, 4. und 5. Zusatztag – Programm: Insel Lovund

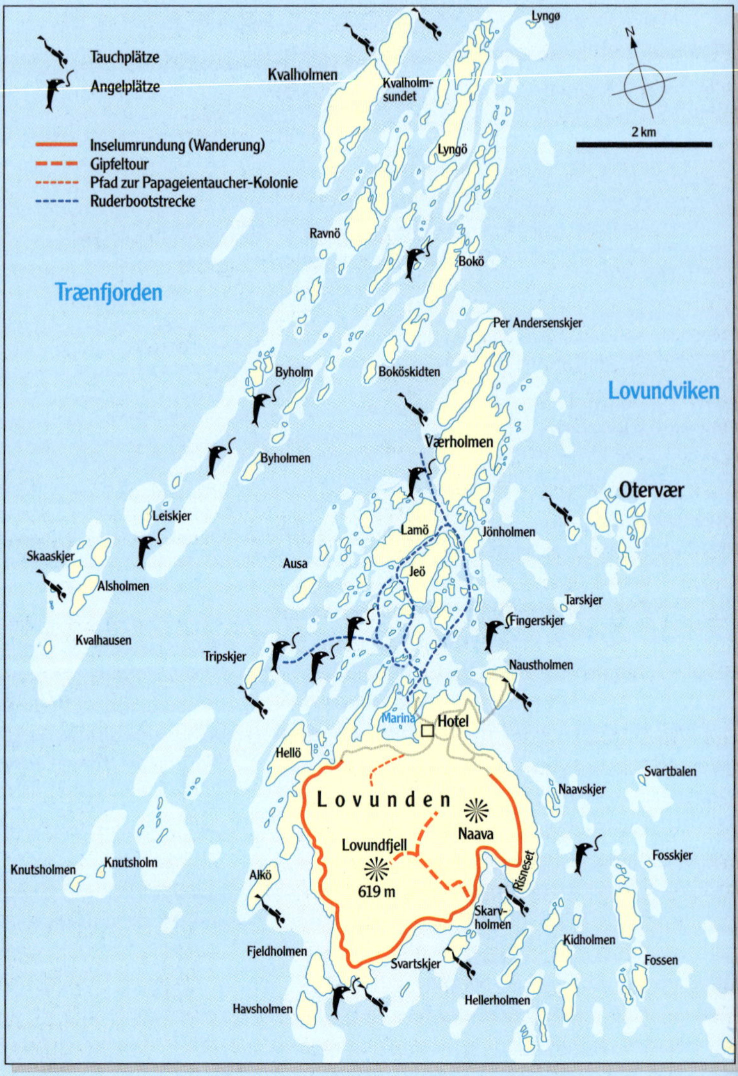

Wir müssen an dieser Stelle von der bisherigen Praxis der blauen Seiten abweichen, weil sich hier nichts auf Stunde oder Tag im voraus planen läßt. Obwohl es auf Lovund häufig schön ist und mild, milder als auf dem Festland, diktieren Wind und Wetter das Geschehen – einerseits. Andererseits ist entscheidend, ob man eigene Touren unternehmen will – z. B. eine Inselumrundung zu Fuß – oder an einer der sehr informativen, vom Hotel geführten Touren teilnehmen möchte – z. B. zur Papageientaucher-Kolonie; oder beides. Also können wir hier nur die Auswahl aller Möglichkeiten nennen. Wann man was realisieren kann während dieser drei Tage, hängt vom Wetter ab, von den Tageszeiten, ja zum Teil sogar von Ebbe und Flut. Grundsätzlich gilt daher: Immer im Hotel Bescheid sagen, wenn man auf längere Tour außer Haus geht, und fragen, wenn man sich nicht sicher ist.

Die Inselumrundung zu Fuß: Eine ca. 5–6stündige Wanderung durch häufig wechselndes Terrain. Der überwiegend markierte Pfad führt über Wiesen, aber auch durch anspruchsvol-

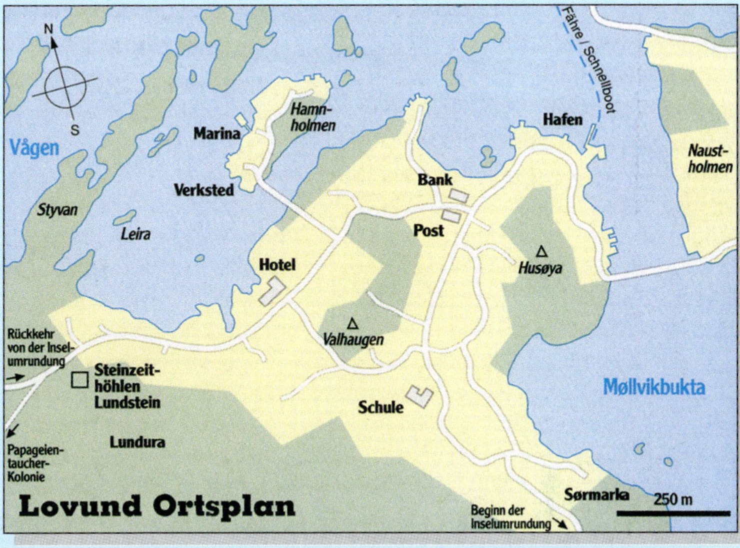

les Felsengelände, fällt mal stark ab und steigt genauso kräftig steil an. Zeit lassen, nichts überstürzen, Fernglas mitnehmen. Nicht vom Pfad abweichen und etwa der (weil manchmal leichter zu begehenden) Strandlinie folgen. Man könnte von der Flut überrascht werden, mit bösen Folgen. Der »Einstieg« in den Pfad ist leichter zu finden, wenn man zuerst durch das Dorf wandert und dann in der Sörmarka beginnt; die Insel also im Uhrzeigersinne umrundet.

Die Gipfeltour: Wer auf den Gipfel des **Lovundfjell** steigen will (619 m), braucht neben einer gewissen alpinen Erfahrung (mindestens Schwindelfreiheit!) und geeignetem Schuhwerk vor allem absehbar gutes Wetter. Recht häufig »hängt«, bei strahlendblauem Himmel rundum, ausgerechnet am **Lovund-Gipfel** eine kleine weiße Wolke, als hätte jemand einen Wattebausch draufgesetzt. Das kann bedeuten, daß man auf dem Gipfelplateau in den »Nebel« gerät. Der nicht vollständig markierte Aufstieg zum Gipfel beginnt auf der Südseite der Insel (gleicher Pfad wie bei der Umrundung) und führt ab bzw. durchs Kardalen aufwärts. Dort gilt es, die schwierigste und steilste Passage der ganzen Tour zu meistern (5–6 Std.). Auf halber Höhe der Schlucht muß man sich nach links wenden

... mit einer weißen Wolke auf dem Haupt – das ist Lovund!

und auf den dann grasbewachsenen Abhängen weiter aufwärts bis zur **Kardalsaksla** aufsteigen (unbedingt merken, wie man auf dem Rückweg gehen muß, damit man den Abstieg wiederfindet). Oben angekommen, geht's ohne Schwierigkeiten weiter bis zum Steinmännchen auf dem Gipfelplateau. Dort kann man sich in ein Buch eintragen und die wunderschöne Aussicht genießen.

Der Besuch der **Papageientaucher-Kolonie** (norw.: *Lunde*, engl.: *Puffins*) ist fast jede Nacht zwischen 10 Uhr abends und 2 Uhr morgens ein beeindruckendes Erlebnis. Zuerst sollte man im Hotel nachfragen. Die Leitung des Hauses organisiert 2–3mal pro Woche Führungen und weiß viel darüber zu berichten. So kann man in seiner anfänglichen Unkenntnis nichts falsch machen (wer den Vögeln zu nahe kommt, hält sie vom Anflug zu ihren Niströhren ab und verhindert die Fütterung der Jungen).

Gleiches gilt für die Kormorane und die vielen, vielen anderen Vögel in diesem Lebensraum. Wer etwa mit einem Ruderboot zwischen den Holmen und Schären unterwegs ist, sollte die auf den Inseln brütenden Eiderenten nicht stören und keinesfalls etwa die Brutkolonien von Mantelmöwen oder Seeschwalben betreten. Die würden den Eindringling gemeinsam attackieren. Wer eine Eiderente veranlaßt, von ihrem Gelege zu flüchten, verhindert, daß sie ihre zwei, drei oder vier Eier sorgsam »dekoriert«, um sie vor den Augen der gierigen Möwen zu verbergen. Und: Wer sich auf Beobachtungstour befindet, sollte gewahr sein, daß er/sie von vielen Augen beobachtet wird, obwohl er/sie niemanden sieht.

Finden nicht mehr genügend Nahrung im Meer – die Papageientaucher

16. Tag, 4. und 5. Zusatztag – Programm

Seeadler beobachten: Auf und um Lovund herum horsten seit eh und je Seeadler. Sowohl in den steilen Felsen wie auch auf den Inseln weiter draußen. Die Greifvögel kann man, wenn man sich irgendwo außerhalb des Dorfes 2–3 Stunden hinsetzt, manchmal recht gut mit dem Fernglas beobachten. Man kann ihnen während eines Inselrundgangs (versehentlich) regelrecht vor die Schwingen stolpern – während sie auf einem Felsvorsprung sitzen und das Meer beäugen; mit viel Glück fliegen sie womöglich bis auf 10 oder 20 m Höhe zu einem herunter, um dann umgekehrt ihre Neugier zu befriedigen.

Allerdings klappt das alles nur, wenn man ohne Erwartungshaltung (daß das so passiert) loszieht, wenn man ruhig, leise und geduldig bleibt. Natur hat weder etwas mit einem perfekt organisierten Disneyland zu tun, noch ist sie eine Burg-Falknerei, bei der sonntags punkt 15 Uhr die große Vogelschau beginnt.

Wem bei der Frage nach Seeadlern oder anderen Großvögeln plötzliches Mißtrauen begegnet, sollte sich nicht wundern. In Nordnorwegen und Nordschweden reagiert die gesamte Bevölkerung hochsensibel auf solche Fragen. Zu oft schon haben in der Vergangenheit vermeintliche Naturfreunde nach Falken, Adlern und ähnlichem gefragt, und hinterher haben sich deren Eier dann im Brutkasten eines (leider wieder mal deutschen) Wohnmobils befunden, weil man in Mitteleuropa Höchstpreise dafür bezahlt (Aufzucht).

Die Steinzeithöhlen: Vor 4 000 bis 6 000 Jahren war der Meeresspiegel hierzulande um etwa 18 m höher als heute. Lundmyra (ein grasbewachsenes, teilweise etwas sumpfiges Gelände westlich des Dorfes) war damals eine kleine Meeresbucht, an deren Rand sich eine Steinzeitsiedlung befand. Genau da, wo heute die gigantischen Felsbrocken liegen (»Lundstein« heißt der größte), die nach einem Felssturz von oben, vom Lovundfjell, abgebrochen sind – mit dem Ergebnis, daß die Hohlräume zwischen den Felsen den Steinzeitvorfahren ein natürliches Dach boten.

1938 wurden in diesem Areal wissenschaftliche Untersuchungen durchgeführt. Aufgrund der damaligen Funde (Werkzeuge bzw. Gerätschaften, die sich im Tromsö-Museum befinden) wurde Lovund zum *Steinalderboplass* erklärt (wörtlich: Steinzeitwohnplatz). Gleiches gilt für die Nachbarinseln von Træna.

Die Vorfahren der *Lovundværinger* lebten vom Vogelfang, von Fisch, Muscheln und vermutlich von Robben. Sie mußten damals schon recht erfahrene Bootsbauer gewesen sein, hat man doch zwischenzeitlich auf Trænabanken Fischereigerätschaften aus der Steinzeit gefunden (die Trænabanken sind Fischgründe, die ca. 130 km weiter westlich draußen im Meer liegen).

Auch hier ist es sinnvoll, zuerst im Hotel nachzufragen, um nicht unnötig und vielleicht vergeblich nach diesen nicht leicht erkennbaren Wohnplätzen zu suchen. Meist wird dieses Thema mit einem Besuch der Lunde-Vögel-Kolonie verbunden.

Ausflug nach Træna: (Die Route finden Sie in der Karte zum 15. Tag Seite 177.) Montag und Mittwoch kann man mit der Fähre einen Ausflug auf die Insel Træna unternehmen mit einem zwei- bis dreistündigen Aufenthalt auf **Husøy.**

16. Tag, 4. und 5. Zusatztag – Programm

Abfahrt von Lovund 13.45 Uhr, Rückkehr um 20 Uhr. Oder evtl. Mittwoch und Freitag mit einer Kombination von Katamaran und Fähre (vor Ort klären). Dann ist der Aufenthalt auf Husøy länger. Ab Lovund 14 Uhr und zurück um 20 Uhr. Im Hotel sollte man sich erkundigen, ob ein Abstecher von Husøy auf die kleine Nachbarinsel **Sanna** möglich ist.

Sanna ist genau wie Lovund ein Ort, der wohl schon vor 6 000 Jahren besiedelt war. Bedeutendste Stelle ist **Kirkehelleren** – die Kirchenhöhle. Das ist eine Art Felsenkathedrale, die sich haushoch gut 30 m in den Fels hineinwölbt. In dieser Behausung hatten die Steinzeitbewohner auf Sanna wohl besten Schutz vor Wind und Wetter gefunden. Hier soll man übrigens ein männliches Skelett mit der außergewöhnlichen Größe bzw. Länge von zwei Metern entdeckt haben; neben ihm ein 1,15 m langes Bronzeschwert.

Rudern, Kanufahren, Fischen: Unweit des Hotels gibt es eine hauseigene kleine Marina, von der man zu einem Ausflug starten kann. Bei der Hotelleitung anmelden, was man mieten möchte. Dort erhält man eine Karte, in der die empfohlenen Routen eingezeichnet sind (siehe auch unsere Karte). Schwimmwesten nicht vergessen – enorm wichtig –, und unbedingt von den Lachsfarmen wegbleiben! (Es werden jetzt aber auch geführte Angel- oder Vogelbeobachtungstouren in und durch den Schärengarten angeboten.)

Solange man sich im **Schärengarten** nordöstlich der Insel befindet, bewegt man sich im geschützten Bereich. Ähnliches gilt für den südöstlichen bzw. südlichen Abschnitt, wobei es da schon besser ist, wenn man auf einen kleinen Außenborder zurückgreifen kann. Tabu für alle, die sich mit den lokalen Strömungen nicht auskennen (also nur mit einem einheimischen Guide bitte), ist die Westseite der Insel. Hier bläst im harmlosen Fall nur ein starker Wind, bei Sturm jedoch knallt die offene See in z. T. meterhohen Wellen gegen die Insel.

An der Südwestspitze – zwischen der kleinen Insel Fjeldholmen und der Hauptinsel – herrscht, besonders bei Ebbe, eine tückische Grundströmung, die einen mit einem satten Schwung in Richtung offene See abtreiben läßt (also: Außenborder). Der Tidenhub, der Unterschied im Wasserstand zwischen Ebbe und Flut, beträgt rund um Lovund 2–3 m.

Tauchen: Lovund ist unter Kennern in Skandinavien ein vielgerühmtes Tauchrevier – wegen des klaren Wassers und der noch intakten Flora und Fauna unter Wasser. Nicht selten kann man sogar vom Ruderboot aus, mit bloßem Auge, Seeigel und Seesterne erkennen. Die empfohlenen Tauchgebiete sind auf der Karte markiert. Allerdings werden auf Lovund weder Geräte vermietet noch Tauchkurse gegeben. Dies ist also lediglich eine Information für schon ausgebildete Taucher mit eigener Ausrüstung.

Die Mitternachtssonne: Kalendarisch gesehen, ist die Mitternachtssonne auf Lovund in der Zeit zwischen 11. Juni und 6. Juli zu beobachten. Und das, obwohl die Insel mit 66° (Grad), 22' (Minuten) nördlicher Breite, exakt 11' oder rund 20 km unterhalb des Polarkreises liegt.

16. Tag, 4. und 5. Zusatztag – Programm

Solche Angaben sind freilich nebensächlich. In der Hauptsache zählt, daß viele Wohnzimmerfenster auf Lovund statt nach Süden genau nach Norden zeigen.

Diese Praxis hat man beim Umbau des ehemaligen Schulhauses zum Touristenheim gottlob beibehalten – sowohl im Restaurant wie auch in einem Großteil der Zimmer. Und das alles deshalb, weil sich auch noch in der Nach-Mittsommer-Zeit fast allnächtlich am nördlichen Horizont ein unbeschreiblich schönes Farbenspiel betrachten läßt – egal ob bei schönem Wetter oder bei tiefliegenden Wolken. Bei der zuletzt genannten Wetterlage kann das alles sehr dramatisch sein, weil dann die Sonne unterhalb der Wolken wieder herauskommt und alles von unten her anstrahlt. Eine solche Nacht sollte man keinesfalls verschlafen, dazu hat man tagsüber Zeit.

Ein großartiges Erlebnis kann es werden, wenn man sich alleine (zu zweit) gegen etwa 23 Uhr aufmacht, wärmende Kleidung mitnimmt und sich dann außerhalb des Dorfes einen einsamen Platz sucht, von dem aus man dieses Schauspiel verfolgt – stundenlang und in größter Stille.

Optimale Bedingungen vorausgesetzt, könnte man während des Lovund-Aufenthalts also folgendermaßen vorgehen:

16. Tag

Vormittag	**Wanderung rund um die Insel** (Lunchpaket sowie Schlechtwetterkleidung mitnehmen)
Abend	**Steinzeithöhlen** anschauen und anschließend die Papageientaucher-Kolonie besuchen. Ab 22/23 Uhr in der taghellen Nacht bis 2/3 Uhr morgens sitzen die meisten Lunde-Vögel in der Kolonie.

4. Zusatztag

Nachmittag	Mit dem **Ruderboot** eine **Tour zwischen den Inseln**. Fischen! Wer noch nie einen Dorsch oder Seelachs gefangen und ausgenommen hat, sollte sich nach einem »Lehrer« umschauen bzw. fragen, wer einem das richtige Vorgehen beibringen könnte. Fernglas mitnehmen, um Vögel zu beobachten. Keine Insel ungefragt betreten (vorher also erkundigen), sie sind allesamt entweder in Privat- oder in Gemeinschaftsbesitz.

5. Zusatztag	6stündiger **Bootsausflug nach Træna**. Besuch der **Insel Husöy** und, wenn möglich, Abstecher auf die Insel Sanna. (Karte siehe Seite 177.)

Der 4. und 5. Zusatztag sind austauschbar.

Wichtig: Am 17. Tag muß man dann sehr früh aufstehen, um entweder per Schnellboot oder per Fähre wieder aufs Festland zurückkehren zu können. Siehe dazu Route 17. Tag, Seite 204.

16 Nichts Besonderes, einfach Lovund
Protokoll einer fünfzehnjährigen Beobachtung

1976: Die Anreise vollzieht sich dazumal mit der typischen Grundhaltung eines ahnungslosen Mitteleuropäers. Jedenfalls sehe ich das heute so, wenn ich in meinen ersten Notizen über Lovund blättere (sprich *Lowünd*). Da begegnet mir ein Zeitgenosse, der völlig selbstverständlich davon ausgeht, daß nur hinter seinem städtisch geprägten Aufwachsen das stehen kann, was man ein Weltbild nennt. Sonst könnte er nicht (insgeheim) so vorschnell annehmen, sein Besuch sei eine Abwechslung in dem, wie er glaubt, isolierten Alltag der Menschen hier draußen. Denn nicht wahr, wer auf einer »kleinen, gottverlassenen Insel vor Nordnorwegens Küste« zur Welt kommt, kann unmöglich auf jener Klaviatur mitspielen, die bei unsereinem für gewöhnlich zwischen »A Chorus Line« und »7b-Abschreibung« angesiedelt ist, zwischen dem Kommentar zum letzten Wimbledon-Finale und dem Wissen über die Langzeitauswirkungen eines Walkmans auf die Ohren. Es ist also wie bei der alten, ewig wiederholten Geschichte vom »Berliner in den bayerischen Bergen«. Doch hier kommt eines noch hinzu: Lovund weiß mehr vom Rest der Welt als der Rest der Welt von Lovund.

Seeadler-Nachwuchs

Die Abreise nach vier Tagen geschieht denn auch unter allen Anzeichen des verstörten Aufgewühltseins. Freilich ist in den erwähnten Notizen nichts davon zu spüren. Doch in Wahrheit ist unserem Zeitgenossen etwas widerfahren, was so nicht vorgesehen war: Er hatte – ich hatte – eine Welt entdeckt. Und ich weiß noch genau, wie entsetzt ich war, als ich einem Seeadler beinahe auf die Schwanzfedern getreten wäre; wie erstarrt wir beide waren, in jenen wenigen Sekunden – bis sich der Seeadler doch noch über die Klippen in die Tiefe stürzte, seine mächtigen Schwingen ausbreitete und mir genau das vorführte, was man Souveränität nennt. So, als wollte er mir zeigen: Dies hier, dies ist keine Karte aus dem Ereignisfach, kein Tierfilm aus der Reihe »Alle Wunder dieser Erde« keine Welt im Secondhand-Format –, dies ist der Ort, wo Wirklichkeit gerade erst entsteht. Ähnlich erging es mir als einzelner Mensch inmitten von 250 000 Papageientauchern (damals noch); so urteilte ich auch beim Betrachten der auslaufenden Fischerboote zwischen den Aberhunderten von Inseln, und

45 Schüler in fünf Klassen, und dafür sieben Lehrer

wenn ich nachts aus meinem Zelt schaute, konnte ich stundenlang entweder der Mitternachtssonne zusehen oder der – kliep, kliep, kliep – aufgeregten Futtersuche der Austernfischer am Strand. Seinerzeit gab es nicht ein einziges Auto auf der Insel, die Dorfstraße war noch nicht asphaltiert, und wenn du dir eine Flasche Whiskey kaufen wolltest, mußtest du das im 160 Kilometer entfernten »Vinmonopolet« in Mo i Rana telefonisch bestellen, auf daß die »Bottle« anderntags dann mit dem Schnellboot per Nachnahme zugestellt wurde. Jenes damals gerade in Betrieb genommene Schnellboot aus Nesna bzw. Sandnessjöen, das sich seitdem – als die tägliche Nabelschnur zum Festland – wie ein Segen auf die Entwicklung von Lovund ausgewirkt hat. Eine Entwicklung, die beides zustandebringen sollte: Den Lebensraum zu bewahren, einerseits, zum anderen aber Mittel und Wege zu finden, durch die man endlich sein Auskommen haben konnte. Denn das bedeutete in der Folge, den jungen Menschen – und auch den Frauen auf dieser Insel – Arbeitsplätze bieten zu können, um endlich die Abwanderung aufs Festland zu stoppen, die ein Jahrzehnt zuvor eingesetzt hatte.

1981: Richtig begriffen habe ich das erst bei meinem zweiten Besuch, als nicht mehr das pure Verliebtsein in einen »paradiesischen Zustand« ausschlaggebend war, sondern das Interesse an den Menschen auf Lovund. Denn während uns in Deutschland zusehends die Übersicht für unseren Lebensraum verlorenging – ich meine das Verstehenkönnen alltäglicher Ereignisse und ihrer Auswirkungen –, erschien das gerade mal 4,8 Quadratkilometer große Lovund wie ein Überbleibsel aus längst vergangenen »harmonischen Zeiten«. Es war (und ist) ein Mikrokosmos, den man in fünf bis sechs Stunden zu

Mittsommerzeit oder – auf Lovund sind die Wohnzimmerfenster nach Norden hin ausgerichtet

Fuß umrunden konnte, der seinerzeit von 250 Menschen bevölkert wurde, darunter von 70 Kindern; und für die 45 Schüler unter ihnen gab es damals bereits sieben Lehrer! Auf Lovund brüteten wie eh und je die Papageientaucher, Seeadler und Kormorane, und jeder wußte, wo und wie man die hochbezahlten Eiderdaunen sammeln konnte, ohne daß darüber der weitere »Nachschub« versiegte. Zu Lovund gehören und gehörten zwei Kaufmannsläden, zwei Kirchen, ein altes und ein neues Schulhaus, 250 Schafe, ein paar Enten, wildernde Katzen, und in den vier Lachsfarmen rund um die Insel wuchsen Zehntausende der dam[...] bestbezahlten Fische heran. Also war es nicht schwer, einen Satz zu formulieren wie: »Hier erkennt und versteht noch jeder seine Welt.«

In Wirklichkeit aber war dies alles nur die vorweggenommene Umsetzung des gerade aufkommenden Slogans: »Lokal handeln, global denken«. Deutlich wurde das durch die langen Gespräche mit Hans Petter Meland, der wegen seiner vielfältigen Aktivitäten in und um Lovund häufig geneckt wurde: Er war in jenen Tagen nämlich der »heimliche Bürgermeister«, der selbsternannte PR-Agent

der Insel, »Herbergsvater« des inzwischen zur Jugendherberge umgebauten alten Schulhauses, Rektor und zugleich ein entschiedener Verfechter der norwegischen Distriktpolitik. Das ist jene nordische Version einer 68er-Revolte, die weder der fernen Regierung in Oslo noch einer wie auch immer gearteten EG in Brüssel den Sachverstand zutraute, sich hinreichend um die Belange der Küstenbevölkerung kümmern zu können. Die Regierenden in der Hauptstadt unterschätzen sicherlich (siehe die Eingangsbemerkung zum Thema »Weltbild«), wie tief hier das Bewußtsein verankert ist, daß man längs der Küste seit Jahrtausenden gesiedelt und überlebt hat – und daher niemandem glauben müsse, daß nur, weil nun plötzlich »moderne Zeiten« geworden waren, Außenposten wie Lovund keine Zukunft mehr hätten. Im Gegenteil, Außenposten wie Lovund sollten mit Hilfe der Distriktpolitik endlich jene neuzeitliche Infrastruktur und damit ein Plus an Lebensqualität erhalten, wie sie in den nächstgelegenen Städten am Festland gang und gäbe war.

Das also ist der politische Hintergrund, vor dem ein Hans Petter Meland in seiner Multi-

Kinder auf Lovund

funktion agierte. Er konnte dies alles sein und tun, weil er auf Lovund geboren wurde und nach einem Pädagogikstudium in Trondheim in seinen Mikrokosmos zurückkehrte. Genau wie sein Freund Steinar Olaisen, der zwar Soziologie studiert hat, sich danach aber wieder entschloß, im Ölzeug zu arbeiten – wie die Väter und Großväter –, allerdings mit anderen Vorzeichen: Er, wie auch Hans Petter, widmeten sich der Lachszucht. Sie begannen 1972 so nebenbei als Hobby, während die erfahrenen Fischer zunächst abwarteten. Die Skepsis schien begründet, denn der Beginn der Mini-Lachsfarm mit 1 200 Fischen war ein Schlag ins Wasser. Noch am ersten Tag starben 900 Tiere. Die noch verbliebenen *Smolts* allerdings waren dann der Grundstock zu Lovunds neuer Zeit. 1981 wurden bereits 250 Tonnen des gefragten Fischs verkauft, also pro Einwohner eine Tonne. So haben denn in der Folge die kleinen Werkstätten wieder genügend Arbeit, die Netzmacher, Zimmerleute und Maurer. Das Frachtaufkommen hat sich dadurch seit 1972 verdoppelt, und da man mit der Schnellbootverbindung den auf Eis gelegten Fisch in kürzester Zeit aufs Festland bringen konnte, war man plötzlich sogar im Exportgeschäft.

Niemand bestreitet, daß natürlich auch das Öl im norwegischen Süden mitgeholfen hat. Es füllte die Staatskasse und half, eine großzügige Infrastruktur auf den Inseln zu finanzieren. Trotzdem ist man auf Lovund selbstbewußt genug, um auf die eigenen Errungenschaften zu verweisen: Im Verbund mit den Nachbarinseln (alle zusammen bilden die Gemeinde Luröy) wurden innerhalb von acht Jahren auf Lovund eine neue Hafenmole und eine Schule mit Turnhalle gebaut. Dafür ha-

Mit der Lachsaufzucht begann für Lovund eine neue Zeit . . .

ben die Nachbarn auf der Insel Sleneset ein neues Schwimmbad. Auf Lovund gibt es außerdem ein Jugend- und Gemeindehaus, einen Kindergarten, und fremde Besucher übernachten jetzt im alten Schulhaus, das in ein Hotel umgewandelt wurde.

1982: Diesmal bin ich im zeitigen Frühjahr gekommen, am 12. April. Ich wollte wenigstens einmal miterleben, wie die Papageientaucher in einem einzigen Schwarm auf Lovund ankommen, wie sie unablässig ihre Kontrollrunden fliegen – eigentlich eine aus zwei riesigen Kreisen bestehende »liegende Acht« – und wie sie, sobald sie sich sicher sind, ihre Kolonie in den Felshalden besetzen. Denn das ist ihr Sommerquartier bis zum August. Sie tun dies jedes Jahr, mit 95prozentiger Sicherheit am 14. April gegen Mittag oder Nachmittag, und damit endet das Winterhalbjahr auf Lovund. Um diese Zeit werden die Lämmer geboren und die Schafböcke auf eine der umliegenden Inseln gefahren. Auf dem Festland und im Gebirge herrscht derweil immer noch der Winter, hier draußen aber bringt das Golfstrom-Klima schon eine erste Andeutung von Frühling heran.

Seit ich im Schulunterricht Dias gezeigt habe – Bilder von Lovund, wie sie ein Fremder sieht –, haben die Kinder ihre Scheu verloren. Sie grüßen und wollen gegrüßt werden; sie huschen mit Pfeil und Bogen hinter den Felsen entlang, sie graben Würmer aus dem Watt, malen sich ihren Spielplatz in den Sand der Wege, füttern einen Raben, den sie über Winter großgezogen haben, und wenn am Tag zuvor im Fernsehen ein Western gezeigt wurde, tragen die Jungs anderntags alle einen Cowboyhut. »Christiane F.« ist für sie so ungefähr das gleiche Fremdwort wie »Äquinoktialzone«, Billard gibt's keinen, Flippern ist nicht, und der einzige Geldspielautomat weit und breit hängt beim Kaufmann Pettersen. Der aber gehört dem norwegischen Seenotrettungsdienst, und dafür zeigt jeder gerne seinen »Spieltrieb«. Schließlich fahren noch immer 20 Männer jeden Tag mit ihren Fischkuttern aufs Meer hinaus, und einige wenige sind zwischen Januar und April nach wie vor auf dem Lofot – obwohl sich dort Jahr für Jahr die Fangergebnisse verschlechtern. Früher konnte man auf dem Lofotarchipel in nur vier Monaten fast einen Jahresverdienst erwirtschaften (den Sommer über war man zu Hause, im Herbst ging's auf Hering), doch heute reicht das längst nicht mehr aus.

In Steinar Olaisens Büro steht jetzt, zu meiner Überraschung, der erste Computer. Wassertemperaturen, Sonnenscheindauer, Fütterungszeiten und -mengen sind darin festgehalten und noch vieles mehr. Trotzdem kann

??????ch der Edelfisch wird heute in Massen angeboten

sich dieser Mann noch immer herumdrehen und wortlos nicken, wenn jemand zu ihm ins Büro kommt und sagt, man müsse auf den Berg steigen und ein Lamm in Sicherheit bringen, weil das Mutterschaf abgestürzt sei.

Als ich Hans Petter während einer Fütterungsfahrt frage, wie es denn komme, daß man hier so leichthin mit beiden Welten umgehen könne – mit der von gestern und der von heute –, antwortet der Lachsfarmer (er hat jetzt seinen Job als Rektor endgültig aufgegeben): »In der Stadt und an der Universität habe ich nur mein Werkzeug verfeinert und geschliffen, aber das Rohmaterial, das hat mir Lovund gegeben.« Wie er das denn meine, will ich wissen, und so fährt er fort: »*Learning by doing,* das haben wir auf dieser Insel schon praktiziert, als es in der Pädagogik noch nicht einmal eine Idee, geschweige denn ein Begriff war. Wir hatten früher immer zwei Wochen Schule und zwei Wochen ›frei‹. Du kannst also sagen, mit sieben hab' ich angefangen zu fischen, mit acht jeden Knoten gekannt, mit zehn die Untiefen um Lovund herum. Das war eben so. Zwei Wochen Schule, zwei Wochen Mitarbeit, und wir alle wußten von klein auf, was unsere Väter taten.« Spricht's, dreht sich herum, stellt seinen zehnjährigen Sohn auf eine Holzkiste und läßt ihn durch das Inselgewirr nach Hause schippern.

Aber noch etwas ist 1982 wichtig: Lorentz Pettersen, der Sohn des Kaufmanns, hat sein Betriebswirtschaftsstudium beendet und ist ebenfalls zurückgekehrt. Torgrim Olaisen wird der neue Rektor der Schule, seine Frau Torill ist ebenfalls Lehrerin. Beide machen auf mich einen »verschlossenen« Eindruck, Lorentz Pettersen einen dynamischen. Er ist voller Pläne.

1987: Ich bin ziemlich überrascht. Erstens, weil Lovund neben der Schnellbootverbindung nun auch per Fähre erreichbar ist, zweitens, weil die kleine Dorfstraße in der Zwi-

Heilbutt – ein selten großes Exemplar

schenzeit asphaltiert wurde, drittens, weil es jetzt vier (!) Autos auf Lovund gibt, viertens, weil auf Naustholmen, einer kleinen Insel vor dem Hafen, plötzlich große Hallen stehen – das sieht nach Industrie aus, denke ich –, am meisten erschreckt mich aber fünftens, daß ich die »liegende Acht« nicht mehr sehen kann. Wo sind die Papageientaucher? Was ist hier während der letzten fünf Jahre geschehen? – fragt sich der um »sein« Paradies bangende Mitteleuropäer.

Nun, das Frachtaufkommen aufgrund der Lachsfarmen ist derart gestiegen, daß es jetzt bereits lohnenswert ist, zwei- bis dreimal pro Woche einen Kühltransporter nach Lovund zu schicken, der dort direkt lädt. So kommen die vielleicht 20–30 Tonnen Lachs wohl am schnellsten in den Süden bzw. zum nächstliegenden Flughafen. (Am 27. September 1989 übrigens feierte dann die SAS den 100millionsten norwegischen Lachs, den man von

Oslo nach New York geflogen hat.) Jedenfalls braucht man, wo Lkws fahren, einen Asphaltuntergrund und, so sagen sich die Lovundværinger, wenn schon eine Fährverbindung existiert, macht es auch Sinn, vom Traktor aufs Auto umzusteigen.

Die großen Hallen auf Naustholmen beherbergen einen Betrieb zur Herstellung von Styropor-Boxen. Initiator und Chef der, wenn man so will, ersten »Fabrik« auf Lovund überhaupt ist jener Lorentz Pettersen, der nach seinem Betriebswirtschaftsstudium ziemlich genau erkannte, was eine Marktlücke ist. Überall im norwegischen Norden war das Lachsgeschäft nämlich sprunghaft angestiegen, überall jedoch mußte man sich die Verpackungsmaterialien aus dem Süden erst kommen lassen. Was lag also näher, als der erste zu sein, der die dringend notwendigen Kühlboxen vor Ort produzierte, der anfing, bis nach Tromsö hinauf zu liefern. Und ich muß sagen, Lorentz hat Wort gehalten. Auf meine Frage 1982, ob er denn qualmende Schornsteine nicht fürchte, hat er mir damals ziemlich schlitzohrig geantwortet. »Weißt du, das Styropor-Granulat wird in Ludwigshafen hergestellt, wir pressen das hier nur mit Wasserdampf in seine Formen.«

Daß die »liegende Acht«, der Schwarm von 250 000 Vögeln, nicht mehr zu sehen ist, registriert man hier mit größter Betroffenheit. Man spricht es offen aus: Die Papageientaucher-Kolonie ist in ernsthafter Gefahr, die Zahl der (norwegisch) Lunde-Vögel auf Lovund hat sich in den letzten Jahren bereits um über die Hälfte reduziert und tendiert noch weiter nach unten. Als Ursache nimmt man ein Ereignis an, das 20 Jahre zurückliegt. In den sechziger Jahren wurde der Hering im Nordatlantik praktisch abgefischt, und dessen ursprünglich massenhafter Nachwuchs, die kleinen Fische also, wären die Nahrung der Papageientaucher gewesen. Daß sich das 20 Jahre später erst auswirkt, hängt mit der Fortpflanzungsweise der Lunde-Vögel zusammen. Ein Vogelpaar hat immer nur ein Ei, und das Junge, das daraus schlüpft, bleibt fünf bis sechs Jahre auf See. Erst dann ist es geschlechtsreif und kehrt nach Lovund zurück, um Eier zu legen und zu brüten. Man kann sich so leicht ausrechnen, daß fünf ausgefallene Nachwuchsjahrgänge bereits ausgereicht haben – obwohl Lunde-Vögel bis zu 40 Jahre alt werden –, die Population dramatisch zu verringern. Deshalb rechnet man nicht vor 1993–95 mit einem allmählichen Wiederanstieg der Zahlen – vorausgesetzt allerdings, es findet sich genügend Nahrung im Meer.

Daß die Sorge um den Wahrzeichen-Vogel der Insel tiefergehende Bedeutung hat (er wurde in Normalzeiten schon seit 1905 nicht mehr bejagt), hängt wieder einmal mit dem letzten Weltkrieg zusammen. Lovund lag genau zwischen der englischen und der deutschen Front, bzw. war die deutsche Front. Zum Überleben gab's hier draußen nur noch Kartoffeln, Fisch und: Lunde-Vögel.

1991: Schon wieder reise ich voll banger Sorge an. Im Touristenbüro in Sandnessjöen lese ich plötzlich »Willkommen im Lovund Turistheim« – Leitung: Torill und Torgrim Olaisen. Um Gottes Willen!, denke ich, die werden doch da nicht ein Hotelprojekt hingeklotzt haben, mit dem alles, was schön war auf Lovund, zerstört wurde?! Und dann ausgerechnet die beiden, die ich doch immer als scheu und zurückhaltend in Erinnerung hatte. Weit gefehlt, und ich erlebe erneut mein blaues Wunder. Aus dem einst so bedächtigen Rektor Torgrim ist ein eher offener, fast schon schlagfertig witziger Hotellier geworden, und Torill – von ihr hatte ich eher ein Bild in Erinnerung, daß sie vornehm darum besorgt war, ihr Wohnzimmer ja so einzurichten, wie es »Schöner Wohnen« vorschlägt – war zu meiner Überraschung eine quirlige und selbstsicher auftretende Gastgeberin geworden. Beide hatten ihren Lehrerjob aufgegeben und das getan, was ich insgeheim schon immer gehofft hatte: Das nämlich ein Einheimischer das traumhaft gelegene alte Schulhaus kauft und (mit dem sicheren Wissen, was zu dieser Insel paßt) zu einem kleinen Hotel umwandelt. So ist es geschehen, und seitdem verträgt Lovund mehr als 20 Besucher pro Jahr. Jetzt finden die nicht norwegisch sprechenden Besucher einen Ansprechpartner und jetzt ist auch sichergestellt, daß alle künftigen Veränderungen auf Lovund unter einheimischer Regie vorgenommen werden. Zu deren Nutzen und – warum nicht? – zu deren Profit.

PS: Auf dem Weg vom Turistheim zur Marina kommt man an einer Hütte vorbei, die mit »Håvards Stua« beschriftet ist. Håvard war mongoloid und starb im Alter von 25 Jahren während einer Augenoperation an den Folgen der Narkose. Håvard wurde wegen seiner Behinderung nie von der Insel weggegeben. Man hatte ihn mit allen »normalen« Kindern seines Jahrgangs eingeschult, ihn elf Jahre lang im regulären Unterricht belassen und ihm später etwas geschaffen, wofür er sich verantwortlich fühlen durfte. Nämlich »Håvards Stua«. Das war nichts anderes als ein kleiner Hühnerhof, mit dessen Produkten, den Eiern, er sein eigenes Geld verdienen konnte. Håvards Stua war sein Laden, und das ganze Dorf hat regelmäßig bei ihm eingekauft. ■

Lovund, nachts um halb eins

17. Tag – Route: Lovund – Stokkvågen – Örnes/Reipå (96/101 km)

Abreise von Lovund
Per Schnellboot: tägl. außer So um 6.50 Uhr, Ankunft in **Stokkvågen** 8.15 Uhr, Abfahrt 15.50 Uhr, jedoch kein Stopp in Stokkvågen; also ggf. Fähre nehmen.
Per Fähre (Bestillningstur): Mo–Fr 6, Sa 7, So 7.30 Uhr, Ankunft in **Stokkvågen** 8.25/10.30 Uhr.
Wichtig: Am Nachmittag des Vortages telefonisch anmelden (siehe 15. Tag) oder die Hotelleitung um den Gefallen bitten.

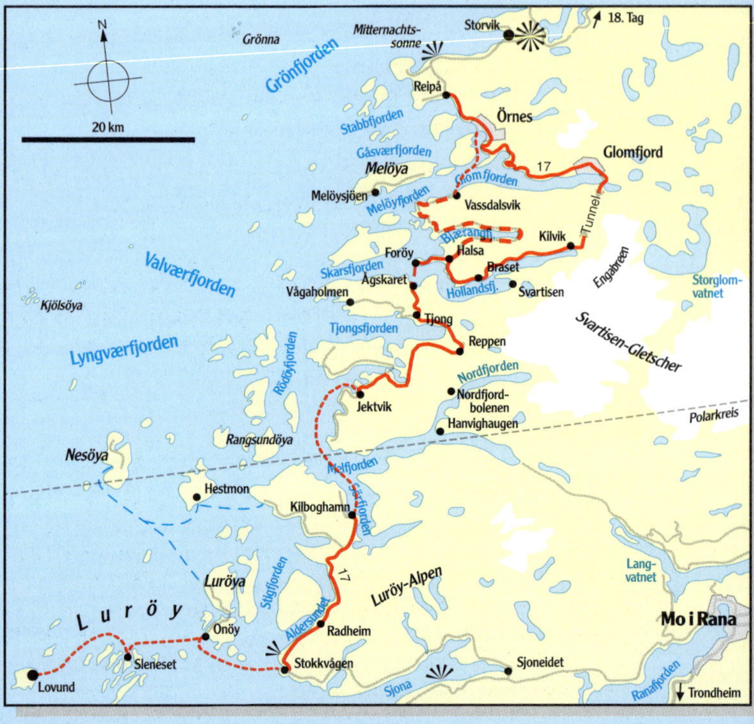

km	Zeit	Route
0	10.30 Uhr	Abfahrt in **Stokkvågen** auf RV 17, Richtung Bodø
25		**Kilboghamn**
	14.00 Uhr	Fährüberfahrt nach Jektvik, Überfahrtszeit ca. 1 Std.; nächste Fähre geht um 16.40 Uhr.
	15.00 Uhr	Abfahrt von **Jektvik** auf dem RV 831 über Reppen nach Tjong und
55	15.30 Uhr	Ågskaret
	16.00 Uhr	Fährüberfahrt nach
	16.15 Uhr	**Foröy**, Weiterfahrt Richtung Glomfjord/Bodø
66		**Braset/Brasevik; möglicher Abstecher:** per Boot über den Holandsfjord zur Engabreen-Gletscherzunge des **Svartisen-Gletschers**.
	18.00 Uhr	Abfahrt in Brasevik, Richtung Glomfjord
80	18.30 Uhr	**Kilvik**. Beginn des 7 600 m langen Svartisen-Tunnels, an den sich mit kurzer Unterbrechung der 1 900 m lange Fykanvatnet-Tunnel anschließt, dem wenig später der 2 200 m lange Glomfjord-Tunnel folgt.

17. Tag – Route: Lovund – Stokkvågen – Örnes/Reipå (96/101 km)

km	Zeit	Route
91		**Glomfjord**
101	19.30 Uhr	**Örnes** (bei Hotelübernachtung)
106	20.00 Uhr	**Reipå** (Hütten/Campingplatz).

Anmerkung 1: Wer weiß, daß lange Tunnelstrecken seine Sache nicht sind, sollte in Foröy die Nebenstrecke längs des Bjærangfjorden bis nach Vassdalsvik fahren. Dort gibt es eine Fährverbindung nach Örnes.

Anmerkung 2: Bitte heute schon die Anmerkung zur Tageseinteilung des 18. Tages lesen, um frühzeitig wegen der dort beschriebenen Vorgehensweise informiert zu sein (Telefonat mit dem angegebenen Quartier in Reine und/oder mit dem Turistkontor in Bodø).

17. Tag – Informationen

Meløy Reiselivslag
Postboks 65
8160 Glomfjord
✆ 75 75 48 88, Fax 75 75 48 08
Das Touristenbüro vermittelt auch Privatquartiere.

Svartisen-Gletscher/Engabreen-Gletscherzunge
Wer an einer geführten Gletscherbegehung interessiert ist (mindestens ein Zusatztag), wendet sich an das Touristenzentrum Svartisen-Paviljongen (✆ 75 75 00 11, Fax 75 75 00 32) oder klärt das während des Abstechers, der in der Route erwähnt wird, weil man nach der Bootsfahrt über den Holandsfjord dort vorbeikommt (Übernachtung möglich).

Lunch empfiehlt sich während der Fährüberfahrt von Kilboghamn nach Jektvik oder beim/im Svartisen-Paviljongen (Ausflugslokal-Charakter) zu Füßen der Engabreen-Gletscherzunge. N–NN

Örnes-Hotel
8150 Örnes
✆ 75 75 45 99, Fax 75 75 47 69
Modernes 24-Zimmer-Hotel im Ortszentrum und nur ein paar Schritte bis zum Hafen (Hurtigrute). Kein Fjordpaß, Preise wie C. Restaurant NN–NNN.

Reipå-Camping
8150 Reipå
✆ 75 75 57 74
Hüttenvermietung und Stellplätze für Caravans und Wohnmobile. 5 Hütten, Preis: 200 Kronen *per Dögn* (per 24 Std.).

Bei schönem Wetter lohnt es sich (falls man auf Lovund nicht genug kriegen konnte), noch etwa 11 km über Reipå hinauszufahren (18. Tag), bis linker Hand ein Rastplatz kommt, auf dem die Skulptur eines Schwertfischs zu sehen ist. Hier hat man der englisch-norwegischen Besatzung des an dieser Stelle im Zweiten Weltkrieg untergegangenen U-Bootes »Uredd« ein Denkmal gesetzt. Aber, so dicht liegen Tragödie und Lebensfreude beieinander: Hier treffen sich vor Mitternacht oft die jungen Leute aus der Umgebung, wenn im Norden die Mitternachtssonne entlangzieht. An besonders klaren Tagen sieht man am fernen Horizont gar schon die Lofotwand.

17 Der Polarkreis – und niemand sagt Bescheid

Von Lovund nach Reipå

Die Sache ist ganz einfach: Wer es nicht schafft, morgens um 5 Uhr oder 5.30 Uhr aufzustehen, bleibt so lange auf Lovund »hängen«, bis er/sie das schafft. Es gibt keine anderen Abfahrtszeiten des Schnellbootes bzw. der Fähre als die genannten. Deshalb auch der Vorschlag, am 16. Tag und den Zusatztagen richtig auszuschlafen.

Auf der Fahrt von **Stokkvågen** Richtung Kilboghamn bzw. Glomfjord/Bodö kann man nach etwa 500 Metern die Überreste des **Grönsvyk Kystfort** (Küstenfort) aus dem Zweiten Weltkrieg besichtigen. Dieses Thema ergibt sich immer wieder auf der Reise, wenn man möchte, zum Beispiel auch auf Lovund im Gespräch mit älteren Leuten. Dabei erfährt man, daß in diesem Teil des Landes nichts weniger geschätzt wird als die Bemerkung, man sei (der Vater sei) zwar im Krieg hier gewesen, »aber nur als Sanitäter«.

Die Landschaft längs des **Aldersundet** erinnert wegen der vielen steil aufragenden Gipfel und Berge links und rechts an die Alpen. Das sind die **Lurøy Alperna** (die Lurøy Alpen), und in der Tat liegt zwischen dem Aldersund und dem 100 Kilometer entfernten Mo i Rana noch heute eine völlig unerschlossene Wildnis.

Kurz hinter Brattland passieren wir die »**Omega Navigasjonstasjon**« und erfahren dabei (siehe »Das gewisse Nördlichste«): »Dies ist Europas längste gespannte Antenne.« Sie reicht von der Spitze des Liatind-Gipfels bis zu dem jenseits des Sunds gelegenen Aldertind. Die Gesamtlänge der Antenne beträgt 3 600 Meter, sie überquert den Aldersund in 400 Meter Höhe. »Omega ist ein weltweites Navigationssystem«, so ist auf der in norwegisch verfaßten Infotafel zu lesen, »mit dessen Hilfe Schiffe und Flugzeuge ihre Position bestimmen können. Das System besteht aus acht weltweit verteilten Niedrig-Frequenz-Transmitter-Stationen (10–14 kHz), und zwar in Liberia, Hawaii, North Dakota (USA), La Réunion (Indischer Ozean), Argentinien, Australien, Japan und Norwegen.«

Wenig später ist **Kilboghamn** erreicht. Zuerst erschreckt man, weil man laut Fahrplan bis 14 Uhr auf die nächste Fähre warten muß – müßte. Doch dann gibt ein handgeschriebener Zettel am Lagerschuppen einen für jedermann verständlichen Hinweis: »*Supplereringsferje går uten faste tider hele dagen*« (Eine Zusatzfähre verkehrt ohne genauen Zeitplan den ganzen Tag).

Solcherart informiert, geht Ola Nordmann, wie üblich während der Wartezeit, angeln, und der Chronist registriert, daß dies vermutlich der einzige Fähranleger in Norwegen ist, an dem es keinen Kiosk gibt, der einem schlabbrige Pommes frites anbietet.

Die Überfahrt gestaltet sich als einstündige Genußtour zunächst über den **Melfjord** und, richtig – kein Mensch sagt einem Bescheid! – den **Polarkreis**. Der Törn bis nach Jektvik verläuft im durch die vorgelagerten Inseln geschützten Bereich des **Rödöyfjords** und verspricht (in der Regel) eine geruhsam

Die Engabreen-Gletscherzunge des Svartisen-Gletschers

Stunde. Also bitte Platz nehmen auf dem Sonnendeck, zuschauen und Landschaft betrachten.

In **Jektvik** folgen wir einfach den anderen Autos (könnte ich jetzt leichtsinnigerweise sagen), die fahren auch alle nach Ågskaret, um dort mit der Fähre nach Foröy überzusetzen. Zunächst geht es auf dem Riksvei 831 bis zu dessen Ende in Reppen, wo man wieder auf den Kystriksveien 17 trifft, der über Tjong nach Ågskaret führt und von dort aus nach Foröy hinüber.

In **Foröy** folgen wir der Hauptstrecke am Holandsfjorden entlang, bis rechter Hand, scheinbar ganz nah am anderen Fjordufer, die **Gletscherzunge des Engabreen** deutlich zu sehen ist (tatsächlich sind es sechs bis sieben Kilometer bis dorthin). Vom Parkplatz »Brasevik« aus (rechts unten am Ufer) startet in etwa halb- bis dreiviertelstündigem Rhythmus ein Boot, mit dem man zur anderen Fjordseite gelangt. Dort hält in der Regel ein Bus, der bis zum knapp eineinhalb Kilometer entfernten »Svartisen-Paviljongen« fährt.

Allerdings, bloß weil der **Svartisen** der zweitgrößte Gletscher Norwegens und weil einmal der Luxusliner »QE 2« (die »Queen Elizabeth«) gar bis hierher hochgefahren ist, bloß weil alle Welt behauptet, es handle sich um eine der »absolut größten Sehenswürdigkeiten«, muß das noch nicht heißen, daß man auf den Abstecher nach da drüben nicht auch verzichten kann. Entscheidend sind die eigenen Interessen. Oberflächlich betrachtet, kann man vom Parkplatz »Brasevik« aus genausoviel sehen wie drüben: Nämlich eine Gletscherzunge, die einen Berghang abwärts zieht. Wer so was noch nie gesehen hat, sollte hinüberfahren, ebenso, wer eine geführte Begehung machen möchte. Dann muß man auch damit rechnen, quasi in der Szenerie eines Ausflugslokals zu landen. Man kann dort sogar Kanus ausleihen und über den Engabreenvatnet (-See) fahren, um sich sozusagen vom Wasser aus dem Gletscher zu nähern. Im Svartisen-Paviljongen zeigt man eine recht gut gemachte, informative Diaschau über den Gletscher (norwegisch, englisch), jedoch scheint es dem Service-Personal einerlei zu sein, ob von draußen Licht in den abgedunkelten Vorführraum schimmert und ob während der Vorstellung, ein Stockwerk höher, ununterbrochen Menschen mit Bergstiefeln über die Holzdecke trampeln, weil sie gerade dabei sind, ihre Ausrüstung für eine Gletscherbegehung zusammenzustellen. Hier glaubt man wohl, es genüge eine Attraktion zu haben, und schon würden die Touristen vom Himmel fallen; wenn heute nicht die, dann morgen die anderen.

Unabhängig von der Entscheidung für oder gegen einen Abstecher zum Engabreen – in **Brasevik** sollte man spätestens gegen 18 Uhr weiterfahren, um nicht zu spät in Ørnes anzukommen (Abendessenszeiten!). Der Weg führt am **Nordfjorden** entlang, an dessen Ende **Kilvik** liegt. Dort beginnt, eh man es richtig bemerkt, die 7,6 Kilometer lange Tunnelstrecke – unter einem Seitenarm des Svartisen-Gletschers hindurch –, nur für wenige hundert Meter unterbrochen (am Fykanvatnet-See). Gleich danach folgen zwei weitere Tunnels mit insgesamt 4,1 Kilometer Länge – und schon ist man auch fast an **Glomfjord** vorbeigefahren. Das kann man guten Gewissens tun, denn Glomfjord steht für Industrie, Chemie und Kraftwerksanlagen. Hier wird Kalksalpeter produziert, Ammoniak und *Tungtvann*, schweres Wasser, das als »Moderator in Reaktoren und bei kernphysikalischen Arbeiten sowie zum Markieren organischer Verbindungen« dient.

Im Vergleich dazu ist das 20 Kilometer später erreichte **Ørnes** (1 500 Einwohner) – privilegierter Handelsplatz seit 1794 und tägliche Anlaufstelle der Hurtigrute – viel eher nach unserem Geschmack. Und, nicht zu vergessen, **Reipå**, das einen herrlichen Badestrand besitzt. Kleinlaut sei hinzugefügt: Sofern Mai und Juni warme Monate waren, anderenfalls hilft nur die hier ortsübliche Einstellung, einen Wikinger-Nachfahren könne kaltes Wasser so schnell nicht erschrecken. ■

Der »Rikskystvei 17« kurz hinter Reipå

18. **Route:** Örnes – Bodö – Reine/Lofoten (130 km)

km	Zeit	Route
0	10.30 Uhr	Abfahrt Örnes/Reipå auf RV 17 Richtung Bodö
23	11.00 Uhr	Storvikskaret
38	11.30 Uhr	**Skaugvoll,** Abstecher/Zusatztag möglich, über den RV 838 nach **Sund** bzw. zur **Insel Sandhornöya.** Rückkehr zum RV 17 bei Kjöpstad. (Siehe auch 14. Tag.)
60		Kjöpstad
62		Kjellingstraumbrua (Brücke)
74	12.30 Uhr	**Valnesvatnet/Valnesfossen,** ca. 2 Std. Mittagspause (Lunchpaket!)
74	14.30 Uhr	Abfahrt von Valnesvatnet
85		nach **Åseli** Abzweig des RV 812: **Zusatztage** möglich, tief ins Innre des **Saltfjell;** nach Stofjord, Staupåmoen oder Övre Tollådal. (Siehe 14. Tag.)
90	15.00 Uhr	**Saltstraumen**

18. **Route:** Örnes – Bodö – Reine/Lofoten (130 km)

km	Zeit	Route
103	16.00 Uhr	**Löding**, Ende des RV 12, Abzweig nach Bodö auf RV 80
123		**Bodö** (siehe Anmerkung), Stadtbummel.
	21.00 Uhr	Abfahrt mit der Fähre nach Moskenes/Lofoten (Mitternachtsfahrt, diese Fähre verkehrt nur zwischen Mitte Juni und ca. 25. 8.)
	1.20 Uhr	**Moskenes**, Weiterfahrt auf E 16 ins benachbarte
130	1.30 Uhr	**Reine**.

Anmerkung: Für **Wohnmobilfahrer** spielt diese Tageseinteilung – die Spät-in-der-Nacht-Ankunft auf dem Lofot – keine so bedeutende Rolle, für diejenigen allerdings, die per Pkw unterwegs sind und jeweils in Hotels oder Hütten übernachten, ist die heutige Planung eine etwas kitzelige Angelegenheit. Will man nicht mitten in der Nacht in Reine »obdachlos« dastehen, sollte man spätestens von Bodö aus mit »Reine Rorbuer« telefonieren (siehe Seite 211). Falls man wider Erwarten das Quartier nicht so spät beziehen kann, dann lieber in **Bodö** übernachten (siehe die entsprechenden Angaben) und erst tags darauf mit der Saisonfähre (Juni bis ca. 25. 8.), die 12 Uhr Bodö verläßt, auf den **Lofot** übersetzen. Darüber hinaus gibt es aber noch eine tägliche Fährverbindung (via Moskenes) zur **Insel Væröy** und zeitweise auch zur **Insel Röst**, die im Sommer morgens um 6.30 Uhr startet.

18. Tag – Informationen

Turistkontor Bodö
Sjögata 21, 8001 Bodö
✆ 75 52 60 00, Fax 75 52 21 77
Juni, Juli, Aug. Mo–Fr 9–20.30, Sa 10–16 und 18–20, So 12–16 und 18–20, Sept.– Mai Mo–Fr 9–16 Uhr

Destination Lofoten AS
Postboks 210
8301 Svolvær
✆ 76 07 30 00, Fax 76 07 30 01
Liegt im Zentrum, am Hafen von Svolvær, kann aber frühestens am 20. Tag persönlich besucht werden.

Turistinformasjon Moskenes
8392 Sörvågen
✆ 76 09 15 99
7.6.–30.8. von 9–20 Uhr

Ofotens og Vesteraalens
Dampskibsselskab a/s
Avd. Stokmarknes, Postboks 375
8561 Stokmarknes
✆ 76 96 76 00, Fax 76 96 76 11
Die »Dampfschiffahrtsgesellschaft« betreibt die beiden Fährlinien zwischen Bodö und dem Lofot. Wer absolut sicher gehen will, einen Platz auf der 21-Uhr-Fähre zu ergattern – das kostet aber 100 Kronen zusätzlich für Fahrzeuge unter 6 m Länge (über 6 m 200 Kronen) –, kann dort anrufen und unter Angabe des Namens, der Autonummer und -länge, einen Platz reservieren lassen. Dies ist auch über Mobil ✆ 94 80 31 15, bei der Saisonfähre »MF Lödingen« zwischen 8 und 15 Uhr möglich.

Doch wahrscheinlich ist so viel Aufwand unnötig. Die Erfahrung hat gezeigt – selbst im Hochsaison-Monat Juli –, daß man, wenn man gleich nach der Ankunft in Bodö sein Auto in der Wartespur im Hafen abstellt und dann erst einen Stadtbummel macht, in der Regel auch mitgenommen wird.

18. Tag – Informationen

Reine Rorbuer
8390 Reine
✆ 76 09 22 22, Fax 76 09 22 25
Abseits der (zur Hochsaison vielbefahrenen) Lofoten-Straße gelegenes *Rorbu*-Areal (Fischerhütten), in denen man auch zur Halbpension wohnen kann.

Vom selben Betrieb wird auch das **Pub-Restaurant »Gammelbua«** betrieben (gleiche Tel.-Nr., Preise A/B bzw. N–NNN). Neben der ruhigen Lage ist folgendes der Grund für die Empfehlung: Im »Gammelbua« haben die Beschäftigten mindestens solange zu tun, bis die Nachtfähre in Moskenes ankommt, deshalb ist es für sie auch kein Problem, zu warten, bis die Gäste da sind, wenn sie zuvor von Bodö aus ihre späte Ankunft angekündigt haben.

Nye Vest-Lofoten Hotel
8392 Sørvågen
✆ 76 09 13 70, Fax 76 09 15 65
Knapp 3 km von Moskenes entferntes Hotel mit hauseigenem Restaurant. Kein Fjordpaß, jedoch Preiskategorie wie B/C. Vor der Abreise in Bodö telefonisch klären, ob für Spätankömmlinge dort noch geöffnet wird. (Fr/Sa nachts sehr lange offen.)

Weitere Rorbu-Vermieter in Reine:

Reinejenta Rorbucamping	✆ 76 09 21 83
Havgula Sjøhuscamping	✆ 76 09 23 57
Åse Andersens Sjøhus	✆ 76 09 21 22
Reinevåg Rurbuer	✆ 76 09 22 92
Nybøen Sjøhuscamping	✆ 76 09 22 39
Andøy Sjøhuscamping	✆ 76 09 21 62
Perlon's Sjøhuscamping	✆ 76 09 21 18
Sakrisøy Rorbuer	✆ 76 09 21 43

Å Vandrerhjem
8392 Å i Lofoten/Sörvågen
✆ 76 09 11 21
Die mitten in Å liegende Jugendherberge (zur Hochsaison nicht wenig Trubel drumherum) vermietet auch *Rorbuer.* Mitglieder: 95 Kronen, Nichtmitglieder: 125 Kronen; Rorbu-Preise pro Bett: 150 Kronen.

Moskenesstraumen Camping
Å i Lofoten
8392 Sørvågen
✆ 76 09 11 48
Auf dem Lofot gibt es links und rechts der Straße selten genug Platz, um sich mit dem Wohnmobil irgendwo hinstellen zu können. Auch in der Umgebung von Reine findet sich nur dieser eine klassische Campingplatz (hier sind Rorbu-Ferien üblicher). Wer spät nachts mit dem Wohmobil ankommt und keinen Stellplatz findet, kann auf dem Parkplatz außerhalb des Campingareals nächtigen, bis dieser anderntags öffnet.

Wer nicht noch in Bodö zu Abend gegessen hat, sollte dies spätestens während der Fährüberfahrt tun, denn bei der Ankunft 1.30 Uhr ist mit Sicherheit überall Feierabend.

Im Falle einer nicht geplanten Übernachtung in Bodö:

Bodö-Hotel
Professor Schyttesgate 5
8000 Bodö
✆ 75 52 69 00
Fax 75 52 57 78
Modernes Hotel in der Stadtmitte, hauseigenes Restaurant/Café. Kein Fjordpaß, Preise wie D.

Grand Hotel
Storgate 3
8000 Bodö
✆ 75 52 00 00
Fax 75 52 27 09
In der Hauptstraße/Stadtmitte gelegenes Hotel, Parkplatz, hauseigenes Restaurant. Kein Fjordpaß, Preise wie D.

18. Tag – Informationen

Skagen Hotel
Nyholmsgate 11
8000 Bodö
✆ 75 52 24 00, Fax 75 52 59 30
Neues, fünf Gehminuten vom Hafen und Zentrum gelegenes Hotel. Kein Fjordpaß, Preise wie D.

Bodö Vandrerhjem
Lokomotivet
Sjøgate 55
8001 Bodö
✆ 75 52 11 22
Ganzjährig geöffnet
Preise für Mitglieder 140 Kronen; Nichtmitglieder 165 Kronen.

Bodøsjøen Camping
8013 Bodö
✆ 75 56 36 80
3 km südlich vom Stadtzentrum, am Ufer des Saltfjorden.

Restaurants in Bodö: Wer unbedingt in *Byens eksotiske restaurant* – im exotischsten Restaurant der Stadt – essen möchte, der findet im »**Shama**« indische, pakistanische, mexikanische und selbstverständlich norwegische Gerichte (das ist aus hiesiger Sicht gar nicht mal »sooo neben der Kappe«).

SAS Royal Hotel
Storgate 2
✆ 75 52 41 00
Diverse Restaurants, Pizzabar, »Top 1«-Panorama-Bar.

Blick vom Storvikskaret-Paß – und doch nur 188 m über dem Meer

Um Mitternacht die Lofotwand
Von Örnes nach Reine

So banal das an dieser Stelle auch klingen mag, aber gerade heute ist es vielleicht wieder einmal angebracht, ans Volltanken zu erinnern – vor der Abfahrt in Örnes. Nicht daß es unterwegs keine Möglichkeiten mehr gäbe (in Nygårdsjöen, etwas abseits der Hauptroute), aber es ist ganz einfach angenehm, weder in Bodö noch unmittelbar nach der Ankunft auf dem Lofot als erstes nach einer Tankstelle Ausschau halten zu müssen. Denn die Strecke, die jetzt kommt, ist eine einzige Augenweide, und eben dafür sollte man den Kopf frei haben.

Was ein Blick über eine Bucht ist, ich meine den, bei dem man automatisch den Arm zu Hilfe nimmt, um mit einer weit ausschweifenden Bewegung Grenzenlosigkeit zu demonstrieren, das zeigt sich auf der heutigen Route schon nach gut 20 Kilometern. Von Örnes bzw. von Reipå aus folgen wir dem RV 17 Richtung Bodö. Am U-Boot-Denkmal vorbei (siehe auch blaue Seiten 17. Tag) führt die Strecke über Mevik bis zum **Storvikskaret-Paß** hinauf und bietet dann, oben angekommen (Parkplatz), einen herrlichen Blick zurück. Die Ortschaft unten rechts heißt *Storvik*, zu deutsch Großbucht. Man glaubt kaum, hier »nur« auf 188 Metern über Meereshöhe zu stehen. Dieser Eindruck wird durch die nahezu »alpine« Abfahrt zum **Sörfjorden** hinunter noch verstärkt.

Kurz nach dem Storvikskaret verläuft die Straßenführung über eine ampelgeregelte Tunneldurchfahrt – eher einer Lawinenverbauung ähnlich. Bei **Skaugvoll** hätte man die Möglichkeit, auf den Riksvei 838 abzubiegen, um so über die Insel Sandhornöya eine Extrarunde einzulegen (siehe 14. Tag). Die reguläre Routenführung jedoch bleibt auf dem Kystriksveien 17 und führt zum Morsdåls- bzw. Holmsundfjorden hinüber. Obwohl es auf dem Weg dorthin mehrmals hintereinander durch kürzere Tunnels geht, ist die Fahrt bis zum Zusammentreffen der beiden Fjordarme eine Genußstrecke, wie es sie in Südnorwegen nur selten gibt, und wenn, dann gleich mit viel Trubel, Omnibussen und Souvenirgeschäften. Rechter Hand ragen blanke Felsengebirge in den Himmel hinauf – ein Wunder, wie sich daran die einzelnstehenden Bäume festklammern können –, linker Hand liegt eine friedvolle Fjordlandschaft mit jeweils einer Handvoll Häuser zwischendurch, mit kleinsten Siedlungen längs der Fjordufer und, natürlich, den Fischerbooten davor. Hier hat sich seit Jahren nichts Wesentliches verändert, für mitteleuropäische Sichtweisen ist das alles Idylle pur geblieben.

Welche Geschichten sich hinter derart im Abseits gelegenen Lebensräumen verbergen können, verdeutlicht die ins Deutsche übersetzte »Tora-Trilogie« der norwegischen Autorin Herbjörg Wassmo (»Das Haus mit der blinden Glasveranda«, »Der stumme Raum«, »Gefühlloser Himmel«). Wassmo erzählt darin von den fünfziger Jahren in Nordnorwegen und rührt dabei an mindestens zwei Tabu-Themen: zum einen an dem der *tyskerunge*, der unehelichen Kinder von norwegischen Frauen und deutschen Soldaten, zum anderen an dem der sexuellen Gewalt in der Familie. Im Falle von Tora trifft beides zu. Ihr Stiefvater Henrik, der während des Zweiten Weltkriegs deportiert wurde, vergewaltigt Tora, das Deutschenkind, und was daraus entsteht, ist ein bedrückendes Drama, ein schweres Nachbeben überstanden geglaubter Zeiten. Allerdings ist es nicht Bitterkeit der Autorin, die so bedrückt, sondern die Verhältnisse, in denen sich das alles abspielt. Herbjörg Wassmo sagte in einem Interview mit der Süddeutschen Zeitung: »... ich bin Ende 1942 geboren. Wenn ich die Witwe eines norwegischen Widerstandskämpfers gewesen wäre, so wäre ich vielleicht verbittert, und ich bin sehr froh, daß ich es nicht bin. Wir haben diese Verbitterung natürlich in der Familie, die haben alle oder doch viele Familien in Norwegen, aber glücklicherweise hatte ich kluge Erzähler um mich herum, die in die Geschichten nicht so viel Haß hineinlegten.«

Jetzt kommen wir in jene Landschaft, in der Knut Hamsuns Welterfolg »Segen der Erde« angesiedelt ist. Ein Roman, der bei immens vielen Deutschen – auch bei mir – einen kolossalen Eindruck hinterlassen hat, unabhängig von der deutschfreundlichen Position, die Hamsun noch während (!) der Besetzung Norwegens eingenommen hat – als ob er blind gewesen wäre gegenüber Hitler-Deutschland –, für die er sich später nach Hausarrest und psychiatrischer Anstalt vor Gericht verantworten mußte. (Siehe dazu auch das Hamsun-Tagebuch »Auf überwachsenen Pfaden«.)

Wie schon angedeutet, gibt es keinen Grund, ständig mit einem »schlechten Gewissen« in Norwegen unterwegs zu sein, aber man sollte möglichst viel aus der Zeit der deutschen Besetzung an sich heranlassen, um auf diese Weise mehr zu erfahren, als das, was offensichtlich ist.

Sobald wir **Kjöpstad** hinter uns gelassen haben, beginnt bald eine wunderschöne

Zur Sommerzeit im Lurfjell, kurz vor Mitternacht

»Seenroute« durch die Ausläufer des im Osten mächtig aufragenden **Lurfjellet**. Wenn erstmals das Schild der »Bodö-Kommune« am Straßenrand auftaucht, sind es noch gut 60 Kilometer bis zur Provinzhauptstadt des Nordlandes, obwohl deren Gemeindegrenze bereits hier beginnt. Jetzt sollte man einen der nacheinanderfolgenden See-Parkplätze ansteuern. Mitunter finden sich direkt am Ufer

und im Schatten einer Kiefer Sitzbänke und Tische für ein Picknick. Am besten gefällt mir auf dieser Strecke (rechts der Straße, über die kleine Holzbrücke hinüberfahren) der sonnenüberflutete Parkplatz am **Valnesvatnet-See** (siehe auch 14. Tag), an dem ich jedesmal stundenlang herumbummle.

Dies ist mein Kontrastprogramm zu einem »Großereignis«, das nur 20 Autominuten später »hereinbricht« und mit dem zugleich auch die Ruhe auf dem RV 17 endet, und zwar der **Saltstraumen** bei Bodö. Der weltberühmte Mahlstrom entsteht, weil sich aus dem Innern des Skjerstadfjords binnen sechs Stunden 372 Millionen Kubikmeter Wasser mit einer Geschwindigkeit von 20 Knoten durch den Sund pressen (jeweils im Rhythmus von Ebbe und Flut). Optisch scheint es, als ströme ein Fluß mit unreguliertem Fahrwasser und der Tendenz, mächtige Strudel zu erzeugen, dahin. Da es bestimmt kein Vergnügen ist, darauf mit einem kleinen Boot unterwegs zu sein, fragt man sich, warum jeden Sommer eine unglaubliche Masse an Besuchern gerade hier auf den Campingplatz strömt, im Hotel übernachten will oder von Bodö aus hierherkommt. Längs des RV 17 seit Namsos haben wir schönere Flecken gesehen. Es gäbe auch keinen Grund, sich derart zu ereifern, wenn man hier einigermaßen auf dem Teppich bliebe und den Besuchern nicht das Gefühl vermitteln wollte, dies sei eines der absoluten Highlights jeder Nordnorwegenreise.

Und da wir gerade dabei sind: Ähnlich ärgerlich sind die Verhältnisse auf »**Kjerringöy**«. Jedem Hamsun-Liebhaber wird im Verlauf der Beschäftigung mit diesem Autor klar, daß, »wenn man einen Ort suchen wollte, an dem Hamsun noch immer lebt«, dies sicherlich der alte Handelsplatz des Kaufmanns Zahl, etwa 60 Kilometer nördlich von Bodö wäre. Der liebevoll restaurierte und heute als Museum geführte ehemalige Wohnort und Umschlagplatz des Kaufmanns Zahl ist eine der wichtigsten Stationen im Leben des Knut Pedersen alias Knut Hamsun. Ohne die großzügige 1 000-Kronen-Spende des Platzherren (damals etwa der Lohn eines Industriearbeiters in vier Jahren!), wäre es dem talentierten jungen Mann aus dem Nordland nicht möglich gewesen, in den Süden zu reisen, geschweige denn in die Welt hinaus (»August Weltumsegler«). Doch was muß man dann vor Ort erleben? Das Museum ist zwar täglich von 10 bis 17 Uhr geöffnet, jedoch gibt es nur drei Führungen täglich (11.15, 13 und 15.30 Uhr). Und da man auf der 60 Kilometer langen Fahrt von Bodö aus auch noch eine Fähre benutzen muß, die zwischen 10 und

Von Wind und Wetter so geformt

20 Uhr nur ca. alle eineinhalb Stunden verkehrt (Wartezeit!), kann es passieren, daß man sich nur in der »Kranbua« (dem Kaufmannsladen von einst) auf »historisch« gemachte Süßigkeiten von einem jungen Mann in Jeans und nacktem Oberkörper respektive von einer Blondine in Bermudas verkaufen lassen kann, statt das Museum zu besichtigen, weil das außerhalb der drei Führungstermine nicht möglich ist.

Es gibt also keinen Grund, eine Nacht in Bodö zu verbringen, solange die Möglichkeit besteht, auf einer wunderschönen Mitternachtfahrt mit der Fähre auf den Lofot überzusetzen. Als Hauptstadt der Provinz Nordland hat Bodö (knapp 40 000 Einwohner) enorme Bedeutung für die Bewohner der Region, als Verkehrsknotenpunkt aller Fährlinien und Expreßboote, weil der Schienenstrang der Norwegischen Staatsbahn hier anfängt und endet, Hochschulen angesiedelt sind, Krankenhäuser, Militär und alles mögliche andere, aber für einen Mitteleuropäer gilt dasselbe wie in den anderen Städten zuvor: Man kann beim besten Willen nicht den enthusiastischen Besucher mimen, der von dem städtebaulichen »Charme« hingerissen ist, auch wenn man weiß, daß die Ursachen in dem möglichst raschen Wiederaufbau nach der vernichtenden Bombardierung der Stadt am 27. Mai 1940 liegen.

Gleichwohl spricht nichts gegen einen Stadtbummel (nachdem man sein Auto in der Wartespur der Lofotfähre geparkt hat, 150 Meter Luftlinie zum Bahnhof) entlang der Sjögata bis zum Fischer- und Segelboothafen und von dort über die Fußgängerzone in der Storgata zurück. Zwei Gründe gibt es allerdings doch, in Bodö zu bleiben: Um Mitternacht in der »Top 13«-Panorama-Bar des SAS-Hotels (quasi im Penthouse-Stockwerk) einen schönen Abend zu beschließen bzw. dort ein Frühstück mit Aussicht einzunehmen. Oder wenn man gerade in jenem Zeitraum nach Bodö kommt, in dem die jährliche »Nordland Musikfestwoche« stattfindet (meist Ende Juli/Anfang August). Dann lohnt sich's allemal, zu bleiben, dann ist die Stadt am Saltfjorden tatsächlich die »Kulturstadt Nordnorwegens«, in der sich Zehntausende treffen.

Ansonsten genießt man während der gut vierstündigen Fährfahrt nach **Moskenes** und **Reine** den wunderschönen Anblick, wenn die Gipfelkette der **Lofoten** hinter dem Horizont auftaucht – wie eine geschlossene Wand. ■

Mitternächtliche Stimmung am Kirkefjord (Reine)

19. Tag, 6. und 7. Zusatztag – Programm: Reine und Umgebung

Karte siehe 20. Tag, Seite 233.

Der heutige Tag ähnelt dem 5. Tag insofern, als daß er zusammen mit den beiden verbleibenden Zusatztagen eine Art Baukastensystem bildet. Je nach Neigung und Interesse besteht entweder die Möglichkeit, drei Tage *en bloc* im westlichen Teil des Lofots zu verbringen (sehr zu empfehlen) oder die Zusatztage so zwischen den 19. und 20. beziehungsweise den 20. und 21. Tag einzufügen, daß man daraus auch eine fünftägige Reise – von Reine bis nach Narvik – gestalten kann.

Ausschlaggebend sollte sein, ob man während der Hochsaison (ab Ende Juni bis längstens 10. 8.) oder während der Nebensaison (der ganze Rest des Jahres) auf dem Lofot unterwegs ist. Der Unterschied liegt darin, ob man den Lofot »nur« als landschaftlich unvergleichliche Ferienregion erleben möchte (die von ihrer eigenen Legende lebt, mit manchmal bizarren »Zoo-Effekten«) oder darüber hinaus als einen Lebensraum, der einen ganz entscheidenden Beitrag zur norwegischen Kulturgeschichte geleistet hat. Die Rede ist hier selbstverständlich von der seit annähernd tausend Jahren betriebenen Lofotfischerei, die alljährlich zwischen Anfang Januar und Mitte April stattfindet und die nirgendwo so fantastisch gut beschrieben wurde wie in Johan Bojers historischem Roman »Die Lofotfischer« (»Den siste Viking«).

Die besondere Lofot-Atmosphäre ist natürlich nur im Winter erlebbar, am besten im Februar und März, wenn man beispielsweise während einer Reise mit der Hurtigrute einen Zwischenstopp von acht oder zehn Tagen einlegt. Der Aufenthalt im Sommer kann im Vergleich dazu lediglich als eine Art von »Schnupperlehre« angesehen werden – freilich in einer atemberaubend schönen Umgebung. Deshalb ist es während der warmen Jahreszeit entscheidend, zu wissen, wo man sich niederläßt und was man von dort aus unternimmt.

Reine und die gegenüberliegende Ortschaft **Hamnöy** liegen traumhaft schön am Eingang zum **Kirkefjord** (wird auch Reinefjord genannt). In beiden Orten verläuft die Lofotstraße am Dorfrand vorbei, während in **Sörvågen** und **Å** alles mitten durch den Ort fährt; mit viel Trubel jeweils. Das bildhübsche **Nusfjord** ist genau wie der »Romanschauplatz« **Henningsvær** im Juli sehr stark besucht, danach deutlich weniger. Sehr interessant ist es dort im Winter! Im Sommer weniger beachtet sind **Sund**, **Nesland**, **Fredvang** und **Mortsund**. **Svolvær**, die »Hauptstadt« des Lofotarchipels, lohnt sicherlich einen Nachmittag; **Stamsund** lebt erst so richtig auf, wenn abends um etwa 19.30 Uhr zuerst das *nordgående* Hurtigruten-Schiff ankommt und gegen 21 Uhr dann das *sydgående*. Unser Vorschlag für den 19. Tag sowie zwei Zusatztage sieht daher wie folgt aus:

19. Tag

Vormittag	Lange ausschlafen, gemütlich frühstücken und anschließend mit dem Quartiergeber abklären (Reine Rorbuer ist gemeint), ob man am Nachmittag noch Räder oder ein Ruderboot leihen kann.
Nachmittag	**Variante A:** entweder eine Tour mit dem **Ruderboot** in Richtung **Kirkefjord** (nicht auf den Vestfjord hinausrudern, das ist praktisch wie »offe-

nes Meer«) oder eine **Radtour** von Reine aus über Hamnöy in Richtung **Svolvær** bis zur **Kåkern bru** (-Hängebrücke). Eine Radtour in Richtung Å wäre identisch mit der nachfolgenden Variante B. Diese Strecke ist im Juli für Radfahrer nicht so geeignet, weil viele Autos nach Å unterwegs sind, um

Variante B: das **Fischerei-Museumsdorf Å** zu besichtigen (siehe dazu weiße Seiten 20. Tag). Wenn man sich dort umgesehen hat, kann man anschließend immer noch einen (einsameren) Spaziergang über die blumenreichen Wiesen oberhalb der Ortschaft unternehmen. Solange man nicht anfängt zu klettern, ist das alles recht problemlos.

Topographische Karten über den westlichen Teil des Lofots – die Insel beziehungsweise Kommune Moskenes – gibt's im Kaufmannladen neben dem Restaurant »Gammelbua« in Reine.

6. Zusatztag

9.30 Uhr — Fahrt mit dem Lokalboot von Reine ins Innere des **Kirkefjords** bis nach **Vindstad**. Von dort aus gut einstündige Wanderung über den Paß bis zum ehemals bewohnten **Bunes** bzw. zum Bunes-Strand hinunter (Lunchpaket mitnehmen). Den Rückweg so rechtzeitig antreten, daß man spätestens 15.30 wieder in Vindstad ist.

15.45 Uhr — Rückfahrt mit dem Lokalboot nach **Reine** (diese Abfahrtszeit gilt Mo–Fr). Wer die Bootsfahrt in den **Kirkefjord** mitmachen möchte, ohne die Wanderung zu unternehmen, hat zweimal pro Tag die Möglichkeit zu einer einstündigen **Rundtour**: Ab Reine 9.30 Uhr und 15 Uhr, Fr zusätzlich 21.20 Uhr, Rückkehr ca. 23 Uhr.

7. Zusatztag

Variante A: (Falls Sie diesen letzten Zusatztag unmittelbar an den 6. Zusatztag anhängen und in Reine bleiben.) Wer sich Wanderungen in eigener Regie zutraut (topographische Karten und Schlechtwetterkleidung im Rucksack vorausgesetzt), kann z.B. auf einem Pfad von **Nusfjord nach Nesland** wandern. Es besteht auch die Möglichkeit, sofern die Termine passen, sich an den geführten Programmen der »Lofoten Turlag« zu beteiligen. Hauptsächlich freitags, samstags und sonntags werden zwischen Ende Mai und Ende September die unterschiedlichsten Bergwandertouren angeboten. Das jährlich wechselnde Programm kann man schriftlich anfordern bei:
Lofoten Turlag, Postboks 90, N-8370 Leknes/Lofoten;
persönlich und kurzfristig sind die aktuellen Informationen bei:
Turistinformasjon Moskenes, 8390 Reine/Sörvågen, ✆ 76 09 15 99, erhältlich. Dort kann man sich auch wegen zum Teil sehr anspruchsvoller Bergwanderungen und Gipfeltouren er-

kundigen, die in der Zeit zwischen 8. 7. und 8. 9. täglich wechselnd von einem Bergführer organisiert und durchgeführt werden; können von Sommer zu Sommer variieren.

Montags: Dreistündige Gipfeltour auf den aussichtsreichen Hausberg von Reine, den 490 m hohen **Reinebringen**.

Dienstags: Anstrengende, neunstündige Rundtour von Reine über Forsfjorden bis nach Sörvågen.

Mittwochs: Sehr anspruchsvolle, neunstündige Gipfeltour auf den **Hermannsdalstind** (1 029 m) im Innern des Kirkefjords.

Donnerstags: Achtstündige, anstrengende Gipfeltour auf den **Helvetestind** (600 m) im Inneren des Kirkefjords.

Freitags: Fünfstündige Rundtour von Sörvågen auf den Kjølen (478 m) und zurück.

Nusfjord im Lofotsommer (im Winter siehe Seite 232)

7. Zusatztag – Programm

Variante B: Fischer für einen Tag

Auch wenn dieses Programm überhaupt nicht vergleichbar ist mit den realen, wetterbedingten Umständen im Winter, eine Ahnung davon und zugleich auch eine Übersicht über Fangmethoden und Vorgehensweisen der Lofotfischer erhält man mit dieser etwa sechsstündigen »Fangreise« gleichwohl. Sie wird von Å aus täglich zwischen 10.30 Uhr und 16.00 Uhr veranstaltet und kann über das genannte Moskenes-Touristenbüro oder im Informationsbüro des »Fiskeværmuseet« in Å (✆ 76 09 14 88) gebucht werden.

Wenn das Wetter oder besser gesagt das Meer es zuläßt, wird mit einem echten Nordlandsboot hinausgefahren und dabei auch der berühmte Mahlstrom Moskenesstraumen – die »Meerenge« zwischen dem Ende des Lofotarchipels und der Nachbarinsel Væröy – passiert.

Variante C: (Dieser Vorschlag – ausgehend von einer Übernachtung in Svolvær – sollte dem 20. Tag vor- oder nachgeschaltet werden.)

Vormittag

Eine vierstündige **Segeltour mit einem Nordlandsboot** – den Teilnehmern werden die wichtigsten Techniken (Rudern, Segelhissen) im Umgang mit diesem früher so typischen Lofotsegler beigebracht, und selbstverständlich wird dabei auch gefischt (Anmeldung erforderlich).

Oder: Besichtigung des **Lofotmuseums in Kabelvåg** (wesentlich niveauvoller als in Å). Hier hat man nach didaktischen Grundsätzen gehandelt und nicht einfach – wie in Å – ein altes Lagerhaus mit allerlei Gerätschaften aus der Zeit der Altvorderen vollgestopft. Man zeigt sehr schön, wie der Alltag der Lofotfischer ausgesehen hat – angefangen von der Ausrüstung über die Arbeitsbedingungen und Wohnverhältnisse, bis hin zu den Erzeugnissen, die man aus Dorsch bzw. Kabeljau gewinnen konnte (Kabeljau ist der ausgewachsene Fisch). Direkt daran anschließen kann man eine Besichtigungstour zu den derzeitigen Ausgrabungen dort. Das Lofotmuseum in Kabelvåg steht nämlich buchstäblich auf historischem Boden. Man vermutet hier die wahrscheinlich erste und älteste Stadt Nordnorwegens – Storvågan –, die, so zeigen die bisherigen Funde, zwischen 1100 und 1400 n. Chr. hier oben existiert haben muß.

Nachmittag

Wer vormittags segeln war, kann nun das Museum besichtigen oder im umgekehrten Falle nun eine Segeltour (immer vorab telefonisch anmelden) zwischen den Inseln und Schären vor Kabelvåg unternehmen.

19. Tag 6. und 7. Zusatztag – Informationen

Die Nordlandsboot-Touren werden veranstaltet von:
Vågan Folkehøgskole
8310 Kabelvåg
✆ 76 07 81 03

Lofotmuseum
Kurz vor Kabelvåg, der Weg ist ausgeschildert
✆ 76 07 82 23
15. 6.–15. 8. tägl. 9–21 Uhr; 16.–31. 8. tägl. 9–18, Sept. 9–15 Uhr

Touristinformasjon Moskenes
8392 Sörvagen
✆ 76 09 15 99
1.–19.6. Mo–Fr 10–17 Uhr; 22.6.–16. 8. tägl. 10–19 Uhr

Siehe Seiten 211 f.; 7. Zusatztag, Variante C siehe Seite 235.

Siehe Seiten 211 f.; 7. Zusatztag, Variante C siehe Seite 235.

Restaurant »Gammelbua«
8390 Reine
✆ 76 09 22 22
Hier sollte man natürlich Fischspezialitäten wie Kabeljau- bzw. Dorsch-Zungen probieren oder jenen traditionellen (gesalzenen, luftgetrockneten) Stockfisch, der früher hauptsächlich in die katholischen Länder als Fastenspeise exportiert wurde. Im Winter unbedingt nach *Lofotmölje* fragen. Das ist ein Tellergericht aus frisch zubereitetem Dorsch, Dorschleber, -rogen und Kartoffeln. NN–NNN

Nye Vest-Lofoten-Hotel
8392 Sörvågen
✆ 76 09 13 70
Reicht nicht an »Gammelbua« heran, hat aber ordentliche durchschnittliche Küche zu bieten, so lange man bei Fisch bleibt. NN

Im **Fiskarheimen »Havly-Hospits«** in Reine (liegt beim Areal von Reine Rorbuer), sollte man unbedingt einmal essen gehen oder übernachten. *Havly-Hospitse* werden überall in Norwegen von der »Inneren Seemannsmission« betrieben (hier oben speziell für die im Winter oft wochenlang in der »Fremde« arbeitenden Fischer) und zeichnen sich meist durch eine besonders familiäre (und freilich auch christliche) Atmosphäre aus. Geöffnet nur im Sommer, ✆ 76 09 21 09.

Wo kein Bus hinkommt, fährt ein »Lokalboot«

Die Fangmethoden

Als erstes war der **Juksa-Fischer** da. *Juksa* heißt wörtlich: der Zocker. Gemeint ist aber das Fischen mit der Troll- oder Schluckangel, die mit Mehrfachhaken bestückt ist. Die Angel steht etwa einen Meter über dem 60 oder 80 Meter tiefen Grund. Der Fischer oben im Boot zieht die Leine stundenlang und immer im gleichmäßigen Rhythmus etwa eine Armlänge lang hoch und läßt sie wieder fallen. Merkt er, daß ein Fisch am Köder unten angebissen hat oder gar ein ganzer Schwarm die Haken umstreicht, reißt er die *Juksa* ruckartig hoch und kurbelt zurück. Mit etwas Glück hängen manchmal vier Fische zugleich an der Angel, zu je sechs oder sieben Kilo. Ganz dicke Burschen kommen bis auf 20 Kilogramm. Das ist (1978) Fischfang nach Art der Vorväter, doch heute gibt es bereits sogenannte »Juksa-Maschinen«, mit deren Hilfe ein einzelner Fischer das Zwei- bis Dreifache pro Tag fangen kann.

Line-Fischer arbeiten mit der Legangel, einer oft bis zu 3 000 Meter langen »Leine«, die ebenfalls etwa einen oder zwei Meter – über die ganze Länge allerdings horizontal – über dem Grund liegt. Steingewichte ziehen die *Line* zum Meeresboden, doch luftgefüllte Gummireifchen halten sie stabil etwa einen Meter darüber. Genau in dieser Höhe oder besser in dieser Tiefe schwimmt der Dorsch und beißt dann auch irgendwo in die mit Ködern bestückten Haken. Sie sind in gleichmäßigen Abständen längs der Legangel befestigt. Die *Line* wird dann, an den Markierungsbojen beginnend, über maschinelle Zugrollen eingeholt. Tagesfänge auf hart arbeitenden Booten liegen bei 2 000 Kilogramm.

Die **Garn-Fischer** arbeiten nach demselben Prinzip. Sie bringen allerdings ein Stellnetz (Garn) aus, das mit bis zu 4 000 Meter Länge und sieben bis neun Meter Breite bzw. Höhe den Zugweg der Dorsche versperrt. Alles, was nicht Dorsch heißt, kann durch die Maschen schlüpfen. Auch die zu jungen Dorsche. Das wenn auch maschinelle Einholen der Netze ist eine stundenlange, mühevolle Arbeit, die aber sehr ertragreich sein kann, wenn der Fisch da ist. Tagesfänge von 3 000, 4 000 Kilo sind schon mal drin.

Die **Snurrevad-Fischer** (Schleppnetz) kennen kaum eine solche Plackerei. Sie sind sehr umstritten auf dem Lofot. Alle anderen Fischer, die sich im Vergleich hierzu abrackern, meinen »es sind die Trawler, die gehören nicht auf den Lofot, reißen den Meeresboden auf und nehmen uns den Fang weg«. Sie selbst bezeichnen sich als Fischer mit kleinem Schleppnetz. Doch es ist Trawling. Beispiel: Ein Schwarm ist auf dem Echolot ausgemacht. Das großmaschige Schleppnetz und die Markierungsboje, an der ein Tauende befestigt ist, fliegen über Bord. In einem großen Kreis umfährt man den Fischschwarm, zurück zur ersten Boje. Dort wird – mit einem zweiten Tau war man ja bisher immer noch mit dem Schleppnetz verbunden – das erste Tau wieder aufgenommen. Nun bildet also das Schleppnetz, das mittlerweile zum Grund gesunken ist, einen zunächst noch weit offenen Sacktrichter, der aber mit zunehmender Fahrt und Schlepp über Grund immer enger wird. Was am Ende des Sacktrichters herauskommt, liegt oft zwischen 300 und 700 Kilo Fisch, Ergebnis einer nur gut halbstündigen Fahrt. An besonders »erfolgreichen« Tagen kann ein Snurrevad-Boot gut und gerne zwischen 12 000 und 18 000 Kilogramm Fisch anlanden. Das Zehnfache des Juksa-Fischers.

Die Verarbeitungsmethoden

Die **Dorschleber** wird entweder frisch verwertet und gegessen, oder sie wandert in die Trankocherei; Ergebnis: Lebertran. Der **Rogen** – eigentlich ja auch Kaviar – wird entweder geräuchert oder zur Pastete abgekocht. Rogen gibt es aber ebenso gebacken. Bei der weiteren Fischverarbeitung richtet sich der Aufkäufer nach den Marktgegebenheiten. Er kann also den Dorsch zunächst so, wie er ist, und mitsamt den Innereien rundum einfrieren: der **Rundgefrorene**. Geht er einen Schritt weiter, wird der Fisch ausgenommen und ohne Kopf eingefroren. Der »geschlagene« Dorsch kann dann später noch getrocknet und zu **Stockfisch** verarbeitet werden. Die dritte, moderne Art ist, den ausgenommenen Fisch in **Filets** zu teilen und diese einzufrieren.

»Fesken heng på Hjell!«

Die traditionellen Arten aber sind erstens: Den Fisch auszunehmen und zu salzen. Das **Salzfilet** geht in den Export, hauptsächlich nach Italien. Nach einer drei Tage dauernden Palettensalzung wird der Fisch umgestapelt und erneut gesalzen. Nach der zweiten Palettensalzung wird er dann noch mindestens zwei Wochen gelagert. Zweitens: Der **Klippfisch**. Sein Name sagt es schon. Er wird ausgenommen, das Rückgrat entfernt, einfach aufgeklappt, gesalzen und anschließend auf den Klippen getrocknet. Die älteste und auf dem Lofot gebräuchlichste Art der Verarbeitung, ist drittens: der **Stockfisch**. Der Dorsch wird ausgenommen und ohne Kopf an Holzgerüsten zum Trocknen aufgehängt (frühestens ab Ende März, davor ist es noch zu kalt). Das Holzgerüst – die »Stockfisch-Kathedrale« – heißt *Hjell*. Der Stockfisch muß mindestens drei Monate im Wind hängen und trocknen. Dabei verliert er vier Fünftel seines Gewichts. Allerdings kann er später mühelos mit Wasser aufgekocht und verzehrt werden. Die Haltbarkeit des Fischs – im Lofot-Dialekt: *Fesken* – liegt bei vier Jahren.

»*Fesken heng på Hjell!*« – dieser Spruch gilt jedes Jahr als ein sicheres Zeichen für das bevorstehende Ende der Lofotsaison.

19 Die zwei Seiten einer Medaille
Winter: Der Lofot als Lebensraum

6. und 7. Zusatztag

»(...) Lars starrte noch immer geradeaus. Sie kamen näher und immer näher heran. Das war der Lofot, von dem er so viel gehört hatte, seit er ein kleiner Wicht war. Ein Land im Eismeer, von dem alle Knaben an der Küste träumten und nach dem sie sich sehnten. Dort wurden Heldentaten verübt. Dort erlangte man Reichtum, dort fuhr man mit dem Tode um die Wette. Eine Völkerwanderung war viele Jahrhunderte hindurch dort hinaufgezogen, und manch einer war auf der See umgekommen, einige kamen mit blanker Münze heim, aber die meisten blieben ihr Leben lang in Armut. (...)«

Johan Bojer, »Die Lofotfischer«

Niemand vermag sich 1978 auch nur andeutungsweise vorzustellen, daß das, was seit Menschengedenken im Überfluß vorhanden ist, was jahrhundertelang wie aus einem Füllhorn ausgeschüttet wird und hier nach Zigtausenden von Kilo zählt, wenige Jahre später immer knapper wird. Jedenfalls nicht länger in jenem überbordenden Reichtum zur Verfügung steht, der seit annähernd tausend Jahren die norwegischen Fischer zum Lofot lockt, um dort – so das Sprichwort – »den lieben Gott zu einem armen Mann zu machen«. Die Rede ist vom Dorsch, von Fischleibern ohne Zahl und Ende. Denn jedes Jahr zwischen Januar und April ziehen riesige Dorschschwärme aus der Barentsee nach Süden, um vor der Lofotbank zu laichen. Hier, wo das Wasser wegen des Golfstroms einige Grade wärmer ist, finden sie seit undenklichen Zeiten ideale Bedingungen.

In jenem Jahr also, Anfang Februar, war noch alles so, wie es hier oben schon immer war: Es gab noch keine Brücken, die den Ost- und Westlofot miteinander verbunden haben, es gab keinen Tunnel zwischen Leknes und Napp, und nur zweimal am Tag fuhr jeweils ein Bus von Svolvær nach Å, der, weil man Fähren benutzen mußte, einen ganzen Tag lang auf dieser Strecke unterwegs war. Niemand hätte sich seinerzeit auch ausmalen können, daß man bereits ein Jahrzehnt später zu ziemlich problematischen Argumenten greifen würde, um den zwischenzeitlich spürbar gewordenen Rückgang der Fangmengen zu erklären: Zum einen sah man nach dem

Kabelvåg um 1860: im Hafen liegen Fembøring-Boote

Verbot der Seehundjagd im Nordatlantik deren »sprunghaft« gewachsene Population als eine der Ursachen, zum anderen gilt neuerdings der auf geschätzte 86 000 Exemplare angewachsene Bestand an Zwergwalen im Nordostatlantik – aus norwegischer Sicht – als ein existenzgefährdender »Konkurrent« der hiesigen Fischer. Mag sein, daß diese Begründungen keineswegs so absurd sind, wie sie im ersten Moment klingen, doch verdecken sie das wichtigste Kriterium allemal: Die immer raffinierter gewordenen, technisch ausgereiften Fangmethoden des Menschen. Heute kann man nämlich innerhalb einer Woche jene Quote zusammenfischen, für die man früher eine ganze Saison lang arbeiten mußte (siehe Kasten über die Fangmethoden).

1978 war vielleicht eines der letzten »reichen« Lofotjahre, und ich glaube fast – so wie es sich heute liest –, ich habe das damals überhaupt nicht bemerkt:

In Henningsvær angekommen, finde ich meine Rorbu gut aufgeheizt. Draußen hat es acht Grad minus, überall sehe ich Eisblumen an den Fenstern, rauchende Kamine und verschneite Gärten. Was mich in den kommenden Wochen von nun an jeden Morgen wecken wird, ist das Geschrei von abertausend Möwen. Nur wenn man nichts hört, dann ist Sonntag. Sonntags müssen die ewig hungrigen Vögel raus aufs Meer, weil sie im Hafen keine Fischabfälle finden.

Norwegens größter »Fiskevær« (Fischereiort) und Schauplatz von Johan Bojers Roman »Die Lofotfischer« ist um diese Jahreszeit sonst an jedem anderen Tag der Woche ein von morgens bis abends umtriebig geschäftiger Hafen. Ganz dem Dorsch-Fieber verfallen, warten hier über 23 Fischaufkäufer (Fiskeköper) auf den täglichen Fang, und die »Lofotposten« meldet unter der Schlagzeile VERHANDLUNGEN MIT NIGERIA, daß statt den vereinbarten 18 000 Tonnen

Fisch bisher erst ein Sechstel abgenommen wurde. 18 000 Tonnen wären 400 Millionen Kronen Umsatz, das Geschäft läuft nicht gerade rosig. Spanien und Italien, die klassisch katholischen Abnahmeländer der luftgetrockneten Fastenspeise, bestellen (im Zeitalter der Gefriertruhe) immer weniger, lediglich Afrika und Südamerika bilden noch große, wichtige Märkte. Norwegen sitzt auf Trockenfisch noch vom letzten Jahr, unterdessen läuft bereits die neue Saison.

Anfang Januar ziehen die Fischschwärme bei Röst in den Vestfjord hinein, Ende Januar werden sie bei Væröy und Reine auf dem Echolot gesichtet; und sobald dann der erste »warme« Südwest bläst, treibt es sie in das Innere des Vestfjords, in den weit offenen Trichter zwischen dem Lofotarchipel und dem norwegischen Festland. Hier warten mehrere tausend Fischer mit Netzen und Angelhaken und dem Wissen von Generationen. Die Falle schnappt zu, die Jagd auf den Dorsch beginnt, und die damit verbundene Gefahr ist bis heute die gleiche geblieben. Sobald nämlich der warme Südwest weht, bedeutet das auch: Es gibt Sturm, hohe Wellen und eine starke Dünung, die sich kreuz und quer an der Lofotwand bricht.

»Dieses Jahr haben sich 1 340 Boote gemeldet«, erklärt mir Helge Hansen, »und auf dem ganzen Lofot verteilt sind es rund 4 000 Fischer.« Helge Hansen ist der »Oppsynsjef«, Chef der Aufsichtsbehörde mit Sitz in Svolvær, die immer noch ihre eigenen Gesetze hat. Zu Bojers Zeiten, Ende des vorigen Jahrhunderts, war er der Gott des Lofots. Man sagte Kommandant zu ihm, und die Fischer zogen ehrerbietig ihren Hut. Heute jedoch dirigiert er eine Behörde. 13 Männer arbeiten an Land, und 16 Männer kontrollieren in mehreren Aufsichtsbooten die wichtigsten Fangplätze vor Ort: Svolvær, Henningsvær, Stamsund und Reine.

Um die Fangareale gibt es allerdings keine blutigen Schlägereien mehr. Die durch Bojer berühmt gewordene »Schlacht im Trollfjord« um die Jahrhundertwende ist Historie. 3 000 Fischer hatten sich damals – jeder gegen jeden – einen blutigen Kampf um die besten Fangplätze geliefert. Die Schlacht tobte fast einen ganzen Tag, bis endlich der *Oppsynsjef* herandampfte, die Hoheitsflagge zeigte und der Massenschlägerei ein Ende bereitete.

Reine und die Lofotwand

Heute heißt es »der Oppsynsjef legt fest: Juksa-, Line- und Garnfischer dürfen ab sechs Uhr früh hinaus, Snurrevad ab zehn Uhr vormittags. Rückkehr um sechs Uhr abends.« Man hält sich dran, fertig. Trawling ist verboten, ausländische Schiffe dürfen nicht fischen. In einem guten Jahr läßt sich auf dem Lofot nämlich enorm viel Geld verdienen. In vier Monaten vielleicht 30 000 bis 35 000 Kronen, als Schiffseigner bis zu 80 000 Kronen. Das sind immerhin über 30 000 Mark (1978).

Tage später bin ich seinerzeit nach Hamnöy und Reine gefahren. Die »Lofotposten« meldete, daß hier im Durchschnitt 2 000 Kilo Fisch pro Boot angelandet werden, während in Henningsvær gerade mal 700 Kilo die Spitze sind. Während dort also alles noch auf den Südwest wartete, schöpfte man hier bereits aus dem vollen. Ich war mit Arne verabredet, einem Fischer aus Hamnöy, um mit ihm einen Tag lang hinauszufahren.

Punkt 6 Uhr früh drängen 130 Boote aufs Meer hinaus, noch ist es stockdunkle Nacht. Richtig hell wird es erst gegen 8 Uhr oder 8.30 Uhr, und gegen 15 Uhr geht die Sonne auch schon wieder unter. Das Boot stampft und schlingert wie all die anderen Nußschalen auch. Gischt schießt über Bord, Schnee treibt mir ins Gesicht.

Arne hält Kurs auf den Vestfjord, und nach einer knappen Stunde haben wir seine Netze erreicht. Sonst fährt er oft ganz alleine aufs Meer hinaus, seine einzige Sicherung ist eine Leine,

»... du greifst ihm unter die Kiemen und stichst das Messer bis zur anderen Seite durch.«

mit der er ans Boot gebunden ist. Der nächste Kutter liegt manchmal über einen Kilometer weit ab, wer also in dieser Jahreszeit über Bord geht, hat nur sehr geringe Rettungschancen.

Wir bringen heute jenes Garn ein, das Arne erst gestern ausgelegt hat, und heute mittag fliegen dann diejenigen Netze über Bord, um die er sich morgen kümmern wird. So geht das Tag für Tag, mindestens zwölf Wochen lang. Kaum daß die ersten Meter des insgesamt vier Kilometer langen Netzes über die Winsch hereinlaufen, drückt mir Arne auch schon ein Messer in die Hand und sagt: »Hier, du greifst ihm unter die Kiemen und stichst das Messer bis zur anderen Seite durch. Dann kann er ausbluten, fertig.« Und genau so geht das nun stundenlang, bis ich bis zu den Knien in Fischleibern stehe und dabei eiskalte Füße habe. Die Lofotwand verschwindet zwischendurch in dichtem Schneetreiben, und noch ist ein Ende des Garns nicht in Sicht. Hunger hast du keinen, weil du ja als Neuling ständig am Rande der Seekrankheit schwebst, und gegen die Kälte hilft nur eines: weiter arbeiten, bis du damit fertig bist. Pause. Das Garn ist eingeholt, wir warten, bis es aufklart und werfen dann die neuen Netze über Bord. Um 15 Uhr sind wir fertig, und bis wir den Hafen von Hamnöy erreichen, ist es bereits wieder dunkel geworden. Alle 130 Boote sind zurückgekehrt, 400 Männer haben schätzungsweise 200 000 Kilo Dorsch eingebracht. Die Frauen kochen Kaffee, doch die Fischer, hundemüde, müssen noch einige Stunden weiterarbeiten. Sie nehmen den Fisch aus: Kopf ab, rechts auf den Haufen, Leber in die linke, Rogen in die rechte Tonne. Der geschlagene Fisch fliegt in ein Wasserbekken.

Fast alles wird verarbeitet, selbst Rückgrat und Kopf. Das gibt Fischmehl. Nur die unbrauchbaren Innereien fallen zurück ins Wasser. Futter für die Möwen, für jene Möwen, die mich in diesen Wochen jeden Morgen wecken. Nur sonntags nicht, sonntags müssen die ewig hungrigen Vögel raus aufs Meer ...

Heute klingen solche Tagesergebnisse – 200 000 Kilo an nur einem einzigen Fischplatz – wie Nachrichten aus fernen Zeiten. Es ist ja auch schier unvorstellbar, daß noch 1951 zum Beispiel 22 000 Fischer zum Lofot gekommen waren und einen Fang von 115 000 Tonnen erbeuteten. 1978 waren es zwar nur noch 4 000 Fischer, die in diesen harten Wintermonaten ihr Grundeinkommen zu erwirtschaften versuchten, doch gelingt ihnen immerhin ein Fang von 57 000 Tonnen (also mit einem Viertel an »Personal« die Hälfte der Menge von 1951; daß um diese Zeit fast jeder noch so kleine Kutter bereits mit einem Echolot ausgerüstet ist, mit dessen Hilfe man die Fischschwärme orten kann, ist derart selbstverständlich, daß niemand länger den Unterschied zu 1951 in Betracht zieht). Und darin liegt denn auch der Grund für den steten Rückgang der Fangmengen: Es wird mit immer weniger *manpower* im-

Stockfisch muß drei Monate im Wind trocknen

Henningsvær: Der »geschlagene« Dorsch wird ausgenommen und eingefroren

mer mehr abgefischt, bis schließlich heutzutage – so die aktuellen Zahlen – gerade mal noch 700 Boote mit etwa 2 000 Fischern vor der Lofotbank arbeiten können und – wen wundert's? – nicht mehr als 17 000 Tonnen zusammenbringen. Schlimmer noch, die derzeit für ganz Norwegen geltende »Dorsch-Quote« liegt augenblicklich nur knapp über jener Größenordnung, die 1951 noch alleine nur im Vestfjord erzielt werden konnte: 125 000 Tonnen. Und es ist nicht etwa die »späte Einsicht«, die die Norweger so handeln läßt, es bleibt ihnen einfach keine andere Möglichkeit mehr. Angesichts dieser Entwicklung sind denn auch Argumente wie, »Wale und Seehunde« seien eine der Hauptursachen für das zunehmende Verschwinden des begehrten Fischs, nur sehr schwer nachvollziehbar. Viel naheliegender ist schon der Hinweis, daß die Hochseetrawler in der Barentsee derart »abräumen«, daß der Dorsch erst gar nicht mehr bis zu seinen angestammten Laichgründen kommen kann. Doch unabhängig davon gilt hier wie in allen anderen Teilen der Welt, wie in allen anderen Branchen dieser Welt das gleiche Gesetz: Wer seine Ressourcen nicht ausreichend schont, verliert sie eines Tages vollständig. Das hat nichts damit zu tun, daß man es den norwegischen Fischern nicht gönnen wollte, »den Überfluß der Natur abzuschöpfen«, doch steht zu befürchten, daß genau diese Überlegung – verbunden mit der krausen Logik, daß, wer nun wieder Wale jagt, künftig mehr Fisch fangen kann – die norwegische Regierung dazu bewogen hat, aus dem Übereinkommen der Internationalen Walfang-Kommission auszuscheren. Die Jagd auf Zwergwale soll ab 1993, im Rahmen einer »verantwortungsbewußten Auslese«, freigegeben werden. ■

Nusfjord im Winter

20. Tag – Route: Reine – Svolvær (154 km)

km	Zeit	Route
0	9.00 Uhr	Abfahrt Reine (E 16 Richtung Svolvær)
26		Ramberg
36		**Wegkreuzung Nusfjord**, Ostecher nach dort.
40		Wegkreuzung Nusfjord, Weiterfahrt Richtung Napp
59		Napp, **Nappstraumen-Tunnel** (Gebühr: 70 Kronen)
62	11.30 Uhr	Parkplatz, Touristinformation.
64		**Leknes** (evtl. Lunch einkaufen). Weiterfahrt auf dem RV 815 (!) Richtung Stamsund
65		Abzweig rechts auf Nebenstraße Richtung Mortsund
69		Abzweig links nach Sennesvik, Lunchpause auf der **Paßhöhe**, herrliches Panorama.
71	13.30 Uhr	In **Sennesvik** Abzweig links, zurück zum RV 815;
75		ab Einmündung rechts ab Richtung Stamsund.
79		Straßenkreuzung bei Storfjordvik: links ab (RV 815) Richtung Smorten bzw. Svolvær.
		Alternative: Abstecher nach **Stamsund** möglich, geradeaus auf dem RV 817 (10 km hin und zurück).
109		Smorten (ab hier wieder E 16 Richtung Svolvær)

20. Tag – Route: Reine – Svolær (154 km)

116	14.30 Uhr	**Kleppstad**, Parkplatz, Touristinformation.
124		Rörvik, Abzweig nach Henningsvær
130	15.00 Uhr	**Henningsvær**, Rundgang. Wer hier an der Hafenmole steht und nun statt zum Meer zu den Bergen zurückschaut, sieht genau auf jenen »König Vågekallen« (942 m), dessen Sohn Hestmannen in der Sage um das Loch im Torghatten (13. Tag) eine so große Rolle spielt.
137	16.00 Uhr	Rörvik, Rörvik-Tunnel
147		**Kabelvåg, Lofotmuseum** (siehe auch 7. Zusatztag, Variante C).
154	17.00 Uhr	Ankunft **Svolvær**.

20. Tag – Informationen

Destination Lofoten AS
Postboks 210
Im Zentrum, direkt am Hafen von Svolvær
8301 Svolvær
✆ 76 07 30 00, Fax 76 07 30 01
Juni: 1.–13.6. Mo–Fr 9–16, 14.–28.6. Mo–Fr 9–20, Sa 10–14, So 15–20 Uhr
Juli/Aug.: 29.6.–16.8. Mo–Fr 9–22, Sa 10–20, So 10–22, 17.–31.8. Mo–Fr 9–20, Sa 10–20, So 16–19 Uhr, übrige Zeit 8–16 Uhr

Neben dem o.g. liegen am Weg von Reine nach Svolvær noch folgende Filialen des Lofoten Reiselivslag, die vom 10.6.–15.8. tägl. 9–16 Uhr geöffnet haben:

- Am Parkplatz nach der Durchfahrt des Nappstraumen-Tunnels (von Napp kommend)
- in Leknes (Ortszentrum)
- in Stamsund (Ortszentrum)
- am Parkplatz Kleppstad, nach der Fahrt über die Gimsöystraumen-Brücke (von Stamsund kommend)

Hier bekommt man nur Antworten auf Standardfragen wie Übersichtskarten, Hotel- bzw. Zimmervermietung etc.

Lofotmuseum
Storvågan
8310 Kabelvåg
✆ 76 07 82 23
Tägl. 15. 6.–15. 8. von 9–21, 16.–31. 8. von 9–18 Uhr; Sept. Mo–Fr 9–15 Uhr

Lofot-Akvariet
Storvågan, neben dem Lofotmuseum
✆ 76 07 86 65
Tägl. 1.–14.6. von 10–18, 15.6.–15.8. von 10–21, 16.–31.8. von 10–18 Uhr; 1.–30.9. von 11–15 Uhr

Galleri Karl Erik Harr
8300 Henningsvær
✆ 76 07 15 73
Der Vollständigkeit halber sei hier auf die Adresse der hauseigenen Galerie *des* Nordnorwegen-Malers hingewiesen – »einer der anerkanntesten und gefragtesten Bildkünstler«.

In der Selbstdarstellung (im Prospekt über Henningsvær) heißt es u. a. weiter: »In der Galerie sind herausragende Werke der Ölmalerei und Graphik zu sehen. (...) Karl Erik Harrs Werke sind in der Nationalgalerie in Oslo ausgestellt und waren in umfassenden Einzelausstellungen im In- und Ausland zu sehen.«

Lofoten Turist- og Rorbusenter
Örsvåg
8310 Kabelvåg
✆ 76 07 81 80
Hütten-Campingplatz mit Cafeteria. Der Platz verfügt über einen Badestrand (!) und zusätzlich ein Schwimmbassin; außerdem Bootsverleih.

Sankvika Fjord- og Sjöhus Camping
8310 Kabelvåg
✆ 76 07 81 45
Wie oben, jedoch auch gut für Caravans und Zelte. Beide, fast benachbarte Campingplätze liegen außerhalb von Kabelvåg in einer Bucht.

Svolvær Vandrerhjem
Hybelhuset
8310 Kabelvåg
✆ 76 07 81 03, Fax 76 07 81 17
10. 6.–10. 8. geöffnet
Jugendherberge, die in Kombination mit dem »Lofoten Sommerhotell« betrieben wird und folgende Bettenpreise (inkl. Frühstück) verlangt: 130 Kronen für Mitglieder, 155 Kronen für Nichtmitglieder; ein »eigener Raum« kostet 285 Kronen.

Hotel Havly
8300 Svolvær
✆ 76 07 03 44
Gutes, traditionelles Hotel in Svolvær, nur etwa 200 m vom Hafen entfernt; mit hauseigener Cafeteria und gutem Restaurant (NN–NNN). C

Vestfjord Hotel
Havna
8300 Svolvær
✆ 76 07 08 70
Direkt am Hafen gelegen, mit schönem Blick zum Vestfjord. Restaurant mit Schwerpunkt Fisch und Meeresfrüchte (NN–NNN). D

Havna Vertshus
O.J. Kaarböes gate
8300 Svolvær
✆ 76 07 10 00
Ebenfalls am Hafen, im Ortszentrum gelegenes Hotel mit Gasthaus. Kein Fjordpaß, Preise wie C.

Knutmarka Feriesenter
8301 Svolvær
✆ 76 07 21 64
Etwas außerhalb des Stadtzentrums, an einem See gelegener Campingplatz. Hütten, Kanuverleih.

Bild von der »Schlacht im Trollfjord«
Im Rathaus von Svolvær.

Nordnorsk Kunstnersenter
Svinöya
8300 Svolvær
✆ 76 07 00 22
Eine der interessantesten Galerien des Nordens bzw. kleine Kunsthalle mit einer permanenten Ausstellung vielfältigster Arbeiten nordnorwegischer Künstler.

Bootsausflug zum Trollfjord
Im Hafen von Svolvær startet mehrmals täglich die »Lofotcruise« zu einer dreistündigen Tour in den engen Trollfjord, der durch Bojers »Lofotfischer« so berühmt geworden ist. Abends werden mit demselben Schiff auch ca. 3stündige Angelfahrten durchgeführt.

Der Trollfjord-Trip geht (im Juli) nicht ohne Trubel vonstatten, und es ist wohl auch unerläßlich, daß sich die Teilnehmer an einer solchen Tour, »Torsten und Inge«, »Mike and Geraldine«, »Jan og Mathilde«, per Farbpinsel auf den Felsen dort verewigen.

20 Die zwei Seiten einer Medaille
Sommer: Der Lofot als Ferienregion

Niemand vermag sich 1982 auch nur andeutungsweise vorzustellen, daß in dem Maße, in dem sich der Rückgang der Einkommen aus der Lofotfischerei auswirkt, die Einkünfte aus dem Tourismus ansteigen. Der Lofot ist wegen seiner unvergleichlichen Landschaft inzwischen zum Star geworden – innerhalb der nordnorwegischen Ferienziele –, und daran gibt es oberflächlich betrachtet auch nichts zu bekritteln. Denn wenn man weiß, daß dem Arbeitsplatz eines Fischers drei Arbeitsplätze an Land nachgeschaltet sind, ist es nur zu logisch und auch gerechtfertigt, nach einem ökonomischen Ausgleich zu suchen. Andernfalls hat, wer hier aufwächst und leben will, keine Zukunft mehr. Die Frage ist halt nur, wie und in welchem Ausmaß man zu Werke geht.

In jenem besagten Sommer von 1982 war es auf dem Lofot (wir sprechen hier hauptsächlich vom Juli) noch sehr ruhig. Å war ein verträumtes, kleines Fischerdörfchen ganz am Ende der Lofotstraße, und in Svolvær gab es kaum nennenswerte Wartezeiten, wenn man mit der Fähre nach Skutvik zum Festland fahren wollte. In Henningsvær zählte man eine einzige Kneipe und in **Lilleidet** (bei Leknes) konnte man seinerzeit, während man auf die Fähre nach Napp warten mußte, eine beeindruckende Skulptur bewundern: Sie stellt eine Frau dar, die besorgt über den Nappsundet Ausschau hält, ob denn ihr Mann nicht endlich vom Fischfang zurückkehrt. Die von Eleonore Thomas Strans (eine US-Amerikanerin nordnorwegischer Abstammung) gestiftete Arbeit ist heute die einsamste Skulptur der Lofoten. Kaum jemand kennt sie noch, weil die gesamte Straßenführung zwischen Napp und Leknes (aufgrund des Nappstraumen-Tunnels, der unter dem Nappsundet hindurchführt) verändert worden ist. Man kann auch nicht erklären, wie man diese Statue findet – beim ehemaligen Fähranleger von Lilleidet, einfach deshalb nicht, weil man die »alten« Verhältnisse kennen muß, will man nicht eine halbe oder gar eine Stunde lang ergebnislos auf Nebenstraßen umherirren.

Daß man auf dem Lofot den Sommertourismus seitdem auf genau jenem Phänomen aufgebaut hat, das seit altersher bestimmend war – die *Rorbu*-Kultur – ist an sich eine geniale Idee. Man befände sich dabei nämlich tatsächlich auch heute noch in jener Atmosphäre vom »einfachen Leben der Fischer«, die so unglaublich anziehend wirkt. Wenn, ja wenn man hier nicht auf die Idee gekommen wäre, man könne Touristen nicht zumuten, ohne Fernseher und modernstes, komfortables Ambiente auszukommen; in dieser dramatischen Umgebung!

Statt also selbstbewußt auf diese grandiose Landschaft zu verweisen, die nun mal ihren »Preis« hat, und alles möglichst unverfälscht zu belassen, bemühte man sich um Standards, die alles andere als typisch Rorbu sind. Deshalb ist man nun auch, nachdem so viel investiert wurde, auf immer mehr Besucher

Lofotstimmung – zwischen Reine und Ramberg

angewiesen – nicht länger jedenfalls auf den bloßen Liebhaber, der nach zwei Wochen Ferien in dieser Traumwelt voller Wehmut abreist und immer wiederkommt. Allerdings gilt es zu unterscheiden. Die bis jetzt gemachten Aussagen gelten nicht pauschal für alle Orte und nicht zu jeder Jahreszeit! Ich will das an zwei Beispielen zeigen:

Da wo heute in **Å** der Campingplatz liegt, war vor zehn Jahren ein frei zugänglicher, aussichtsreicher Parkplatz mit Sitzbänken und Grillstelle. Man traf sich zum Plaudern, wartete auf den Postbus oder konnte von dort aus ins Dorf schlendern, um bei einem der Fischer zu fragen, ob er einem Fisch verkaufen könne – frischgefangenen oder eben Stockfisch. Heute wird in Å der Stockfisch portionsweise in Plastikbeuteln zu je 15 Kronen verkauft; und will man das örtliche »Museum« besichtigen (wie erwähnt, im Grunde ein großer Schuppen, der mit vielen historischen Fischereigerätschaften bestückt ist, die wiederum recht willkürlich plaziert sind), stolpert man beispielsweise über zwei junge Kerle, die gelangweilt an der Kasse sitzen und lediglich eines sagen können: »*Ti Kronor!*« (Zehn Kronen!)

Auf der einen Seite ist man vor Ort zwar darum bemüht, mit einer recht aufschlußreichen, in deutsch verfaßten Broschüre Hintergrundwissen weiterzugeben, auf der anderen Seite aber – in der Praxis –, kommt man kaum über eine Art von »Disneyland-Niveau« hinaus. Aus dem ursprünglichen Ansinnen, eine ganze Fischereisiedlung als »lebendes« Open-air-Museum darzustellen, ist strenggenommen nur jener Effekt entstanden, mit dem wir in Deutschland versuchen, japanische Besucher in Rothenburg ob der Tauber oder Amerikaner beim Schuhplatteln in Tirol zu beeindrucken. Daß es auch anders geht, haben wir ja auf Lovund (16. Tag) schon erfahren.

Keine vergleichbare, aber eine ähnlich »boomende« Entwicklung hat **Henningsvær** hinter sich. Wer den Ort – damals noch ohne Brückenanschluß – sommers wie winters besucht hat, kommt heute aus dem Staunen nicht heraus. Henningsvær, der größte und wichtigste Fischereiort des Lofots, lebt nun von der Legende, eine Legende zu sein, inklusive Sauna, Solarium und Whirlpool. Lofot-

Unglaublich idyllisch und versteckt liegt das Dörfchen Nusfjord

Blick über den Urvatnet zum Höynesaksla am Sundklakkstraumen

typisch werden Schlauchboot-Safaris angeboten, Verzeihung, *Deep-Sea-Rafting*, dazu gibt es dann die passende Ton-Bild-Schau mitsamt dem Verkauf von Bildern und Büchern. Und es sind nicht die ursprünglichen Einheimischen, die dieses *Business* entwikkelt haben, sondern Zugereiste aus Svolvær.

Also gilt, was wir auf den blauen Seiten des 19. Tages schon gesagt haben: Wer im Juli hier unterwegs ist, sollte von Reine oder Hamnöy aus den so wunderlich schönen Archipel ganz für sich selbst entdecken, um dann vielleicht auch einmal in einem anderen Jahr, zu einer anderen Zeit wiederzukommen. Denn all die kleinen Orte abseits der Lofotstraße (E 16) – Sund, Nesland, Mortsund, Ure, Fredvang und Unstad zum Beispiel – sind nach wie vor Lofotdörfer, in denen man sich rundum wohlfühlen kann. Auch deshalb, weil man dort »normal« geblieben und das Leben der Fischer nicht zur Show geraten ist – und weil dort noch ein Alltag stattfindet, wie er im Sommer für den Lofot ganz typisch ist: ruhig.

Die Ausnahme davon ist **Nusfjord**. Aber das kleine Dörfchen muß man allein schon wegen seiner unglaublich versteckten, idyllischen Lage gesehen haben, und überdies befindet sich ein passionierter Angler dort unter lauter Gleichgesinnten.

Für die Mittagspause eignet sich die Anhöhe der Nebenstraße nach Sennesvik (siehe Route). Dort liegt einem die ganze innere Bucht des **Buksnesfjords** zu Füßen und darüber dann eine unerhört schöne, weite Landschaft. ■

21. Tag – Route: Svolvær – Trollhögda/Narvik (232/276 km)

km	Zeit	Route
0	8.00 Uhr	Abfahrt Svolvær (E 16)
34	9.10 Uhr	Fiskeböl, Fährüberfahrt (ca. 25 Min., siehe Anmerkung 1)
34	9.45 Uhr	**Melbu**
49		**Stokmarknes**, Besuch des Hurtigruten-Museums.
75	12.00 Uhr	Sortland, mögliche Lunchpause (im Zeitplan nicht berücksichtigt).
130		Kreuzung Lödingen
180	14.00 Uhr	**Brücke Tjeldsund**, Lunchpause. Weiterfahrt nach
215		Bogen
232	16.00 Uhr	**Trollhögda** (erste Übernachtungsmöglichkeit)
244		Kreuzung Bjerkvik auf E 6 Richtung Narvik
276	16.30 Uhr	**Narvik.**

Anmerkung 1: In **Fiskeböl** fährt erst um 10.30 Uhr die nächste Fähre. Sie ist im Fahrplan ausdrücklich als »Reservefähre« gekennzeichnet, die ohne Angabe von Gründen gestrichen werden kann. Das passiert im Hochsommer wahrscheinlich nie, weil die Strecke Fiskeböl – Melbu ein Nadelöhr ist, durch das viele Fahrzeuge müssen. Viel eher kann es vorkommen, daß nicht alle Fahrzeuge auf der jeweiligen Fähre untergebracht werden können, und das heißt – den letzten beißen die Hunde –, daß man unter Umständen bis zu zwei Stunden Wartezeit (im Zeitplan bitte berücksichtigen) ertragen muß.

Anmerkung 2: Der schnellste und kürzeste Weg von Svolvær nach Narvik ist noch immer, von **Svolvær mit der Fähre nach Skutvik** hinüberzuschippern (Fahrzeit 2 Std.). Dort geht es auf dem RV 81 nach Ulvsvåg weiter und von da an auf der vielbefahrenen E 6 nach Narvik. 137 km.

21. Tag – Route: Svolvær – Trollhögda/Narvik (232/276 km)

Diese Möglichkeit ist unter Umständen auch für diejenigen interessant, die am letzten Tag der Norwegen-Reise noch einmal eine »getrennte« Variante ausprobieren wollen. Eine(r) fährt mit dem Schnellboot nach Narvik, eine(r) fährt mit dem Auto per o.g. Fährverbindung.

Während das Schnellboot (nur Di–Fr) um 8 Uhr startet und um 11.15 Uhr in Narvik ankommt, ist der/die Autofahrer(in) frühestens um 14/14.30 Uhr dort.

»Skulpturenlandschaft Nordland« (siehe 13. Tag, Seite 166): In Sortland (am Marktplatz) das Projekt »Meerauge« und in Tjeldsund das Werk »Media Thule«.

21. Tag – Informationen

Hurtigruten-Museum
V.D. Halsgata 1
Stokmarknes
✆ 76 15 28 22
Mo–Sa 11–18, So 13–18 Uhr
Das 1993 anläßlich des 100jährigen Jubiläums der berühmten Küstendampferroute fertiggestellte Museum zeigt und erklärt die landesweite Bedeutung sowie die geschichtliche Entwicklung der oft auch als »Riksvei Nr. 1« bezeichneten Postschiffslinie.

Trollhögda Turistsenter
8530 Bjerkvik
✆ 76 95 25 00
Fax 76 95 29 68
Das ist eine Mischung aus Campingplatz, Hüttenvermietung bzw. Motel in sehr schöner Aussichtslage mit Blick über den Ofot- bzw. Herjangsfjord, bis hinüber nach Narvik. Achtung: 1998 wegen Konkurs geschlossen. Es ist davon auszugehen, daß die Anlage unter neuen Besitzern wiedereröffnet wird!

8500 Narvik:

Narvik Turistkontor
Kongensgate 66
✆ 76 94 33 09
Fax 76 94 74 05

In Narvik gibt es keine Hotels, die den Fjordpaß akzeptieren.

Grand Royal Hotel
Kongensgate 64
✆ 76 94 15 00
Fax 76 94 55 31
Erstes Haus am Platze mit entsprechenden Preisen (nach »Sommerpreisen« fragen).

Nordstjernen Hotel
Kongensgate 26
✆ 76 94 41 20
Fax 76 94 75 06
Ebenfalls an der »Hauptstraße« gelegenes, zentrumsnahes Hotel. Sommerpreise ab 525 Kronen pro Person.

Norlandia Narvik Hotell
Skistuaveien 8
✆ 76 94 75 00
Fax 76 94 28 65
An der Talstation des Skilifts zum Fagernesfjellet. Doppelzimmer zwischen 745 und 945 Kronen. Nach Sommerpreisen fragen.

21. Tag – Informationen: Narvik

Breidablikk Gjestgiveri
Tore Hundsgata 41
✆ 76 94 14 18
Frühstückspension: ab 225 Kronen pro Person im DZ ohne Frühstück.

Narvik Vandrerhjem
Nordkalotten, Havnegate 3
✆ 76 94 25 98
Fax 76 94 29 99
Vielbesuchte Jugendherberge, denn Narvik ist Endstation für alle »Interrailer«, die via Stockholm und Kiruna gekommen sind. Mitglieder 145 Kronen, Nichtmitglieder 170 Kronen, Frühstück inklusive.

Narvik Camping
Boks 346
✆ 76 94 58 10
Zelt-, Caravan- und Hüttencampingplatz, außerhalb des Zentrums (von Bjerkvik kommend rechts der E 6, bevor man die Stadt erreicht).

Führung durch den Erzhafen
Treffpunkt: Haupteingang zum Betriebsgelände von LKAB
Werktags 14 Uhr, Dauer: 2 Std.
Preis: 30 Kronen

Narvik Gondolbane/
Seilbahn zum Fagernesfjell
Skistuaveien
✆ 76 94 16 05
Die Seilbahn *(Fjellheisen)* führt von der 650 m hohen Bergstation zum Fagernesfjell (1 254 m).

Nordland Röde Kors
Krigsminnemuseum
Kongensgate/Torghallen
✆ 76 94 44 26
7.6.–22.8. 10-22, sonst 10–16 Uhr
Das »Kriegserinnerungsmuseum« des »Roten Kreuzes von Nordland« ist außerordentlich beeindruckend. Hier wird das Beste an Information über den Krieg in und um Narvik geboten: nicht ein falsches Wort, kein beschuldigender Tonfall, nicht ein einziger, beeinflussender Kommentar. Nichts als die erstaunlich nüchterne Schilderung der Ereignisse während der Besetzung durch deutsche Truppen im Zweiten Weltkrieg.

Bjørns Mat og Vinhus
Brugata
✆ 76 94 42 90
Man rühmt sich 21 verschiedener Pizzasorten, daneben werden auch Fleischgerichte und natürlich Fisch angeboten. In der Kelleretage befindet sich der »Mack-kjelleren« – ein Bier-Pub.
NN–NNN

Malmen Restaurant
Kongensgate 44
✆ 76 94 20 00
Café, Grill-Bar (und an Wochenenden auch Tanz- und Nachtclub). NN–NNN

Jernbanekafeen
Jernbanestation
✆ 76 94 17 45
Cafeteria im Bahnhof von Narvik: Ordentliches Angebot (Sandwiches) für den Zwischendurch-Hunger. N–NN

Svenska Kyrkan
Eine der verblüffendsten und kaum bekannten Einrichtungen, wo man tagsüber etwas essen und sich in aller Ruhe entspannen kann, ist das **Internationale Seemann-Center** der Schwedischen Kirche in Narvik (nahe der Jugendherberge).

Dort gibt es Kaffee, Kuchen und Sandwiches. Man kann duschen, u.a. deutsche Zeitungen lesen und, so man möchte, nebenan in die Kirche gehen.

Im Heringsjahr von 1880 – oder warum es eine Hurtigrute gibt

Von Svolvær nach Narvik

Die Fahrt von Svolvær nach Fiskeböl führt genau durch jenen Bereich des Lofots, der am häufigsten übersehen wird. Für Lofot-Verhältnisse ist das eine No-name-Gegend – völlig zu Unrecht. Die Fahrt längs des grandiosen, von Bergen eingerahmten **Austnesfjords** zeigt es und verstärkt nur nochmals den Eindruck, daß dies alles eben eine Ferienregion für sich ist, die man erst nach und nach entdecken kann. Zum Beispiel, um dann, statt in Reine zu beginnen, von dem vor uns liegenden Sildpollen bzw. Vestpollen aus zu starten oder – weil man dort an der Nahtstelle zwischen Lofot und Vesterålen sein Quartier hätte – von Fiskeböl und/oder Melbu aus.

Nach der Überfahrt in **Melbu** angekommen, wird der Unterschied auch gleich augenfällig: Die schroffen, jäh aufsteigenden Berge des Lofots bleiben achteraus, und eine im Vergleich dazu eher »flach« anmutende Landschaft längs der Straße nach Stokmarknes signalisiert, daß man nun in »neuen«

Svolvær – Hauptstadt der Lofoten

Gefilden unterwegs ist. Hier beginnen die **Vesterålen-Inseln**, die sich bis ganz nach Andenes hinauf – weitere 150 Kilometer – erstrekken.

In **Stokmarknes**, kaum zu vermuten, wenn man heutzutage dort ankommt, wurde jene legendäre Idee geboren, die im Verlauf eines Jahrhunderts eine ganze Reihe eindrucksvoller Superlative auf sich vereint hat. Die Rede ist von der weltberühmten **Hurtigrute**, die mal als »Lebensnerv der Küste«, als »Norwegens bekanntester Botschafter«, als »schönste Seereise der Welt« und nicht zuletzt eben als Norwegens »Reichsstraße Nr. 1« bezeichnet wird. Keines der Attribute ist ganz verkehrt, fahren ja heute noch im täglichen Wechsel – sommers wie winters – elf Postschiffe genau nach Fahrplan zwischen Bergen und Kirkenes hin und her, machen in 35 Häfen fest und legen während der elftägigen Reise 2 500 Seemeilen zurück.

Dabei hatten die Gründerväter derart Legendäres gar nicht mal im Kopf. Vielmehr ging es dem ortsansässigen Handelsherren Richard With und dem Distriktsarzt Georg Thode um ganz Praktisches: Im Jahre 1880 waren unvorstellbare Mengen an Hering ins Innere des Vesterålenfjords gekommen – genauer in den Eidsfjord –, und prompt strömten daraufhin Fischer und Aufkäufer aus nah und fern zusammen. Doch war mit dem plötzlichen Fischreichtum auch ein riesiges Problem offenbar geworden: Man konnte den Hering zwar einsalzen und dadurch haltbar machen, aber man konnte ihn nicht schnell und in großen Mengen nach dem Süden transportieren – wo der Markt dafür war.

Diese höchst unbefriedigende Situation ließ die beiden Pioniere so lange nicht ruhen, bis es ihnen gelungen war – bereits am 10. November 1881 –, die *Vesteraalens Dampskibsselskab* in Form einer Aktiengesellschaft zu gründen. Zehn Jahre später hatte die »VDS« bereits drei Frachtschiffe in Betrieb, doch der geschäftstüchtige With lancierte bereits die Idee, ob man denn nicht auch eine feste Passagier- und Frachtroute zwischen Trondheim und den nördlichen Landesteilen einrichten könne. Und zwar eine ganzjährige, damit auch in der dunklen Jahreszeit eine Dampferverbindung mit dem Süden bestünde.

Withs Idee wurde Wirklichkeit: Am 2. Juli 1893 startete die nagelneue »Vesteraalen II«

Lofotwinter – der Fembøring-Segler »Munin« im Trollfjord

von Trondheim aus und revolutionierte von diesem Tag an die gesamte Küstenschiffahrt Norwegens. Für ihre erste *nordgående* Reise bis nach Hammerfest benötigte das Flaggschiff der in Stokmarknes angesiedelten Reederei nur sensationelle drei Tage und Nächte und hatte dabei auch noch in neun Häfen gelöscht und geladen. Damit war die Hurtigrute etabliert – und sie ist bis heute (als Verbund von insgesamt vier Reedereien) ganz eng mit der Identität Nordnorwegens verbunden, mit dem Selbstwertgefühl, sich vom Süden nicht abhängen zu lassen.

Deutlich geworden ist das – und die »Lofotposten« hat vor Jahren eine regelrechte Kampagne angeführt – als ruchbar wurde, daß Oslo mit dem Gedanken spielt, die Staatszuschüsse für die Hurtigrute zu streichen, was faktisch ihr Ende hätte bedeuten können. Nie zuvor wurden darauf derart präzise Zahlen veröffentlicht, Geldmengen-Analysen erstellt und Multiplikatoren-Effekte beim Namen genannt, um die Bedeutung der Hurtigrute zu unterstreichen. Dabei wurde dann auch der wirtschaftliche »Joker« ausgespielt und heraus kam Überraschendes: 1990 zum Beispiel standen einem Staatszuschuß von 208 Millionen Kronen 203 Millionen Kronen an Steuern und Abgaben gegenüber. 55 000 Hotelübernachtungen an Land, so heißt es, würden alleine nur durch die Hurtigrute ausgelöst (da ja ein Teil der jährlich etwa 270 000 Passagiere während der An- und Abreise irgendwo übernachten muß); 1 430 Menschen beschäftigen die Reedereien direkt und nochmals 500 Menschen indirekt. Die berühmten »Postschiffe« bringen etwa für 350 Millionen Kronen ausländische Valuta ins Land und lassen in den Häfen rund 700 Millionen Kronen liegen: Für Hafengebühren, Löhne, Einkauf etc. Das Frachtaufkommen liegt bei 100 000 Tonnen pro Jahr, und nicht zuletzt ist die Hurtigrute der wohl größte Ausbildungsbetrieb des Landes für maritime Berufe – mit einem exzellenten Ruf.

Was also liegt näher, als nun endlich ein **Museum** zu diesem Thema zu eröffnen, und zwar dort, wo alles begann: In Stokmarknes, zum 100jährigen Jubiläum am 2. Juli 1993 (siehe blaue Seiten).

Im Anschluß an den Museumsbesuch folgt eigentlich eine längere Fahrstrecke, es sei denn, man möchte jetzt schon in Stokmarknes eine Kaffeepause einlegen. Dazu besteht hier wie auch in Sortland jederzeit Gelegenheit (Cafeteria); die von der Umgebung her allerdings schönste Möglichkeit, eine größere Pause einzulegen, bietet sich – wenn's der Hunger zuläßt – im »Veikroen« (Tjeldsundbrua-Motel). Der (wörtlich) »Wegkrug« liegt

Die Tjeldsund-Brücke

gleich rechter Hand, nachdem man die Tjeldsund-Brücke in Richtung Narvik überquert hat.

Doch das ist dem Routenverlauf vorgegriffen: Zunächst führt unsere Strecke bei **Sortland** über die 961 Meter lange Sortlands brua, und während wir anschließend der E 16 nach Narvik folgen, zweigt unmittelbar nach der Brücke die Straße nach Andenes links ab. Unnötig zu sagen, nach über 21 Reisetagen in Norwegen, daß wir dabei die ganze Zeit in traumhaft schöner Landschaft unterwegs sind. Das ist in der Zwischenzeit derart selbstverständlich geworden, daß einem die Wolkenstimmungen, das wegen der sauberen Luft nur hier mögliche Licht, das stahlblaue Wasser erst fehlen, wenn man wieder kurz vor dem Kamener Kreuz oder in den Kasseler Bergen unterwegs ist. Ich sage das auch, weil man zwischen Sortland und der Straßenkreuzung bei Lödingen noch einmal eine teils bergige, teils aussichtsreiche Genußstrecke vor sich hat, fast ohne Ortschaften.

Nach der eben schon erwähnten Tjeldsund-Brücke (1 001 Meter Länge) verhält sich's ähnlich: Die Fahrt verläuft über längere Zeit hinweg durch ausgedehnte Wälder und Berge. Doch die ganze Landschaft wirkt jetzt merklich weicher und runder, und zum ersten Mal tauchen auch Schilder auf, die vor Rentieren warnen – Lappland ist also nicht mehr weit weg.

In **Bogen** angekommen, führt unsere Straße für kurze Zeit am Ofotfjord entlang, bevor sie wieder zum Herjangsfjell hinauf ansteigt. Dort oben, auf 200 Meter Höhe (die einem wieder wie 400 Meter vorkommen) liegt das **Trollhögda Turistsenter**. Dort kann man auch übernachten, aber auf jeden Fall hat man einen herrlichen Ausblick – auch auf das Gebirge östlich von Narvik, der schwedischen Grenze zu.

Nach wenigen Kilometern – es geht steil bergab – erreicht man bei **Bjerkvik** die E 6. Wie am 10. Tag auf der Fahrt nach Trondheim, trifft einen (im Hochsommer) der Tag- und Nachtverkehr auf dieser Straße wie ein Schlag. Doch ist das für die kurze Strecke bis nach **Narvik** hinein noch erträglich.

Nun denn, noch 2420 Kilometer bis zum Nordpol

In der Erzhafen-Stadt sollte man sich, sobald die Quartierfrage gelöst ist, den verbleibenden Abend einteilen. An einen Bummel längs der Kongensgate ließe sich der Besuch im **Krigsminnemuseum** anschließen, und danach hat man ja immer noch bis 24 Uhr Zeit, mit der Seilbahn zum **Fagernesfjell** hochzufahren. Droben über der Stadt öffnet sich die Landschaft noch einmal in ihrer ganzen Weite und Großartigkeit. Der Blick geht zum Ofotfjord hinaus, in der Ferne ahnt man den Lofot, und das alles ist, wie ich finde, eine der schönsten Möglichkeiten, um die gesamte Reise abzuschließen. ■

Der Abreisetag – die Heimreise via Schweden

Nirgendwo ist Norwegen so »schmal« wie bei Narvik. Zwischen dem inneren Ende des Rombakfjords bzw. Rombakbotn und der schwedischen Grenze liegen nur knapp acht Kilometer Landmasse. Der Straße nach sind es freilich ab dem Abzweig von der E 6 27 Kilometer. Diese geographische Eigenheit nutzen viele der hier lebenden Norweger aus, wenn sie in den Süden fahren. Seit es eine Straßenverbindung zwischen Narvik und Kiruna gibt, ist dies die schnellste und nervenschonendste Möglichkeit, um zum »Kontinent« zu fahren. Denn die oft schnurgerade schwedische Inlandsstrecke von Kiruna nach Göteborg weist im Vergleich zur E 6 kaum Verkehr auf und bietet großzügige, ja fast autobahnähnliche Verhältnisse.

Um Narvik zu verlassen, fährt man auf der E 6 Richtung Bjerkvik (also teilweise auf der gestrigen Strecke zurück), biegt jedoch vorher schon bei **Nygård** auf die E 10 ein. Ab hier führt dann der sogenannte **Nordkalotten-Weg** nach Schweden hinüber. Und damit ist auch schon ausgedrückt, daß wir von nun an in einer vollständig »eigenen« Region unterwegs sind: Die Nordkalotte, die »Kappe« Skandinaviens, verteilt sich zwar über alle drei nordischen Länder hinweg, aber in den Köpfen der meisten Menschen, die dort leben, ist sie nach wie vor eine Einheit – nicht ganz genau so, aber ähnlich den alten Zeiten, als die Samen mit ihren Rentierherden noch über die Ländergrenzen hinweg unterwegs waren. Will sagen: Alles was etwa nördlich der Linie Narvik – Kiruna – Rovaniemi liegt, gehört mehr oder weniger zur Nordkalotte, und das wäre dann eine völlig neue Reise. Gleiches gilt logischerweise für die Gebirgswelt, durch die wir auf dem Weg bis nach Kiruna noch kommen. Im schwedischen **Abisko**, am Torneträsk (-See), startet der berühmte **Kungsleden**, und wer später über Gällivare, Jokkmokk, Arvidsjaur, Storuman und Vilhelmina nach Süden fährt, ist ständig in den unendlich scheinenden Wäldern von Lappland unterwegs. Auch das wäre eine neue Reise – den Vorgeschmack davon vermittelt dieser Nachhauseweg.

Diese Bilder fehlen einem erst, wenn man wieder am Kamener Kreuz unterwegs ist …

V SERVICETEIL

REISEPLANUNG

REISEDATEN

SPRACHHILFEN

Anreise/Rückreise

Wenn der Urlaub schon auf deutschem Boden beginnen soll (gemeint ist: richtig ausgeruht in Oslo anzukommen), gibt es nur eine Empfehlung: Die **Fährverbindung der Color Line von Kiel nach Oslo**. Zu buchen in jedem Reisebüro oder bei:

Color Line
Postfach 2646
24025 Kiel
✆ (04 31) 7 30 03 00
Fax 7 30 04 00

Die Preise für ein Einfachticket (Hinfahrt) variieren in der Rubrik »Sparpaket« (gültig für bis zu 5 Pers.), je nach Kabinenklasse und Jahreszeit, zwischen 368 und 942 DM. Hochsaison ist der Zeitraum zwischen 19. 6.–16. 8. (Stand 1998). Ein Fahrzeug bis zu 2 m Höhe und 5 m Länge kostet 64–128 DM, danach folgen Staffelpreise je 30 cm Höhe und je einen angefangenen Meter Länge mehr.

Die gleiche Reederei betreibt zwei weitere Dienste: je einen vom dänischen **Hirtshals nach Oslo** und von **Hirtshals nach Kristiansand**. Für **Hirtshals–Oslo** liegen die Einfache-Fahrt-Preise beim »Sparpaket« (max. 5 Pers. inkl. Auto, Länge bis 5 m) bei 144–347 DM je nach Saison, vorausgesetzt, das Fahrzeug überschreitet nicht die 2-m-Höhe.

Auf der Route **Hirtshals–Kristiansand** – gleiche Rahmenbedingungen – kostet das Ticket zwischen 144 und 347 DM. Diese Fährverbindung ist für all jene interessant, die schon mal in Oslo waren und von daher z. B. erst ab dem 2. Tag – in Haukeligrend – in unseren Routenvorschlag einsteigen wollen.

Seit Sommer 1993 gibt es die (früher schon einmal bestehende) Fährverbindung zwischen dem dänischen Jütland und der norwegischen Westküste, nämlich **Hanstholm–Egersund–Bergen**. Damit wäre es z. B. möglich, auf unserer Route auch erst ab dem 5. Tag »einzusteigen«.

Der Sommerfahrplan (1. 6.–16. 8. 1998) sieht für die einfache Passage bis Bergen folgende Verkehrstage vor:
Ab Hanstholm: So 15.45 Uhr
an Egersund: 22.15 Uhr
ab Egersund: 23.00 Uhr
an Bergen: Mo 8.00 Uhr
ab Hanstholm: Di + Do 8.45 + 23.45 Uhr
an Egersund: Di + Do 15.45 Uhr
an Egersund: Mi + Fr 6.30 Uhr
an Bergen: Mi + Fr 15.00 Uhr

Die **Preise in der Hauptsaison** (15. 6.–16. 8.) für die Überfahrt mit der »MS Bergen«: Für einen Pkw inkl. 5 Personen (unabhängig vom Alter der Pers.), ohne Kabine Mo–Do 454 DM, Fr–So 487 DM.

Für einen Pkw alleine – bis max. 6 m Länge und 2 m Höhe – beträgt der Tarif 120 DM bzw. 133 DM.

Für ein Wohnmobil alleine – bis max. 6 m Länge, zwischen 2,01 m und 2,50 m Höhe – werden 200 DM bzw. 233 DM verlangt. Hier kommen dann jeweils die Kosten pro Person hinzu (ohne Kabine): 150 DM bzw. 165 DM für Erwachsene, 75 DM bzw. 83 DM für Kinder; Kinder unter 4 Jahren gratis.

Die Kabinenpreise (Auszug): Vierbett-Außenkabine 73 DM, Zweibett-Innenkabine 105 DM, Zweibett-Außenkabine 85 DM, jeweils pro Person.

Auskunft in Norwegen:
Fjord Line
Rosenkrantzgate 3, P.O. Box 60 20
N-5020 Bergen
✆ (00 47) 55 54 88 00, Fax 55 54 88 01

Auskunft in Deutschland:
NSA-Norwegische Schiffahrtsagentur GmbH
20457 Hamburg
Kleine Johannisstr. 10
✆ (0 40) 37 69 30, Fax (0 40) 36 41 77
sowie in jedem Reisebüro.

Rückreise
Da wir die Heimreise über Schweden anraten, hier gleich die entsprechenden Fährverbindungen nach Deutschland.

Wer in **Malmö** ankommt, dem offeriert die **TT-Line** ab Trelleborg – das liegt 321 km südlich von Malmö – zwei verschiedene Fährdienste.

Auf der Route von **Trelleborg nach Travemünde** zahlt beispielsweise eine Familie (max. 5 Pers.) inkl. Fahrzeug bis 6 m Länge in der Vor- und Nachsaison 180 DM, in der Hauptsaison 220–310 DM, je nach Tag und Uhrzeit (17. 6.–31. 8. 1999); Über 6 m Länge ab 270 DM.

Die Strecke von **Trelleborg nach Rostock** kostet, bei gleichen Rahmenbedingungen, 200–310 DM, für über 6 m lange Fahrzeuge 260–400 DM. Zu buchen in jedem Reisebüro oder bei:

TT-Line/TR-Line
Mattentwiete 8
20457 Hamburg
✆ (0 40) 3 60 14 42, Fax 3 60 14 07 bzw.
Am Warnowkai 8
18147 Rostock-Überseehafen
✆ (03 81) 67 07 90, Fax 6 70 79 80

Wer über **Göteborg** heimreisen will, hat wiederum zwei Möglichkeiten zur Auswahl: Die **Stena-Line** unterhält einen (tägl.) **Direktdienst nach Kiel** und fährt bis zu achtmal pro Tag zwischen **Göteborg** und dem dänischen **Frederikshavn** hin und her.

Preisbeispiel: Für einen Pkw (bis zu 1,98 m Höhe und 6 m Länge) auf der Strecke **nach Frederikshavn** werden während der Hochsaison (19. 6.–9. 8. 98), max. 5 Pers., So–Fr 126 DM (nachts), 178 DM (tagsüber), Sa 276 DM; in der Vor- bzw. Nachsaison belaufen sich die Preise auf 126 DM.

Nach Kiel betragen die Fährpreise bei gleichen Rahmenbedingungen auf einfachen Fahrten während der Hochsaison (18. 6.–29. 8.) zwischen 480 und 660 DM. Die Nebensaison preise (1. 1.–31. 3. und 1. 11.–31. 12. 98) bzw. die Vor- und Nachsaisonpreise (1. 4.–17. 6. und 30. 8.–31. 10. 98) betragen 240 DM bzw. 326 und 480 DM an jedem Tag der Woche. Buchungen sind über jedes Reisebüro möglich oder bei:

Stena-Line
Schwedenkai
24103 Kiel
✆ (04 31) 90 99 (Reservierungen) oder 90 90 (Zentrale), Fax 90 92 00

Wer bei einer Fährlinie Hin- und Rückfahrt bucht, kommt insgesamt billiger. Allerdings hieße das, bei der Abreise dann z. B. von Göteborg oder Malmö aus nach Oslo zu reisen oder auf der Heimreise wieder in Oslo einzuschiffen.

Ärztliche Vorsorge/Gesundheit

Seit dem 1. 7. 1994 gibt es zwischen Norwegen und Deutschland ein Sozialabkommen. Trotzdem wird empfohlen, für die Dauer des Aufenthaltes in Norwegen eine private Krankenversicherung/Reisekrankenversicherung abzuschließen, mit der evtl. entstehende Arztkosten abgedeckt werden. D. h. im Krankheitsfalle muß man den Arzt vor Ort bar bezahlen.

Auskunft

Die jeweils aktuellsten Informationen sind erhältlich beim

Norwegischen Fremdenverkehrsamt
NORTRA
Mundsburger Damm 45
22087 Hamburg
Postfach 76 08 20
22058 Hamburg
✆ (0 40) 22 94 15-0, Fax 22 94 15-88

Informationen (als Ergänzung zu diesem Buch) können Sie dort anfordern. Zum Beispiel den jährlich erscheinenden Norwegenkatalog, das Reisehandbuch »Küstenstraße RV 17« u. a.

Kgl. Norwegische Botschaft
Mittelstr. 43
53175 Bonn
✆ (02 28) 81 99 70, Fax 37 34 98

Norwegische Botschaft in Österreich
Bayerngasse 3
A-1037 Wien
✆ (01) 715 66 92-94
Fax 712 65 52

Norwegische Botschaft in der Schweiz
Bubenbergplatz 10
CH-3011 Bern
✆ (0 31) 310 55 55
Fax 310 55 50

Automiete

Mit dem Flugzeug anzureisen und einen Pkw zu mieten können wir nur für kleinere Rundreisen empfehlen (es sei denn, Geld spielt keine Rolex). Zum Beispiel wäre das: Ein Flug von Hamburg nach Bergen (Lufthansa oder SAS) und ab dort dann wie in unserem Routenplan vorgesehen die Tage 5, 6, 7 und 8 (Rückfahrt ab Selje mit dem Schnellboot nach Bergen) oder ggf. noch den 9. Tag hinzunehmen und dann ab Ålesund (per Flugzeug via Oslo) zurück.

Die Mietwagenpreise für Pkw liegen (günstigstenfalls) bei etwa 400 Kronen pro Tag. Am besten vertreten ist Avis – an etwa 100 verschiedenen Stellen im Lande –, vor allem eben an Orten mit Flughäfen.

Ansonsten aber gilt, was wir schon im Kapitel »Das gewisse Nördlichste« gesagt haben: Vorläufig ist aus finanziellen und organisatorischen Gründen das Mieten von Pkws oder gar Wohnmobilen für die gesamte hier vorgeschlagene Reise nicht zu empfehlen.

Einreise

Zur Einreise genügt ein gültiger Personalausweis oder Reisepaß. Kinder bis 16 Jahre benötigen einen Kinderausweis (ab 10 Jahre mit Bild); ein Visum ist erst ab einem Aufenthalt von über drei Monaten erforderlich.

Geld/Devisen/Banken

NOK ist die bankenübliche Bezeichnung für die Norwegische Krone (= 100 Öre). Der Wechselkurs der Krone lag Anfang 1999 bei 23,65 DM für 100 NOK.

Eurocheques werden in Norwegen von Banken und Händlern nicht mehr akzeptiert. Die Norweger selbst zahlen fast alles mit Kreditkarte – in Hotels, Restaurants, an der Tankstelle. Visa ist landesweit am häufigsten vertreten, Eurocard/Mastercard fast in gleicher Weise (es kann aber vorkommen, daß eine einzelne Tankstelle nur Visa akzeptiert).

Durch die ständig wachsende Zahl von Geldautomaten sind Barabhebungen überall auch in kleineren Städten möglich. Die dafür erhobenen Bearbeitungsgebühren entsprechen denen der heimischen Banken in Deutschland. Meist bekommt man jedoch per Kreditkarte den etwas günstigeren Kurs.

Norwegische Banken schließen im Sommer meist schon um 15 Uhr (Do 17 Uhr) und öffnen häufig erst um 9.30 Uhr.

Hamsun alleine ist es nicht! – Buchtips

Von einzelnen Ausnahmen abgesehen, findet die norwegische Literatur im deutschsprachigen Feuilleton keine breite Beachtung. Hamsun hat uns da wohl allen den Blick verstellt, nebst Ibsen, der den dann noch verbleibenden Platz einnimmt. Namen wie Bjørnstjerne Bjørnson oder Sigrid Undset (beide erhielten wie Hamsun auch den Nobelpreis für Literatur) zählen nur noch in einem Kreis von Eingeweihten, und wer gar nach Petter Dass fragt oder Johann Bojer, erntet oft ein ratloses Schulterzucken.

Noch größer ist die allgemeine Unkenntnis über zeitgenössische Autoren in Norwegen. Engagierte Verlage, die die Gegenwartsautoren übersetzt und in Deutschland auf den Markt gebracht haben, leisten in dieser »Nach-Hamsun-Ära« wirkliche Pionierarbeit. Und das, obwohl schon lange zum Teil brillante Portraits über die Veränderungen in der norwegischen (Nachkriegs-)Gesellschaft vorliegen, aus denen sich die Befindlichkeit einer ganzen Nation ablesen läßt.

Leserinnen und Leser, die bis zu dieser Rubrik gekommen sind, haben es vermutlich längst bemerkt: Dieses Buch, dieser Reisebegleiter ist immer auch ein Plädoyer für die Werke der heute in Norwegen lebenden Autoren (siehe 1., 3., 5., 10. und 18. Tag) sowie die weniger bekannten Klassiker (15. und 19. Tag) – ohne selbstverständlich Hamsuns Stellenwert zu vernachlässigen (18. Tag). Doch Hamsun alleine ist es eben nicht!

Deshalb haben wir nachfolgend eine Auswahl an Titeln zusammengestellt, die uns besonders beachtenswert erscheinen. Zunächst die Liste jener Werke, die nicht vor 1960 erschienen sind, aber erst nach 1980 ins Deutsche übersetzt wurden:

Ambjørnsen, Ingvar: *Weiße Nigger.* Nautilus Nemo 1988 (siehe 1. Tag); *San Sebastian blues.* Ed. Nautilus 1990

Brantenberg, Gerd: *Die Töchter Egalias.* Olle & Wolter 1981

Christensen, Lars Saabye: *Yesterday.* Popa Verlag 1988

Elstad, Anne Karin: *Später, Lena.* Moewig Taschenbuchverlag 1989

Faldbakken, Knut: *Pan in Oslo.* Schneekluth 1987; *Der Schneeprinz.* Schneekluth 1986/Rowohlt 1988

Fløgstad, Kjartan: *Dalen Portland.* Butt-Verlag 1988 (siehe 3. Tag)

Haavardsholmen, Espen: *Die Geschichte von Kalle und Reinert.* Fischer 1984

Heggland, Johannes: *Das Fischermädchen Anna Gyria.* Rosenheimer 1989

Hoem, Edvard: *Fährfahrten der Liebe.* Butt-Verlag 1987 (siehe 10.Tag)

Lønn, Øystein: *Projekt Lindesnes.* Butt-Verlag 1987; *Reber.* Butt-Verlag 1989

Michelet, Jon: *Der Gürtel des Orions.* Kabel-Verlag 1988

Staalesen, Gunnar: *Im Dunkeln sind alle Wölfe grau.* 1987; *Die Frau im Kühlschrank.* 1989; *Das Haus mit der grünen Tür.* 1990; *Gefallene Engel.* 1991; *Bittere Blumen.* 1992; *Schwarze Schafe.* 1993 (siehe 5. Tag). Alle Titel sind im Butt-Verlag erschienen.

Wassmo, Herbjörg: *Das Haus mit der blinden Glasveranda.* Droemer-Knaur 1984; *Der stumme Raum.* Droemer-Knaur 1985; *Gefühlloser Himmel.* Droemer-Knaur 1987; *Das Buch Dina.* List 1989 (s. 18. Tag)

Außerhalb dieses o. g. Zeitrahmens möchten wir noch auf folgende Buchtitel hinweisen:

Asbjørnsen, Peter Chr./Moe, Jørgen: *Norwegische Volksmärchen.* Reclam Leipzig 1968 bzw. in der Reihe »Die andere Bibliothek«, Greno/Eichborn Verlag 1986

Bjørneboe, Jens: *Der Augenblick der Freiheit.* Merlin Verlag 1968

Bjørnstad, Ketil: *Ballade in g-moll.* Casimir Katz Verlag 1988 (Romanbiographie über den Komponisten Edvard Grieg)

Bojer, Johan: *Die Lofotfischer.** C.H. Beck'sche Verlagsbuchhandlung München 1924 (bzw. Deutsche Buchgemeinschaft, Berlin und Darmstadt 1953 bzw. Volk und Welt, Berlin 1965)

Dass, Petter: Die *Trompete des Nordlands.** Herausgegeben von D. A. Seib, 1927 (siehe 15. Tag)

Kielland, Alexander: *Skipper Worse.* Dieterichsche Verlagsbuchhandlung Leipzig 1964, Greno-TB-Reihe 10/20 April 1987

Die mit einem * gekennzeichneten Bücher können heute meist nur über die jeweiligen Landesbibliotheken bzw. über die sog. »Fernleihe« ausgeliehen werden. Dabei ist die örtliche Bibliothek behilflich.

Kleidung

Man sollte nach einem ganz einfachen Prinzip vorgehen: Kurze Hemden, Hosen, Badeanzug und Sandalen ja – es gibt ihn einfach, den skandinavischen Sommer –, aber genauso wärmende Sokken, lange Unterhose, Pullover, Mütze, Handschuhe, Anorak, Gummistiefel und Regenzeug mitnehmen – egal in welchem Monat man in Norwegen unterwegs ist. Zwischen diesen beiden Extremen darf dann noch alles andere, was unter dem Begriff »Freizeitkleidung« geführt wird, in den Koffer oder Rucksack. Auf sehr vielen Campingplätzen gehört die Waschmaschine nebst Trockner zum Standard, in großen Städten wie Bergen oder Trondheim gibt es auch Waschsalons.

Reisezeit/Klima

Wer den **Frühling** innerhalb weniger Wochen gleich zweimal erleben möchte, sollte um den 20./25. Mai über Oslo einreisen. Dann ist auf der Fahrt bis Bergen alles in voller Blüte, insbesondere die Obstbaumblüte im Hardangerfjord bzw. Sörfjorden (3./4. Tag); jedoch liegt im Gebirge meist noch massig viel Schnee. Man fährt dabei manchmal zwischen meterhohen Schneewänden hindurch (vielleicht wird kurzzeitig auch mal ein Straßenabschnitt gesperrt – um ihn freizuräumen, weil die Schneewände wegen der nun starken Sonnenstrahlen schmelzen und einstürzen können), jedenfalls ist um diese Zeit an Wandern noch lange nicht zu denken, wohl aber an eine Skitour (siehe 7. Tag).

Richtige Hochsommertemperaturen – über 20°C – kommen meist erst nach Mittsommer zustande. Deshalb sind viele Besucher genau ab diesem Zeitpunkt – und damit im **Juli** – auf Achse. Doch das ist genau der Monat, in dem ich, wenn möglich, nicht in Norwegen unterwegs bin. Ganz davon abgesehen, daß man in diesem Monat beides erleben kann, sowohl wochenlangen Regen wie auch eine schier unglaubliche Hitze (dann blüht Mitte Juli in Narvik der Flieder!), ist der Juli für norwegische Verhältnisse der »Massenmonat«. Kreuzfahrtschiffe, Busse, Caravans sind unterwegs, die Fähren voll, das Fjordland »boomt«, und selbst im Süden ist es bis 23/23.30 Uhr in der Nacht noch hell – und in gewisser Weise mild. Weiter im Norden zieht unterdessen die **Mitternachtssonne** viele in ihren Bann, doch die Mitternachtssonne (siehe unten) ist eben auch schon viel früher und viel weiter südlich zu sehen, als gemeinhin angenommen wird (in unserem Routenvorschlag am 15. Tag). Die einzelnen Orte und Termine:
- auf Lovund zwischen 11. 6. und 6. 7.
- bei Bodø zwischen 4. 6. und 8. 7.
- auf dem Lofot zwischen 28. 5. und 14. 7.
- bei Narvik zwischen 25. 5. und 18. 7.

Nördlich von Trondheim sollte man – im Juli – lediglich die E 6 meiden. Wer wie wir statt dessen dem Kystriksveien 17 folgt, hat seine wahre Freude. Schließlich der **August**: Meist ebbt der Besucherstrom in ganz Skandinavien um den 10. August herum schlagartig ab, und das, obwohl gerade um diese Zeit – wie zum Trotz – oft wochenlang schönes Wetter vorhalten kann. Nicht die große Hitze, aber warm immerhin. Im Norden sind dann auch die Beeren reif, und wer z. B. im Gebirge wandern will, findet nicht selten gerade jetzt die idealen Bedingungen.

Die ersten kalten Nächte in Nordnorwegen stellen sich um den 25. August ein (bei gleichwohl angenehm warmen Tagen), und das ist dann bereits eine Vorahnung vom **Herbst**. Der vollzieht sich, je nachdem, ob man im Gebirge, in den Tälern oder an der Küste unterwegs ist, im Verlauf der folgenden drei/vier Wochen, und das bedeutet: man erlebt ein unglaubliches Farbenspiel. Während es in den Tälern noch grün ist, sind die Berghänge auf Kilometer hinaus bereits knallgelb, orange oder rot, und auf den Berggipfeln darüber liegt mitunter schon der erste Schnee. Also ist es erst ab dem 20. September geraten, langsam gen Süden aufzubrechen, weil nur selten mal vorher schon richtige Kälte auftritt. Es mag zwar sein, daß es nachts auf einzelnen Gebirgsstraßen Glätte gibt – aber ist das nicht auch in der Schweiz so, in Österreich? Und muß man unbedingt bei Nacht fahren?

Dann heißt das also: Norwegen hat vier Monate im Jahr, in denen das Land ohne Probleme zu bereisen ist, und in jedem dieser vier Monate kann es zu ganz überraschenden Wetterlagen kommen. Während es Ende Mai auf dem Lofot regelrecht warm sein kann, muß das nicht automatisch auch in Oslo so sein; einfach deshalb nicht, weil Süd- bzw. Südostnorwegen gerade vielleicht von einem Island-Tief erwischt werden, während sich der nördliche Teil an einem Festland-Hoch erfreut oder genau umgekehrt. Man muß nur zur Kenntnis nehmen, daß Norwegen knapp dreimal so lang ist wie die Strecke von Basel nach Kiel, um sich das Unding vorstellen zu können, die treffenden Worte zum Thema Klima und Wetter in Norwegen zu finden. Dauert die Wettervorhersage dort – im Fernsehen – doch fast so lange wie bei uns die »Tagesschau«. Trotzdem ist die gesamte Küste die »Wetterseite« des Landes und damit ist auch klar, daß wir während unserer Reise wohl kaum über »schwüle Hitze« zu klagen haben, in der sich »kein Lüftchen« bewegt. Das Gegenteil ist der Fall – oder wie das entsprechende Wort in norwegisch dafür lautet (es fehlt in keiner Wettervorhersage): *skiftende bris*, und das bedeutet: wechselnde Brise bzw. Winde (ausgesprochen wird es wie *schift'nde*).

Im Inneren der Fjorde kann es unglaublich warm werden – von Mitte Mai bis Ende August –, doch wenn es beispielsweise im Hochsommermonat Juli tagelang regnet *(regnbygger)*, weil die Wolken nicht so schnell übers Gebirge kommen, wie der Nachschub von hinten heranzieht *(sterkt skydekke,* stark bewölkt), kann es zu Abkühlungen kommen bis auf nur noch 8 oder 10° C. Dann holt halt alles die Pullover hervor, die Gummistiefel und die Regenjacken und kauft – jetzt erst recht – ein Eis; bis es schließlich wieder *oppholdsvær* ist, aufheiternd, oder gar *pent vær*, strahlendblau, trocken und warm.

Daß Norwegens Küste, wie wir alle wissen, vom Golfstrom-Klima beeinflußt wird, spielt streng genommen nur im Winter eine entscheidende Rolle. Während man in Nesna oder auf Lovund etwa 5° C minus registriert, kann es im nur 120 km entfernt gelegenen Mo i Rana (Inlandsklima) glatte 20° C kälter sein. Und während es umgekehrt im Sommer, im trockenen Ottadalen (8. Tag) windstill und warm ist, bläst 200 km weiter am Westkap draußen eine *stiv kuling*, eine steife Brise.

Die Durchschnittstemperaturen von Mai bis Oktober in °C:

	Mai	Juni	Juli	Aug.	Sept.	Okt.
Oslo	10,7	14,7	17,3	15,9	11,3	5,9
Kristiansand	9,7	13,3	16,2	15,9	11,3	5,9
Stavanger	9,3	13,6	15,9	14,2	9,3	3,9
Bergen	10,4	13,0	15,3	14,9	12,1	8,3
Lillehammer	9,3	13,6	15,9	14,2	9,3	3,9
Trondheim	8,4	11,9	15,0	14,0	10,2	5,7
Bodø	6,2	9,9	13,6	12,7	9,4	5,1
Tromsø	4,1	8,8	12,4	11,0	7,2	3,0
Karasjok	3,6	10,8	13,0	11,8	4,2	0,9
Vardø	2,6	6,2	9,1	9,7	6,8	2,5

Straßenkarten

Als die nützlichsten Karten erscheinen uns die Cappelen Karten/Kümmerly + Frey, in den Maßstäben 1: 325 000/1: 400 000, Blatt 1–5, zu je 19,80 DM (für unsere Route genügen 1–4). Zu bestellen über jede Buchhandlung.

Unterkunft

Campingplätze

Die rund 1 400 Campingplätze (fast immer auch mit Hütten) sind in fünf Kategorien aufgeteilt: in Ein- bis Fünf-Sterne-Plätzen. Federführend bei der Beurteilung und in großen Städten oft auch der Besitzer/Betreiber eines Campingplatzes ist der NAF, **Norges Automobil Forbund**, Storgata 2, N-0105 Oslo 1, ✆ (00 47) 22 34 16 00. Den

- * Campingplatz muß man regelrecht suchen, gibt es heutzutage selten, sehr einfache Verhältnisse; den
- ** Campingplatz findet man am häufigsten außerhalb großer Städte oder abseits vielbesuchter Attraktionen (Mindestkomfort: Duschen, WC statt Plumpsklo, oft auch Waschmaschine). Doch gibt es den Zwei-Sterne-Platz auch in größeren Orten, und zwar als preisgünstigere Alternative zum
- *** bis ***** Campingplatz, der in der Regel auch für (norwegische) Dauercamper konzipiert ist, also mit Duschen, Sauna, moderner Küche, Waschmaschinen etc. Vier Sterne müssen jedoch nicht unbedingt bessere Qualität bedeuten als drei Sterne. Manches hängt da eben vom Engagement des Platzbetreibers ab. Manchmal wird auf Drei-Sterne-Plätzen auch regelrechter Nepp betrieben, da man zu den eh schon höheren Preisen beispielsweise bei den Duschen – zu 5 Kronen im 4-Minuten-Zeittakt – extra bezahlen muß.

Die Preise für Wohnmobile auf einem ** Platz bewegen sich zwischen 80 und 100 Kronen pro

Nacht, einfach ausgestattete Hütten sind für zwei Personen ab etwa 250 Kronen, solche mit eigenen Sanitäranlagen oder größere (4 Pers.) ab 300 Kronen zu haben.

Auf *** Plätzen übernachten Wohnmobilgäste für einen Betrag ab ca. 120 Kronen, die Hütten – da hier meist recht luxuriös ausgestattet, in quasi zwei bis drei »Zimmern« – kosten zwischen 450 und 900 Kronen, allerdings mit einer Belegungsmöglichkeit für 4–6 Personen.

Jugendherbergen

Für eine Übernachtung in einem *Vandrerhjem* gibt es keine Altersbeschränkung. Meist sind es engagiert geführte Betriebe (auf privater Basis), in denen es Spaß macht, zu übernachten (siehe z. B. 9. Tag). Von diesem etwas familiären Touch kann natürlich in den großen Städten keine Rede sein.

Die Preise in den 100 vorhandenen Jugendherbergen des Landes (viele sind nur während der Sommer- und einiger Wintermonate geöffnet) bewegen sich zwischen 75 und 170 Kronen für Mitglieder (DJH wird anerkannt), Nichtmitglieder zahlen 25 Kronen mehr. Weitere Auskünfte erhält man bei:

Norske Vandrerhjem
Dronningsgate 26
N-0154 Oslo 1
✆ (00 47) 23 13 93 00, Fax 23 13 93 50

Hotels

Bezahlbar geworden sind norwegische Hotels erst, seit es den (nicht übertragbaren) Fjordpaß gibt. Die Eintrittskarte für 236 tatsächlich günstig gewordene Hotels kostet 75 NOK und ist erhältlich bei:

Fjord Tours a/s
Postfach 1752
N-5024 Bergen
✆ (00 47) 55 32 65 50, Fax 55 31 20 60
oder bei:

NORTRA Marketing GmbH
Mundsburger Damm 45
22087 Hamburg

FJORDTRA Reisebüro
Volgersweg 5
30175 Hannover

Skandinavien direkt
Reisebüro der Nordagentur
Mühlenstr. 22
17489 Greifswald

Skandinavisches Reisebüro
Kurfürstendamm 206, 10719 Berlin

Reisebüro Norden
Große Bäckerstr. 3, 20095 Hamburg
Immermannstr. 54, 40210 Düsseldorf

Polarkreis Reisebüro
Bahnstr. 18, 46535 Dinslaken

Skandinavisches Reisebüro
Calwer Str. 12, 20123 Stuttgart

Amtliches Bayrisches Reisebüro
Im Hauptbahnhof, 80335 München

Reisebüro Glur
Spalenring 111, CH-4009 Basel

Lamprecht Reisen
Brandschenkestr. 20, CH-8039 Zürich

Blaguss Reisen
Wiedner Hauptstr. 15, A-1040 Wien

Terra International
Ferdinand-Hanusch-Platz 1, A-5024 Salzburg

Dieses System hat sich mittlerweile als das unkomplizierteste überhaupt erwiesen, und deshalb haben wir uns bei allen Hotelangaben/Empfehlungen in diesem Buch davon leiten lassen. Das heißt, wir nennen keine Hotels, die den Fjordpaß nicht akzeptieren (von einigen, nicht anders praktizierbaren Ausnahmen abgesehen). So sieht jede(r) Leser(in) auf Anhieb, was wieviel kostet. Landesweit gibt es vier Preiskategorien im Zeitraum zwischen 1. 5.

und 30.9. (bei einigen Hotels auch nur zwischen 1.6. und 31.8.).
Achtung: Nicht die Preise pro Person mit dem Preis für ein Doppelzimmer verwechseln!

Preisgruppe	Preise pro Person pro Nacht für Übernachtung und Frühstück im Doppelzimmer	
	ohne Bad/Toilette/Dusche	mit Bad/Toilette/Dusche
A	195 Kronen	250 Kronen
B	245 Kronen	295 Kronen
C	300 Kronen	345 Kronen
D	340 Kronen	400 Kronen
E	405 Kronen	470 Kronen

Kinderermäßigung: Kinder unter 3 Jahren: kostenlos im Zimmer der Eltern (ohne Extrabett), Kinder von 3–15 Jahren: 50 % Ermäßigung zu den oben genannten Zimmerpreisen; Extrabett: 120 Kronen; Zuschlag für Einzelzimmer: 150 Kronen. Der Fjordpaß gilt ausschließlich für Standardzimmer und nicht für evtl. Suiten, Luxuszimmmer o.ä.

Bezahlung der Übernachtung: In der Regel per Barzahlung, jedoch akzeptieren einzelne Hotels auch Kreditkarten.

Reservierung der Zimmer: Die Bestellung der Zimmer kann schriftlich oder telefonisch erfolgen; direkt beim vorgesehenen Hotel oder über die Buchungszentrale Fjord Tour a/s in Bergen. Dort können, schon von Deutschland aus, Reservierungen/Buchungen vorgenommen werden. Selbstverständlich kann man auch von unterwegs aus erst bestellen – je nachdem, wohin einen die Reiselust treibt. Allerdings gilt es, zwei Spielregeln zu berücksichtigen:

Vorgebuchte Zimmer sind bis 18 Uhr reserviert, eine spätere Ankunft muß unbedingt telefonisch gemeldet werden, sonst geht das Anrecht auf das reservierte Zimmer verloren. Eine eventuelle **Absage** muß spätestens einen Tag vor der geplanten Ankunft – 18 Uhr – erfolgen, andernfalls darf das Hotel den gebuchten Aufenthalt berechnen.

Wandern

Die beste Zeit für (Gebirgs-)Wanderungen in Süd- und Nordnorwegen liegt zwischen 20. 7. und 10./15. 9. Von Klaus Betz ist beim Bruckmann Verlag, München, ein Bildband/Sachbuch mit dem Titel »Wanderwege in Skandinavien« erschienen, in dem das Thema erschöpfend behandelt wird.

Kompetentester Ansprechpartner in Oslo ist der norwegische Gebirgswanderverein:

Den Norske Turistförening (DNT)
Storgaten 3
Boks 7 Sentrum
N-0101 Oslo
✆ (00 47) 22 82 28 00

Dort kann man für alle Regionen Kartenmaterial (1:50 000) und die jeweils aktuellsten Daten zu Hütten-Öffnungszeiten etc. bekommen und auch erfahren, welche Programme (Gletschertouren, geführte Wanderungen) vom DNT veranstaltet werden.

Zoll

Zollfrei eingeführt werden können: 1 l Spirituosen, 1 l Wein, 2 l Bier oder 2 l Wein und 2 l Bier (pro Person ab 20 Jahre). Zusätzlich – gegen Verzollung kann mitgebracht werden: 4 l Spirituosen oder Wein, 10 l Bier. Bei Tabakwaren (Pers. ab 16 Jahre) sind 200 St. Zigaretten oder 50 St. Zigarren oder 250 gr. Tabak zollfrei erlaubt.

Frischfleisch, Eier und Kartoffeln dürfen ebenso wie Pflanzen, Medikamente, Rauschgifte, Giftstoffe, Waffen, Munition und Sprengstoffe, Ausrüstung für den Krebsfang sowie Angelnetze nicht eingeführt werden. Unter bestimmten medizinischen Voraussetzungen (sehr kompliziertes Verfahren) dürfen Haustiere mitgebracht werden. Auskünfte beim Norwegischen Fremdenverkehrsamt.

Beim Thema Alkohol (siehe auch dort) versteht der norwegische Zoll keinen Spaß.

Alkohol oder Milch

Bier gibt es in Supermärkten. Alles andere kann ausschließlich in den Geschäften des staatlichen *Vinmonopolet* eingekauft werden. Das Preisniveau ist zum Heulen und Zähneklappern (2–4mal so teuer wie in Deutschland). Bars und Restaurants mit *alle rettigheter*, mit vollem Schankrecht, bieten da zwar etwas Trost, doch nur so lange, wie man noch nicht um die Rechnung gebeten hat: Eine »Halbe« Bier schlägt mit etwa 10 DM zu Buche. (Und so erklärt es sich, daß man darüber zum fanatischen Milchtrinker werden kann.)

Milch/Melk

H-Melk ist nicht etwa (deutsche) H-Milch, sondern *hele* (= ganze, pure) Vollmilch.
Skummet-Melk ist entrahmte Milch, mit nur sehr geringem Fettgehalt.
Lett-Melk ist fettarme Milch (man beachte den feinen Unterschied zu *Skummet*).
Kultur-Melk geht in Richtung »Kefir«, sehr schmackhaft!
Flöte ist Kaffeesahne und
Römme ist (sehr hoher Fettgehalt) vergleichbar mit Crème fraîche oder Schmant.

Preisliste für übertriebenes Feiern

Es ist in ganz Skandinavien unüblich, in der Öffentlichkeit etwas Alkoholisches zu trinken – es sei denn in einem jener ambulanten Biergärten, die bei schönem Wetter in Windeseile eröffnet werden, und selbstverständlich in den Restaurants und Kneipen. Jede Zuwiderhandlung trifft ein Bannstrahl der sozialen Ächtung. Deshalb sieht man immer wieder mal – wie Kinder, die etwas Schlimmes angestellt haben – erwachsene Menschen mit einer »Plastiktüte« am Mund. Nicht so freitagabends – egal wo in Norwegen –, denn dann kippt die während der ganzen Woche geübte Zurückhaltung in ihr Gegenteil um, es wird oft fürchterlich gesoffen. Jeder weiß das, niemand kennt einen Ausweg. Im Sommer können die Freitagnächte zu einem regelrechten kollektiven Straßengelage ausarten. Die Polizei zeigt dann meist nur noch »ermahnende« Präsenz.

Im Einzelfall aber – so war das aus einer Plakataktion in Bergen abzulesen – hat »übertriebenes Feiern« folgende Preise:
Trinken auf öffentlichen Plätzen: 200 DM
Urinieren (weil besoffen): 200 DM
Flaschen wegwerfen: 250 DM
Etwas zerstören/beschädigen (z. B. in einem Park): 250 DM
Teilnahme am öffentlichen Trinken, auch wenn man selbst nichts trinkt: 125 DM
Schikanieren von anderen (wenn man besoffen ist): 325 DM

Und damit es an Eindeutigkeit nicht fehlt, waren die Plakate, aus denen wir hier zitieren, mit folgender Überschrift versehen: »Mehr Muskeln als Hirn!«

Auskunft vor Ort

Alle größeren und fast alle kleineren Orte besitzen, zumindest in der Ferienzeit, Informationsbüros für Touristen – Turistinformasjon, Reiselivslag – die Unterkünfte, Bootstouren, Fahrrad- oder Bootmieten vermitteln, Tips für Unternehmungen und Veranstaltungshinweise geben. Man muß dort nicht unbedingt hinfahren, sondern kann auch anrufen. Die Adressen und Telefonnummern finden Sie auf den blauen Seiten zu den einzelnen Reisetagen.

Autofahren

Wer mit dem **Auto** aus Deutschland kommend einreist, sollte unbedingt die für jedermann/jedefrau gültigen Vorschriften beachten – einen »Touristenbonus« gibt es nicht: Die zulässige Höchstgeschwindigkeit innerhalb geschlossener Ortschaften beträgt 50 km/h, außerhalb 80 km/h, auf einigen wenigen Abschnitten darf auch mal 90 km/h gefahren werden. 5 km/h schneller als erlaubt, kosten bereits 400 Kronen! Wesentlich höhere Überschreitungen (z. B. 100 statt 50 km/h) können mit der vorläufigen Beschlagnahme des Fahrzeugs enden und der sofortigen Abschiebung außer Landes. Was hier so drastisch klingt, hat einen großen Vorteil: Nirgendwo läßt sich genußreicher, ruhiger und streßfreier Auto fahren als in Norwegen; nirgendwo sind spielende Kinder, *lekende barn*, besser vor achtlosen Autofahrern geschützt als in Norwegen – eine der kinderfreundlichsten Nationen dieser Welt!

Das **Abblendlicht** muß auch tagsüber eingeschaltet bleiben, selbst wenn noch so die Sonne strahlt!

Die Alkoholgrenze liegt bei 0,5 Promille, Verkehrskontrollen werden oft schon morgens um 7/7.30 Uhr durchgeführt (Restalkohol). Wird dieser Grenzwert überschritten, droht – unabhängig von der Nationalität – sofortiger Führerscheinentzug und evtl. Gefängnis.

Die norwegischen **Tunnels** sind so gut wie nie beleuchtet, es herrscht stockdunkle Nacht, deshalb sollte man immer mit reduzierter Geschwindigkeit in einen Tunnel hineinfahren, bis sich die Augen daran gewöhnt haben. Und Achtung: Bei großer Hitze kann es vorkommen, daß sich Schafe, Ziegen oder Kühe die Tunneleinfahrt als schattenspendenden, kühlen Bereich ausgesucht haben!

Bompenger ist das norwegische Wort für **Maut** und wird überall da erhoben, wo es sich entweder um eine Privatstraße handelt (7. Tag, nach Raubergstulen oder Spiterstulen z. B.) oder um ein besonders kostspieliges, öffentliches Projekt. Die zwischenzeitlich auf dem Lofot gebauten Brücken waren früher durchweg mautpflichtig, sind aber nun – wohl auch durch Touristen – abbezahlt, darum nicht länger kostenpflichtig.

Fragt man Einheimische nach Entfernungen, Distanzen, geben sie diese häufig noch in *mil* an, in **Meilen**. Eine Meile entspricht 10 km.

Das Netz an **Tankstellen** mit bleifreiem *(blyfri)* Benzin ist sehr dicht. Da die Oktanwerte in Norwegen höher sind, entspricht 95 Oktan bleifrei dem deutschen »Super bleifrei«. Benzin kostet zwischen 8,90 und 9,60 Kronen, Diesel ca. 8 Kronen.

Einkaufen/Souvenirs

Ab einem Warenwert von 300 Kronen besteht in Norwegen die Möglichkeit, für den Einkauf von z. B. Rentierfellen, Wolle, Strickwaren, Holzarbeiten, Textildruck, Schmuck etc. 18,7 % Mehrwertsteuer zurückzubekommen. Die Geschäfte (erkennbar an der »Tax-Free-Plakette«) stellen entsprechende Tax-Free-Schecks aus, die man bei der Ausreise, auf Fähren, an größeren Grenzübergängen vorlegen muß.

Unter Beachtung folgender Bedingungen: Die eingekaufte Ware darf nicht vor der Ausreise in Gebrauch genommen werden und muß spätestens vier Wochen nach dem Kauf außer Landes sein.

Von den großen Städten abgesehen, schließen die Geschäfte im Sommer meist vor 17.30/18 Uhr. Ein einheitliches Ladenschlußgesetz gibt es nicht, allerdings ist es in Norwegen schon seit vielen Jahren üblich, daß die Geschäfte am Donnerstag (z. T. auch Freitag) bis 20 oder 20.30 Uhr geöffnet haben.

Jedermannsrecht

So etwas wie Freibier gibt es nicht. Irgend jemand muß früher oder später dafür bezahlen. Ähnlich verhält es sich bei allen Gelegenheiten, in allen Momenten, die wir in der Natur zubringen.

Die Rechnung ist so simpel wie einfach: Wer heute nicht ausreichend Rücksicht nimmt, wird morgen mit bestimmten Einschränkungen und Verboten rechnen müssen. Daß es heute nicht mehr so unkompliziert möglich ist, mit seinem Wohnmobil zu übernachten, wo man will, liegt an den gedankenlos ausgeleerten Chemietoiletten von 1983 – unter anderem. Deshalb ist es heute mehr denn je wichtig, daß JEDERMANN in seinem Urlaub das Jedermannsrecht/die Jedermannspflicht beachtet. Diesen Verhaltenskodex gab es schon, als es noch keine Touristen gab folglich ist seine Beachtung heute erst recht eine Notwendigkeit.

Innmark und ***utmark***

Das Betreten von land- und forstwirtschaftlich genutzten Flurgebieten, der sogenannten *innmark*, ist eingeschränkt. Dazu zählen Ackerflächen, Viehweiden, Obst- und Gemüsefelder, Saatland, Schonungen und die Wiesenflächen rund um die Bauernhöfe. *Utmark* hingegen bilden die unermeßlich großen Gebirge, Wälder und Fjells, Moore und alle Gewässer, sozusagen das wilde, weite Norwegen. In bestimmten Gebieten, wie z. B. Nationalparks und Naturschutzgebieten, können auch hier spezielle Vorschriften gelten.

Das Jedermannsrecht erlaubt:

- sich zu Fuß und auf Skiern frei in der Natur zu bewegen;
- im Winter auch über gefrorene und zugeschneite Felder und Weiden zu laufen;
- mit Kanus, Kajaks, Ruder- und Segelbooten Flüsse und Seen zu befahren. Auch auf zugefrorenen Gewässern dürfen Sie sich frei bewegen;
- in der Natur zu rasten, zu zelten und zu übernachten;
- in Flüssen, Seen und im Meer zu baden;
- mit Booten und Schiffen entlang der Küste zu fahren und in *Utmark*-Gebieten an Land zu gehen.

Das Jedermannsrecht verbietet:

- bestellte Felder und Wiesen zu betreten;
- Schonungen zu betreten, bevor die Bäume mindestens kniehoch sind;
- Pflanzen auszureißen, Bäume zu fällen, Zweige abzubrechen oder Rinde abzuschälen oder auf andere Art zu beschädigen;
- Tiere, besonders ihre Jungen, zu vertreiben und Vogelnester zu beschädigen;
- Zäune zu zerstören.

Bitte vergessen Sie nicht:

- nach sich aufzuräumen;
- keinen Abfall zu hinterlassen;
- kein offenes Feuer zwischen 15. 4. und 15. 9. zu entzünden.
- Das Benutzen von Motorfahrzeugen in der freien Natur ist grundsätzlich verboten.
- Die Verhaltensregeln für Trinkwasserquellen müssen respektiert werden.

Übernachtung, Rast- und Zeltplätze:

In wilder, freier Natur (*utmark*) ist es erlaubt, ein Zelt aufzuschlagen und zu übernachten. Wollen Sie auf den oben beschriebenen *Innmark*-Gebieten übernachten, brauchen Sie dazu die Erlaubnis des Eigentümers.

Der Standort Ihres Zeltes sollte mindestens 150 m vom nächsten Haus entfernt liegen, sonst ist auch hier die Erlaubnis des Eigentümers erforderlich. Auch wenn Sie länger als zwei Tage am gleichen Ort bleiben wollen, müssen Sie dazu die Erlaubnis des Eigentümers einholen.

Im Hochgebirge und in unbesiedelten Gegenden können Sie unbegrenzt übernachten.

Mit dem Boot, Anlegen und Landgänge:

Während einer Bootstour dürfen Sie an Land gehen, das Boot vertäuen und in der *utmark* übernachten. Es gelten die gleichen Einschränkungen wie bei Wanderungen.

Bei kurzen Pausen können Sie Anlegeeinrichtungen wie Vertäuringe u. ä. benutzen, wenn der Grundeigentümer sie nicht benutzt. Private Kais und Bootsstege dürfen nur mit Einwilligung des Eigentümers benutzt werden.

In den Seevögelreservaten gilt ein generelles Fahrverbot während der Brutzeit. Die Reservatsgrenzen verlaufen 50 m vor der Uferlinie im Meer. Schützen Sie die Vögel!

Weitere Auskünfte über das Jedermannsrecht erhalten Sie bei allen Gemeindeverwaltungen, den Umweltschutzämtern der Bezirke oder beim Staatlichen Amt für Naturschutz:

Direktoratet for naturforvaltning
Tungasletta 2
N-7004 Trondheim
✆ (00 47) 73 58 05 00

oder auch bei folgenden Adressen:

Friluftslivets Fellesorganisasjon (FRIFO)
Postboks 26, N-1364 Hvalstad
✆ (00 47) 66 90 01 46

Friluftsrådenes Landsforbund
Postboks 156
N-1364 Hvalstad
✆ (00 47) 66 90 08 11

Notfälle

Vertretungen der Bundesrepublik Deutschland in Norwegen:

Botschaft der Bundesrepublik Deutschland
Oscarsgate 45
N-0258 Oslo
✆ (00 47) 22 55 20 10
Fax 22 44 76 72

Konsulate der Bundesrepublik Deutschland

Starvhusgate 2a
N-5014 Bergen
✆ (00 47) 55 31 53 80, Fax 55 31 89 48

Sjøgaten 19
N-8001 Bodø
✆ (00 47) 75 52 00 31, Fax 75 52 57 17

Haraldsgate 140
N-5501 Haugesund
✆ (00 47) 52 71 20 89, Fax 52 73 67 52

Dr. Wesselsgate 8
N-9900 Kirkenes
✆ (00 47) 78 99 12 44, Fax 78 99 16 44

Strandgaten 78
N-6508 Kristiansund N.
✆ (00 47) 71 58 41 00, Fax 71 58 41 01

Kongsgaten 10
N-4012 Stavanger
✆ (00 47) 51 89 56 00, Fax 51 89 53 52

Storgate 73
N-8301 Svolvær
✆ (00 47) 76 07 09 63, Fax 76 07 28 50

Stakkevollveien 7
N-9005 Tromsø
✆ (00 47) 77 66 23 30, Fax 77 68 79 69

Leksvikensgaten 2
N-7041 Trondheim
✆ (00 47) 73 52 11 20, Fax 73 51 50 97

Tollbugate 6
N-6002 Ålesund
✆ (00 47) 70 12 40 78, Fax 70 12 86 10

Österreichische Vertretungen in Norwegen:

Botschaft der Republik Österreich
Thomas Heftyesgate 19–21
N-0244 Oslo 2
✆ (00 47) 22 55 23 48
Fax 22 55 43 61

Österreichisches Generalkonsulat
Postboks 9
Øvre Ullern
N-0311 Oslo 3
✆ (00 47) 22 56 33 84
Fax 22 52 37 96

Konsulat der Republik Österreich
Kong Oscarsgate 56
N-5017 Bergen
✆ (00 47) 55 31 21 60
Fax 55 32 66 29

Schweizer Vertretungen in Norwegen:

Botschaft der Schweiz
Bygdøy Allé 78
N-0268 Oslo 2
✆ (00 47) 22 43 05 90
Fax 22 44 63 50

Konsulat der Schweiz
Postboks 4345
Nygårdstangen
N-5028 Bergen
✆ (00 47) 55 32 51 15
Fax 55 32 08 08

Restaurants

Es ist ein schwieriges Unterfangen, für norwegische Restaurants, Bistros, Cafeterien usw. Preis- oder Qualitätskategorien anzugeben. Es sei denn, es handelt sich um eindeutige Feinschmecker-Restaurants. Die »Essens-Kultur« ist im ganzen Land über weite Strecken gleichgeschaltet, überwiegend als Self-Service aufgezogen und sieht in etwa so aus:

N: 50 bis 100 Kronen, Sandwiches in unterschiedlichen Variationen (Käse, Schinken, *Reker*) oder auch – die kleine Pizza. Merke: Hier kann man nichts falsch machen, es sei denn man bestellt »Hamburger«.

NN: 100 bis 160 Kronen, die letztlich immer noch preisgünstigsten »Tagesmenüs« (Fisch oder Fleisch, mit Beilagen wie Kartoffeln, Erbsen, Kraut) bzw. die große Pizza, meist inkl. Kaffee, Tee, Milch oder einfach Wasser – jedoch nicht immer Salat.
Merke: Lieber Fisch statt Fleisch bestellen und – niemand betrachtet es als Fauxpas, wenn man zum Fisch ein Bier ordert.

NNN: 160 bis 400 Kronen, Preis für einzelne Gänge oder auch komplette Menüs bedeutet: Hier fängt es erst an, sehr gut zu schmecken. Aber auch hier gilt: Fischgerichte immer (!) dem Fleisch vorziehen und wegen der Weinpreise die Contenance bewahren.

Telefonieren

Es ist wichtig zu wissen, daß Post und Telefon in Norwegen getrennte Institutionen sind. Dies hat zur Folge, daß man in Norwegen nicht auf Postämtern telefonieren kann, sondern eben nur von öffentlichen Telefonzellen oder von Telegrafenämtern aus.

In beinahe allen Telefonzellen kann man sich übrigens auch (z. B. von Deutschland, Österreich, der Schweiz aus) anrufen lassen. Die jeweilige Nummer der Telefonzelle ist dort angeschlagen. Die Auskunft ist unter (die –0– fällt weg) 1 80 erreichbar. Dort kann in der Regel immer jemand auf mindestens englisch antworten.

Norwegen hat von Deutschland, Österreich und der Schweiz aus die **Vorwahl 00 47**. Wer von Norwegen nach Deutschland telefonieren will, wählt 00 49, nach Österreich 00 43 und in die Schweiz 00 41.

Verkehrsmittel

Obwohl Norwegen ein recht dünnes und oft auch nur eingleisiges **Eisenbahnnetz** hat (bei der Topographie eh eine Leistung für sich), bietet das Land ein gigantisches Netz an miteinander verbundenen öffentlichen Verkehrsmitteln. Ganz selten nur gibt es mal keinen Anschluß zwischen Bus und Zug, Bus und Fähre oder umgekehrt. Billig ist eine immer nur in kurzen Abschnitten und individuell ablaufende Reise mit öffentlichen Verkehrsmitteln nicht unbedingt. Faustregel: Je länger eine Distanz wird, die man zurücklegen will, um so relativ billiger, pro Kilometer, wird sie im Preis.

Vom auch in Norwegen gültigen »Interrail-Ticket« abgesehen, gibt es zwei weitere interessante Bahnpauschalen (Stand 1998):

Der »Scan-Railpass« gibt die Möglichkeit, 21 Tage lang mit der Bahn kreuz und quer durch Dänemark, Finnland, Norwegen und Schweden zu fahren. Er kostet 512 DM (2. Klasse) bzw. 654 DM (1. Klasse). Jugendliche zwischen 12 und 25 Jahren erhalten 25 %, Kinder zwischen 4 und 11 Jahren 50 % und Senioren 13 % Ermäßigung.

Minipreise sind Festpreise für längere Strekken. Sie gelten für bestimmte Züge, sogenannte »Grüne Abfahrten« *(Grønne avganger)*, das Ticket muß spätestens am Tag zuvor gekauft werden. Der maximale Fahrpreis beträgt 510, für Kinder unter 16 Jahren 255 Kronen.

Die Beförderung eines Fahrrads kostet, unabhängig von der Entfernung, 60 Kronen; jedoch gibt es auf Expreßzügen keine Möglichkeit, ein Fahrrad mitzunehmen. Einen Fahrplan über die norwegischen Zugverbindungen *(To-*

gruter) bekommt man auf jedem Bahnhof. Die »Grünen Abfahrten« sind dabei deutlich ablesbar«, die Zeichenerklärung gibt's in vier Sprachen.

Die wichtigsten innernorwegischen **Busverbindungen** im Zusammenhang mit unseren Tourenvorschlägen sind (wollten wir alle nennen, und dazu noch die zahllosen Fähren, wäre dieses Buch mindestens doppelt so dick):

Haukeliekspressen
Oslo–Bø–Haukeli–Haugesund
1 x tägl., 10 Std., 500 Kronen

Bergen-Trondheimekspressen
Bergen–Trondheim
1 x tägl., ca. 15 Std., 740 Kronen

Nordfjordekspressen
Oslo–Otta-Stryn-Måløy
2 x tägl., ca. 11 Std., 575 Kronen

Mørelinjen
Trondheim–Molde–Ålesund
1 x tägl., ca. 8 Std., 423 Kronen

Tosenekspressen
Mosjøen–Brønnøysund
2 x tägl., 3½ Std., 167 Kronen

Nord-Norgeekspressen
Bodø–Fauske–Narvik
2 x tägl., ca. 7 Std., 332 Kronen

Informationen und Platzreservierung bei:

NOR-WAY Bussekspress
Karl Johans gate 2
N-0154 Oslo 1
✆ (00 47) 23 00 24 40, Fax 23 00 24 49

Wohnmobile

Das Schlimmste, was man der Natur in Norwegen (und anderswo) antun kann, ist, chemische Toiletten einfach wegzuschütten. Am besten sollte man vollständig auf den Gebrauch verzichten – hier, wie auch in allen anderen Ländern der Welt.

Wer dennoch glaubt, darauf nicht verzichten zu können, sollte in Norwegen wenigstens jene Stationen anfahren, die die Giftbrühe abnehmen. Um es klar zu sagen: Damit hat man dann aber lediglich ein persönliches Problem auf die Allgemeinheit abgewälzt, denn das Zeugs löst sich ja auch nach der ordentlichen »Entsorgung« nicht einfach in Luft auf.

Nachfolgend die Adressen der »Entsorgungsstationen«, die unmittelbar an unserer Reiseroute liegen:

1. Tag: In Oslo: entweder beim Bogstad-Camping oder in (Oslo-)Kolbotn bei Fina, Oslo og Folle Bustrafik, Rosenholmveien 40

2. Tag: In Seljord: Garvikstrondi Camping/Seljord Camping og Badeplass

4. Tag: In Bergen: Esso, Bergen Parkeringsselskap, Nygårdstangen oder

5. Tag: In Nesttun: Statoil, Nesttun Autosenter, Nesttunveien 91

6. Tag: In Gudvangen: Gudvangen-Camping oder Vang-Camping

7. Tag: In Kaupanger: Shell, Bil og Dekkservice, in Sogndal: bei Kjørnes Camping oder Stedje Camping, in Luster: bei Luster-Camping

8. Tag: In Hellesylt: bei Hellesylt-Camping, in Nordfjordeid: bei Nesjartun-Camping bzw. Smørdal Hytteutleige

9. Tag: In Ålesund: Shell Blindheim, Shell Prinsen Strandcamping und Ålesund Bilruter, Vågaveien 25; in Sjöholt: bei Shell »Stopp 69«, in Valldal: Elvebakken Camping, Valldal Camping; in Åndalsnes: Fina, Øran Fina Service, Åndalsnes Camping, Esso Øran und Mjelva Camping

10. Tag: In Sunndalsøra: Shell, Mørelinjen; in Trondheim: Nes Biltrafik, Osloveien 129, Gauldal Billag, Bratsbergveien 2 und Shell, Pir 2 Brattøra

Reisedaten

11. Tag: In Malvik: Fina, Stav Fina Senter; in Steinkjer: Statoil, Steinkjer Kommune, Seilmakergate 2

13. Tag: In Brönnöysund: Shell, Sømnaveien 110

17. Tag: In Glomfjord: bei Nordtraffik

18. Tag: In Kabelvåg (Lofoten): Sandvika Fjord og Sjöhus Camping Ørsvåg

20. Tag: In Kleppstad-Lyngvær: Lyngvær Lofoten Bilcamping

21. Tag: In Sortland Nordtraffik, Esso; in Narvik: Ofotens Bilruter Fagernes

Wenn bei einzelnen Adressaten keine exakte Anschrift angegeben ist, heißt das (beinahe immer), daß man in diesen kleinen Ortschaften entweder förmlich darüber stolpert oder jeder Ortsansässige weiß, wo man hinfahren muß.

Tip: Wo man chemische Toiletten entleert, sollte man im Gegenzug vielleicht auch volltanken.

Sprachhilfen

Zur Sprache

Auf der einen Seite ist Norwegisch eine Sprache, die man, genau wie jede andere, lernen kann, bei der man – teilweise jedenfalls – das eine oder andere Wort sogar ohne Vorkenntnisse versteht (ganz besonders beim Zeitunglesen). Allein die Aussprache macht deutschsprachigen Zungen manchmal Kummer – weil sie natürlich den kompliziertesten Weg wählen, das betreffende Wort auszusprechen.

Nehmen wir beispielsweise *Dampskibselskab*. Niemand in Norwegen käme dabei auf die Idee, sich die Zunge abzubrechen. Man sagt selbstverständlich *Dampschibbselskab* und spricht das »p« eigentlich ganz weich, flüssig jedenfalls, manchmal kaum hörbar. Umgekehrt steht mancher Norweger auf dem Schlauch, wenn deutschsprachige Besucher etwas über die *Hurtigrute* wissen wollen – Hurtigrute? Ach!, kommt es dann, die *Hürrtirütter*!

Und wer im Telefonbuch blättert, um eine Nummer in Ålesund herauszusuchen oder eine in Øvre Årdal, gerät leicht in Verzweiflung: Æ, Ø und Å – in dieser Reihenfolge – sind die drei letzten Buchstaben des norwegischen Alphabets, nach X, Y, Z!

Sie werden feststellen, daß in unserem Reiseführer der Name desselben Ortes mal mit »ø«, mal mit »ö« geschrieben wird. Das liegt einfach daran, daß es an Ort und Stelle auch so gehandhabt wird und keiner sagen kann, welche Schreibweise nun die richtige ist. Es interessiert auch niemanden. Und ist es denn wirklich so wichtig? Oder läßt uns nur die »deutsche Gründlichkeit« darüber stolpern?

Kurz und gut, nachdem wir uns in diesem Buch schon etwas grundsätzlicher über die Sprache(n) ausgelassen haben (siehe 4. Tag), wollen wir an dieser Stelle nicht die Hoffnung wecken, eine echte Sprachhilfe leisten zu können. Eine Stütze aber ist es gleichwohl.

Sprachhilfen

Zahlen, Wochentage, Jahreszeiten:

Zahlen

1 *en*	14 *fjorten*	80 *åtti*
2 *to*	15 *femten*	90 *nitti*
3 *tre*	16 *seksten*	100 *hundre*
4 *fire*	17 *sytten*	150 *hundre og femti*
5 *fem*	18 *åtten*	200 *to hundre*
6 *seks*	19 *nitten*	1000 *tusen*
7 *syv*	20 *tjue*	
8 *åtte*	25 *tjuefem*	
9 *ni*	30 *tretti*	
10 *ti*	40 *förti*	
11 *elleve*	50 *femti*	
12 *tolv*	60 *seksti*	
13 *tretten*	70 *sytti*	

Wochentage

Montag – *mandag*
Dienstag – *tirsdag*
Mittwoch – *onsdag*
Donnerstag – *torsdag*
Freitag – *fredag*
Samstag – *lördag*
Sonntag – *söndag*

Monate

Januar – *januar*
Februar – *februar*
März – *mars*
April – *april*
Mai – *mai*
Juni – *juni*
Juli – *juli*
August – *august*
September – *september*
Oktober – *oktober*
November – *november*
Dezember – *desember*

Jahreszeiten

Frühling – *vår*
Sommer – *sommer*
Herbst – *höst*
Winter – *vinter*

Wichtige Begriffe:

(In Klammern steht die abweichende Aussprache – ungefähr)

Norwegen	– *Norge (Norje)*
norwegisch	– *norsk (norschk)*
Deutschland	– *Tyskland*
Österreich	– *Østerrike (Österrike)*
österreichisch	– *østerrikisk (österrikisk)*
Schweiz	– *Sveits*
schweizerisch	– *sveitsisk*
Sprechen Sie Deutsch?	– *Snakker De tysk?*
Ich verstehe nicht	– *Jeg forstår ikke (jei fou'schtor ikke)*
Was kostet...?	– *Hva koster...?*
danke	– *takk*
vielen Dank	– *mange takk/tusen takk*
bitte	– *vær så god (war so god/ wa'sgo)*
Entschuldigung	– *unnskyld*
guten Morgen	– *god morgen (oft: go-'morn)*
guten Tag	– *god dag (oft: go'dag/go-'dagen)*
guten Abend	– *god aften (oft: go'aft'n)*
auf Wiedersehen	– *på gjensyn (po jennsyn),* unter Freunden: *ha det bra oder ha det – für: bis dann, alles Gute, 'hab Dich wohl*
gestern	– *i går (i gor)*
heute	– *i dag*
morgen	– *i morgen (i mor'n)*
rechts	– *til höyre*
links	– *til venstre (wenstre)*
geradeaus	– *rett fram/like ut*
alt	– *gammel*
neu	– *ny*

In Hotels und Gaststätten:

Übernachtung	– *overnatting*
Zimmer	– *rom (rum), værelse (wärelse)*
Rechnung	– *regning*
bezahlen	– *betale*
Frühstück	– *frokost*
Mittagessen*	– *middagsmat*
Abendessen*	– *aftensmat*

* Eigentlich ist in Norwegen das Abendessen immer *middag*, während zur Mittagszeit meist nur ein Lunch (norw.: *lunsj*) eingenommen wird. Daher genau abklären, falls man eingeladen wird oder selbst jemand einlädt, was gemeint ist!

Speisekarte ***Spiseseddel***

(Ab hier nennen wir zuerst die norwegischen Begriffe.)

forretter	– Vorspeisen
supper	– Suppen

fisk – Fisch
Kjöttretter (Schöttretter) – Fleischgerichte
vilt og fugl (Wilt o' fu'l) – Wild und Geflügel
grønnsaker (Grönnsak'r) – Gemüse
desserter – Nachspeisen/Süßspeisen
ost (usst) – Käse
frukt – Ost/Früchte
smør – Butter
brød – Brot
kake – Kuchen
stekt – gebraten
kokt (kukt) – gekocht
graved – gebeizt (mariniert)

Begriffe zu Fischgerichten:
torsk/skrei – Dorsch/Kabeljau
örret – Forelle
sild – Hering
laks – Lachs
steinbitt – Steinbeißer
rödspette – Scholle
kveite – Heilbutt
hummer – Hummer
reke(r) – Garnele(n)
blåskjell (bloschell) – Miesmuscheln

Begriffe zu Fleischgerichten:
kalv – Kalb
lam – Lamm
rein – Rentier
okse – Rind
svin – Schwein
karbonade – Frikadelle

Begriffe zu Gemüse und Beilagen:
bönner – Bohnen
erter – Erbsen
agurk (salat) – Gurke(nsalat)
blomkål – Blumenkohl
hudesalat – Kopfsalat
blandet Salat – gemischter Salat
tomat(er) – Tomate(n)
poteter – Kartoffeln
ris – Reis

Begriffe zu Obst:
eple(r) – Apfel/Äpfel
pære – Birne
jordbær – Erdbeere
blåbær (blobär) – Blaubeere
bringebær – Himbeeren
solbær – Johannisbeere (schwarz)
moreller – Kirschen
multe(r) – Multebeere(n)

Begriffe zu Getränken:
(*drikker*)
vann – Wasser
mineralvann – Mineralwasser
øl (öl) – Bier
fatøl – Bier vom Faß
hvitvin (witwin) – Weißwein
rødvin – Rotwein
tørr vin – trockener Wein
brennevin (!) – Branntwein
konjakk – Cognac
fruktsaft – Fruchtsaft
eplesaft – Apfelsaft
appelsinsaft – Orangensaft

Orts- und Sachregister

Namenregister

Bildnachweis

Fridmar Damm, Köln: S. 10/11, 13, 26, 27 o., 36, 38/39, 66, 82/83, 106, 132/133, 221, 249
Rainer Elpel, Altdorf: Titelbild, S. 15, 45, 47, 54/55, 68, 97, 107, 109, 110/111, 130, 135, 143, 159, 237, 238, 239, 249
Helge Sunde, Bergen: S. 86/87, 93, 94, 99, 100/101, 116/117, 120, 121, 127, 137, 207, 244, 248
Tapisserie de Bayeux: S. 17
Vista Point Verlag, Köln: S. 16
Wolfgang R. Weber, Darmstadt: S. 152

Alle übrigen Aufnahmen stammen vom Autor Klaus Betz, Oberstenfeld.

Titelbild: Wollgraswiese. Foto: Rainer Elpel, Altdorf
Innentitel (S. 1): Lovund gegen Ende April. Foto: Klaus Betz, Oberstenfeld

4., aktualisierte Auflage 1999

Reihenkonzeption: Dr. Horst Schmidt-Brümmer, Andreas Schulz
Lektorat: Kristina Linke
Layout und Herstellung: Andreas Schulz
Reproduktion: Fischer Repro, Essen
Karten: Berndtson & Berndtson Productions GmbH, Fürstenfeldbruck
Gedruckt auf chlorfrei gebleichtem Papier

Printed in Spain
ISBN 3-88973-347-6

VISTA POINT VERLAG
Händelstr. 25–29 · 50674 Köln · Postfach 27 05 72 · 50511 Köln
Telefon: 02 21/92 16 13-0 · Telefax: 02 21/92 16 13 14
E-Mail: info@vistapoint.de · Internet: **www.vistapoint.de**